U0512866

2022 年西北民族大学本科培养质量提高项目校级规划教材

全媒体语境下
播音主持教程新编

QUANMEITI YUJING XIA
BOYIN ZHUCHI JIAOCHENG XINBIAN

李 欣 主编

人民出版社

前　言

　　2020年11月，全国有关高校和专家齐聚中华文化重要发祥地山东，共同探讨新时代文科教育发展大计，相互交流新时代文科人才培养，共同发布《新文科建设宣言》。新文科建设在培育践行社会主义核心价值观，大力推动中华优秀传统文化创造性转化、创新性发展，为中华民族伟大复兴注入强大的精神动力等领域大有可为。"新文科"之新首先在于新科技与时俱进与文科融合，由此所带来的文科新的增长点，以及传统文科专业、课程体系以及人才培养模式的更新换代。

　　"全媒体"是在具备文字、图片、影像、动画、声音等各种媒体表现手段基础之上，进行不同媒介形态，包括纸质媒体、广播媒体、电视媒体、网络媒体、手机媒体等之间的融合，产生质变之后的一种全新的传播形态。为适应全媒体时代播音与主持行业发展的新趋势，要切实推进播音与主持课程提高教学质量，积极探索实践教学与理论教学、社会服务、就业创业相结合的教学体系。

　　正如中国传媒大学张颂教授，在《播音创作基础》(第四版)中曾有所指出："播音的某些特点和规律，具有重要认识价值，尽管播音作为一个过程有其历史的变异，有其区域性的差别，但总有不少共性的规律总结。每一位播音员、每一次播音创作活动，与其它语言艺术不同，存在播音创作的个性。"

　　新文科背景下播音主持课程，应该更深入地拓展教与学的共性经验规律,更全面地形成针对不同水平学生,具有个性化应用指导意义的教学内容。当前传统的播音主持教学必须迎接的挑战,其一,由于传播平台和内容分发渠道的变化,有必要对传统栏目化的播音主持授课内容变革创新。其二,由于社交媒体的普及,传统主持人参与节目方式,职业发展环境正在发生深刻变革。如何提升全媒体环境下改进播音主持的教学效果,已经成为不容回避而且亟待解决的问题。

针对播音与主持艺术类专业的学生,围绕培养未来的播音员和主持人的核心目标,本科阶段有许多的通识课、必修课、选修课,各类社会实践活动等将系统化贯穿学习的全过程。但另一方面,还有许多综合类大学从培养学生的综合素质与能力出发,也开设了面向非播持专业学生的这一门课程,如何让不同学习基础、个性特点迥异的非播持专业学生,通过播音与主持这门选修课,不同程度地掌握普通话的发音规范,诗歌散文的朗诵技巧,全媒体语境下各类节目主持的专业知识? 因而,有必要编撰一本内容宽泛,并且适应不同专业学习者的综合化教材,同时明确体现播音与主持的核心授课内涵。

本书共分十章,较为全面地呈现当前播音主持领域的发展图景。第一至第二章关于有声语言表达的基础训练内容,第三至第四章关于播音主持行业的演进轨迹,第五至第九章涉及新闻播音和不同类别节目主持,第十章探讨播音员主持人"IP"化路径。

综观全书,具有思路开阔、观点新颖、重点突出、内容结构完整等特点。在广泛汲取国内相关教学和研究成果的基础上,选取时代性、前沿性、启发性的实践案例,全书具有一定的创新性、前瞻性和应用性,是一部兼具理论与实践价值的播音主持教材,适合于非播音主持专业的学生必修、选修课程使用。本教材的出版,有助于进一步推广国家通用普通话,铸牢中华民族共同体意识,通过经典诵读并传承中华优秀文化,深化主持的理论研究视域,助力毕业生在自媒体主播领域创新创业。

"风风韵韵"喻为韵致意态美好,声音婉转动听,"洋洋盈耳"形容读书、讲话的声音悦耳动听。提升有声语言的表达创意水平,让新时代的精神凝练、积淀下来。人生的奔跑,不止于瞬间的爆发,而是取决于途中的坚持,你若努力就有希望,你若耕耘就有收获,期待本教材的使用者在播音主持领域成就美好的梦想。

李　欣

目　录

前　言 ································· 001

第一章　普通话语音的基础训练 ············· 001

第一节　普通话的声母、韵母、调值 ········· 002

一、声母发音 ···························· 002

二、韵母发音 ···························· 009

三、声调规范 ···························· 013

第二节　普通话的语流音变 ··············· 020

一、普通话的变调 ························· 020

二、词的轻重格式 ························· 022

三、普通话"儿化" ······················ 025

四、语气助词"啊"音变 ··················· 028

第三节　普通话水平测试内容及评分标准 ······ 029

一、主持人以推广普通话为己任 ·············· 030

二、普通话水平测试的等级划分 ·············· 031

三、普通话水平测试题型及评分标准 ··········· 032

第二章　朗诵的基本艺术表达技巧 ·············· 053

第一节　朗诵的声音表达要领 ·············· 053

一、练就正确的吐字发音 ·············· 054

二、锻炼弹发跳跃的气息 ·············· 055

三、加强口腔运动训练 ·············· 056

第二节　朗诵者的思想准备 ·············· 056

一、由表及里、蓄势待发 ·············· 056

二、建立合理的"内心视像" ·············· 057

第三节　朗诵的基础创作技巧 ·············· 058

一、朗诵的外部创作方法 ·············· 058

二、朗诵的内部创作方法 ·············· 067

第三章　节目主持人的诞生与行业演化 ·············· 090

第一节　主持人与广电节目形态变迁 ·············· 091

一、主持人节目形态溯源 ·············· 091

二、主持人传媒角色拓展 ·············· 092

三、主持人深入内容创作 ·············· 096

四、主持人"个性化"表达 ·············· 097

五、主持人综合素质要求 ·············· 099

第二节　全媒体语境下主持人行业演化 ·············· 118

一、传统工作模式的重塑 ·············· 118

二、主持人职业环境更迭 ·············· 121

三、跨界主持的多元趋势 ·············· 122

四、仿真虚拟主持人应用 ·············· 124

五、主持人直播带货出圈 ·············· 128

六、遵循网络主播的规范 ·············· 130

第四章　全媒体内容生产与主持人语态创新 …………………… 133

　第一节　全媒体概念的演变脉络 ……………………… 133

　　一、"全媒体"概念的初始阶段 ……………… 134

　　二、融媒体概念普及阶段 …………………… 135

　　三、"四全媒体"提升阶段 ………………… 136

　　四、完善全媒体主持的内涵 ……………… 137

　第二节　全媒体语境下重构内容生产 ……………… 139

　　一、传播介质相加与信息汇流 ……………… 139

　　二、传播介质相融与流程再造 ……………… 141

　　三、智能主导的深度融合阶段 ……………… 143

　　四、媒介融合纳入国家治理体系 …………… 144

　　五、MCN 与打造全媒体主播 ……………… 147

　第三节　全媒体语境下主持人表达新语态 ………… 150

　　一、即兴节目主持的能力 …………………… 151

　　二、平台互动的交流感 ……………………… 152

　　三、巧用"网感"接地气 …………………… 154

　　四、"音容同调"灵动特点 ………………… 155

第五章　新闻播读的原则与方式 ………………………… 161

　第一节　播音主持基本原则方法 ………………… 161

　　一、系统和协同性的创造原则 ……………… 162

　　二、还原转化表达的基本方法 ……………… 164

　第二节　新闻消息的播读训练 …………………… 166

　　一、新闻类节目主播的职能 ………………… 166

　　二、三种新闻稿件的播读技巧 ……………… 167

　　三、一组新闻播报的整体播读技巧 ………… 175

四、"播说结合"与"说新闻" ……………………………………… 179

五、"说新闻"整合串联的做法 …………………………………… 180

第六章　新闻类节目主持 ……………………………………… 183

第一节　专访与现场报道 …………………………………… 183

一、专访的概述与分类 ………………………………………… 183

二、现场报道主要流程 ………………………………………… 184

三、现场新闻 +Vlog …………………………………………… 187

第二节　主持人即兴评述训练 …………………………… 189

一、即兴评述的优势 …………………………………………… 189

二、即兴评述的特点 …………………………………………… 189

三、即兴评述的思维 …………………………………………… 192

四、即兴评述的方法 …………………………………………… 193

第七章　全媒体新闻直播与短视频主持 ……………… 199

第一节　全媒体新闻直播主持 …………………………… 200

一、全媒体新闻直播即兴表达 ………………………………… 200

二、主播的备稿、控场和反应 ………………………………… 202

三、全媒体直播的人格魅力 …………………………………… 205

四、真情实感的直播风格 ……………………………………… 206

第二节　新闻类短视频主持 ……………………………… 206

一、突出个性化思维的特点 …………………………………… 207

二、短视频叙事视角运用 ……………………………………… 209

三、"短趣快新"的创新表达 ………………………………… 212

第八章　综艺娱乐与少儿类节目主持 ………………… 215

　第一节　综艺娱乐节目主持 ………………… 215

　　一、综艺主持人的演化 ………………… 216

　　二、热情机智幽默的个性 ………………… 220

　　三、主持人即兴发挥的空间 ………………… 221

　　四、主持人"激情"与"控场" ………………… 223

　　五、跨界主持的多元形态 ………………… 224

　第二节　少儿节目主持 ………………… 226

　　一、少儿节目受众的范围细分 ………………… 226

　　二、少儿节目主持人教化作用 ………………… 227

　　三、从模仿到多元的发展阶段 ………………… 229

　　四、少儿节目主持人的误区 ………………… 231

　　五、少儿节目主持艺术升华 ………………… 231

第九章　纪录片解说与谈话类节目主持 ………………… 237

　第一节　纪录片中的主持人解说 ………………… 238

　　一、多元的角色意识 ………………… 239

　　二、复合叙事模式并存 ………………… 241

　　三、展现真实的人格力量 ………………… 242

　　四、绚丽多彩的解说格调 ………………… 244

　第二节　谈话类节目主持能力训练 ………………… 248

　　一、谈话节目的理论概述 ………………… 248

　　二、主持人的角色定位 ………………… 250

　　三、把握聆听与和谐氛围 ………………… 251

　　四、主持人构建"话轮" ………………… 252

　　五、"真人秀"浪潮下常说常新 ………………… 254

第十章 全媒体语境下打造主流媒体主持人 "IP" ……… 264

第一节 主持人输出个人原创内容 ……… 264

一、设置互动环节吸引力 ……… 265

二、追求趣味化创新表达 ……… 266

三、讲述真情实感的故事 ……… 267

第二节 主持人文化标签的辨识度 ……… 268

一、培育主持人个性化 IP ……… 268

二、整合主持人 IP 集群效力 ……… 269

三、PGC 专业内容主持 ……… 271

四、掌握相关智能软件应用 ……… 272

附录 1 中华经典诵读推荐篇目 ……… 275

附录 2 中国广播电视播音员主持人职业道德准则 ……… 285

附录 3 国家广电总局关于批转中国广播电视协会《中国广播
电视播音员主持人自律公约》的通知 ……… 289

附录 4 广播电视编辑记者、播音员主持人资格考试
办法（试行） ……… 293

附录 5 国家广播电视总局、文化和旅游部关于印发《网络主播
行为规范》的通知 ……… 298

参考书目 ……… 303

后 记 ……… 305

第一章　普通话语音的基础训练

知识目标:要求学生掌握普通话的声母、韵母和声调,普通话的语流音变特点及规律,主持人声音表达的技能。

能力目标:同学们应重点了解自己的方言与普通话发音的对应差异,明确主攻方向,在薄弱环节下功夫。

知识导入:人类语言主要有两种符号系统:一种是文字,用于书写和阅读;一种是话语,即说的话,用于说和听。我们习惯于把后者称之为"有声语言",不言而喻,人类语言最基本、最方便的就是有声语言。有声语言是广播电视播音主持工作的主要手段,无论是将文字稿件转换为有声语言,还是直接由内部语言外化为有声语言,都必然要求语言"外壳"得清晰、准确、入耳、耐听。"用声吐字"是播音员、主持人必备的职业素质之一,语言表达是播音员、主持人必备的职业素质。

"字正腔圆"是人们在形容播音员、主持人规范性发声吐字的时候经常用到的概念,字正,主要指的是字音的准确规范;腔圆,主要指字音在准确基础上,声音行进当中的圆润流畅感。字正腔圆是播音主持吐字准确、清晰、圆润、集中、流畅的集中体现。规范、扎实的吐字基本功是播音员、主持人进行良好语言表达的强力保障。播音员、主持人在传播信息、交流思想、沟通情感的时候,主要依靠有声语言进行交流,吐字的规范与驾驭吐字的功夫不仅能使语音规整,准确传达语言的含义,而且能使字音发音过程富于变化,给予语言更多的言外之意和更丰富的感情色彩,增加语言的感染力。[①]

"字正腔圆"不是僵化的发音模式,而是一种重要的基本功和良好的语言能力。它是规范的要求,同时也能以多层次、个性化形式呈现。"字正腔圆"的吐字状态融入具体的节目和语言样式样态中,也就有了多层次的个性呈现。新闻播报的"字正腔圆"、故事讲解的"字正腔圆"和谈话主持的"字正腔圆"可以是不同样式的"字正腔圆"。从字音的工整度来说,重音会比非重音工整度高,书面语比口语工整度高,速度慢时比速度快时工整度高。另外,在朗诵、宣读、播讲和谈话这几种表达样式中,吐字归音的工整度通常会依次递减。要达到运用自如的程度,就得多加练习,勤于思考,善于运用。

绕口令是一种有益的游戏,读准音之外,还需要思维敏捷,口齿流利。练习提示:第一,绕口令用声要对气息、喉位、口腔控制几方面达到最佳后,贯彻到绕口令中,才能有好的效果。第二,稿件要先默读,再慢读,后熟读。第三,舌位的吐字用力要准,这是在读绕口令之前先要纠正克服的问题,通过长时间的练习,能够清晰快速流畅读绕口令了,就可以逐渐加快速度。第四,声情并茂、趣味盎然地练习吐字归音,力戒沉闷僵化、一成不变地读绕口令。

第一节　普通话的声母、韵母、调值

一、声母发音

普通话音节里打头的辅音叫声母,声母的发音准确和清晰,是普通话语音规范的重要构成部分,是吐字清晰的基础。声母共 21 个,按照发音部位的

[①]　中国传媒大学播音主持艺术学院编:《播音主持语音与发声》,中国传媒大学出版社 2014 年版,第 7 页。

顺序依次介绍普通话声母的发音。

（一）双唇阻——b p m。它们的发音动作为上下唇接触对气流构成阻碍，而后双唇突然松开解除阻碍爆破成音。b的发音方法称之为"不送气"（d g j zh z 都是不送气音），p的发音方法称之为"送气"（t k q ch c 都是送气音）。注意：面对话筒讲话时，要注意所有的送气音如果不加控制很容易冲击话筒，发出"噗噗"的噪声，俗称"扑话筒"，因此发送气音时要收紧唇部，以免呼出的气流过强产生"扑话筒"的弊病。

绕口令练习

1. 拔萝卜（b）

初八十八二十八，八个小孩儿把萝卜拔。

你也拔，我也拔，看谁拔得多，看谁拔得大。

你拔得不多个儿不小，我拔得不少个儿不大。

一个萝卜一个坑，算算多少用车拉。

2. 白果打白布（b d）

白果打白布，白布包白果，白果恨白布，白布打白果，白果打白布。

3. 扁担与板凳（b d）

扁担长，板凳宽，板凳没有扁担长，扁担没有板凳宽。扁担要绑在板凳上，板凳偏不让扁担绑在板凳上。

4. 哥哥弟弟坡前坐（g d p）

哥哥弟弟坡前坐，坡上卧着一只鹅，坡下流着一条河，哥哥说：宽宽的河，弟弟说：白白的鹅。鹅要过河，河要渡鹅。不知是鹅过河，还是河渡鹅。

（二）唇齿阻——f。成阻动作是下唇与上齿靠拢构成阻碍，发音方法为气流从窄缝中间摩擦成音。注意：应是下唇内缘主动向上齿靠拢，而不是上齿来"咬"下唇，更不可咬下唇的外缘，那样不仅发音笨拙而且口型不雅。

绕口令练习

1.风吹灰飞(f)

风吹灰飞,灰飞花上花堆灰。风吹花灰灰飞去,灰在风里飞又飞。

2.绣凤凰(f h)

绣个金凤凰放金光,

绣个银凤凰放银光,

绣个粉红凤凰放粉红光,

绣个红凤凰放红光,

绣个黄凤凰放黄光。

凤凰姊,绣凤凰,

绣的凤凰会放光。

(三)舌尖中阻——d t n l。它们的发音动作是舌尖与上齿龈接触,除阻时舌尖做有力的弹动。在南方的一些地区的方言中,n 和 l 不分,发音时舌尖上抵的力量要强,发音时舌尖下弹的动作幅度显得大一些。

1.n—l 词语辨析

暖流	努力	南岭	落难	留鸟
老年	累年	冷暖	粮农	两难
脑力	嫩绿	能量	刘娘	履诺
烂泥	纳凉	奶酪	恋念	凝练
理念	连年	浓烈	奴隶	女郎
来年	流脑	尼龙	年轮	辽宁

2.n—l 辨音对比训练

大娘—大梁　　牛年—流年　　黏液—连夜

蓝天—南天　　纳米—厘米　　泥巴—篱笆

难住—拦住　　无赖—无奈　　连夜—年夜

留念—留恋　　浓重—隆重　　南宁—蓝领

绕口令练习

1. 炖冻豆腐(d l)

你会炖炖冻豆腐,你来炖我的炖冻豆腐;你不会炖炖冻豆腐,别胡炖乱炖炖坏了我的炖冻豆腐。

2. 南南和篮篮(n l)

南南有个篮篮,篮篮装着盘盘,盘盘放着碗碗,碗碗盛着饭饭。南南翻了篮篮,篮篮扣了盘盘,盘盘打了碗碗,碗碗撒了饭饭。

3. 牛郎恋刘娘(n l)

牛郎恋刘娘,刘娘念牛郎,牛郎牛年恋刘娘,刘娘年年念牛郎,郎恋娘来娘念郎,念娘恋郎,念恋娘郎!

4. 老龙恼怒闹老农(n l)

老龙恼怒闹老农,老农恼怒闹老龙,龙怒龙恼农更怒,龙闹农怒龙怕农。

5. 老奶牛(n l)

你能不能把公路柳树下的老奶牛,拉到牛南山下牛奶站的挤奶房来,挤了牛奶拿到柳林村,送给岭南乡托儿所的刘奶奶。

6. 蓝教练和吕教练(l l)

蓝教练是女教练,吕教练是男教练。蓝教练不是男教练,吕教练不是女教练,蓝南是男篮主力,吕楠是女篮主力。吕教练在男篮训练蓝南,蓝教练在女篮训练吕楠。

7. 牛驮牛(n t)

九十九头牛,驮着九十九个篓。每篓装着九十九斤油。牛背油篓扭着走,油篓磨坏篓漏油,九十九斤一个篓,还剩六十六斤油。你说漏了几十几斤油?

（四）舌根阻——g k h。发音动作是舌根抬起向软腭和硬腭的交界处接触或接近，而后除阻成音。k（送气音，防止产生"呵呵"的小舌颤音）。

绕口令练习

1. 山上五棵树（sh k）

山上五棵树，架上五壶醋，林中五只鹿，箱里五条裤。伐了山上树，搬下架上的醋，射死林中的鹿，取出箱中的裤。

2. 天上一颗星（t k）

天上一颗星，地下一块冰，屋上一只鹰，墙上一排钉。抬头不见天上的星，乒乒乓乓踏碎地下的冰，啊嘘啊嘘赶走了屋上的鹰，唏哩唏哩拔掉了墙上的钉。

（五）舌面阻——j q x。成阻动作是舌面前部上抬，与硬腭前部接触或接近构成阻碍。注意：发舌面音最容易出现的问题是"尖音"，发成类似 zi ci si 的音。

j	京剧	解决	较劲	交际
q	轻巧	情趣	前期	请求
x	新鲜	选项	悉心	形象

绕口令练习

1. 金瓜瓜，银瓜瓜（j）

金瓜瓜，银瓜瓜，瓜棚上方结满瓜，瓜瓜落下来，打着小娃娃，娃娃叫妈妈，娃娃怪瓜瓜，瓜瓜笑娃娃。

2. 漆匠和锡匠（q x）

七巷一个漆匠，西巷一个锡匠。七巷漆匠用了西巷锡匠的锡，西巷锡匠拿了七巷漆匠的漆,七巷漆匠气西巷锡匠用了漆,西巷锡匠讥七巷漆匠拿了锡。

(六)舌尖后阻——zh ch sh r。发音动作是舌尖上举,与硬腭的前段接触或接近,而后除阻成音。r的发音方法比较特殊,是普通话声母中唯一的"浊擦",擦音,即成阻部位接近留有缝隙,气流从缝隙中摩擦通过成音,而"浊擦"就是在除阻的同时声带振动。注意:辽宁方言区没有r这个声母,如有这个声母全以韵母y来替代,于是有了"日头热、晒人肉"这样纠正"r"这个声母绕口令。

绕口令练习

1.张家哥哥去买(zh ch)

麻雀蛋,溜溜滚,张家哥哥去买粉。买的粉,不会搽,张家哥哥去买麻。买的麻,不会搓,张家哥哥去买锅。买的锅,不会捂,张家哥哥去买鼓。买的鼓,不会敲,张家哥哥去买刀。买的刀,不会切,张家哥哥去买铁。买的铁,不会打,张家哥哥去买马。买的马,不会骑,张家哥哥去买犁。买的犁,不会耕,张家哥哥去买针。买的针,不会做,张家哥哥去买扣。买的扣,不会织,张家哥哥去买尺。买的尺,不会量,张家哥哥去买秤。买的秤,不会称,称条鲤鱼十八斤。

2.八只小白兔(b zh)

八只小白兔,住在八棱八角八座屋。八个小孩要逮八只小白兔,吓得小白兔,不敢再住八棱八角八座屋。

(七)舌尖前阻——z c s。发音动作是舌尖平伸接触或接近上齿背成阻,而后除阻成音。注意:防止"大舌头",问题在舌尖动作上,一是舌尖接触或接近齿背的面积过大,成阻部位不是一个"点",而是一"片";二是舌尖力量不足,不是有力地向前一点,而是拥堵在齿背,这样的发音当然含混。

绕口令练习

1. 捉兔(zh)

一位爷爷他姓顾,

上街打醋又买布。

买了布,打了醋,

回头看见鹰抓兔。

放下布,搁下醋,

上前去追鹰和兔,

飞了鹰,跑了兔。

打翻醋,醋湿布。

2. 嘴与腿(z sh)

嘴说腿,腿说嘴,嘴说腿爱跑腿,腿说嘴爱卖嘴。光动嘴不动腿,光动腿不动嘴,不如不长腿和嘴。

绕口令练习

1. 四和十(s sh)

四和十,十和四,十四和四十,四十和十四。说好四和十得靠舌头和牙齿,谁说四十是"细席",他的舌头没用力;谁说十四是"适时",他的舌头没伸直。认真学,常练习,四十四。

2. 石小四和史肖石(sh s)

石小四,史肖石,一同来到阅览室。石小四年十四,史肖石年四十。年十四的石小四爱看诗词,年四十的史肖石爱看报纸。年四十的史肖石发现了好诗词,忙递给年十四的石小四,年十四的石小四见了好报纸,忙递给年四十的史肖石。

二、韵母发音

普通话韵母共 39 个,其中单元音韵母 10 个,复合元音韵母 13 个,鼻韵母 16 个。

(一)单元音韵母

a:这个纯粹的单元音韵母要避免舌位偏前或者靠后,舌位偏前显得"嗲",靠后则显得音包字,使字音含混。

o:不要发成近似 uo 的复合元音,其实只要将 duo 这个音节延长,最后的韵尾就是个准确的 o。注意:不要将 o 发成 e,如婆婆(popo)发成(pepe)。

绕口令练习

马大妈与马大哈(a)

马大妈的儿子叫马大哈,马大哈的妈妈叫马大妈。马大妈让马大哈买麻花,马大哈给马大妈买西瓜。马大妈叫马大哈割芝麻,马大哈给马大妈摘棉花。马大妈告诉马大哈,以后不能再马大哈,马大哈不改马大哈,马大妈就不要马大哈。

绕口令练习

1. 河里一群大白鹅(e)

天上一群大白鸽,河里一群大白鹅。白鸽尖尖红嘴壳,白鹅曲项向天歌。白鸽剪开云朵朵,白鹅拨开浪波波。鸽乐呵呵,鹅活泼波,白鹅白鸽碧波蓝天真快乐。

er:注意发"二"这个音节时,实际上是在 e 后面加上卷舌动作,并非单纯的 er,请注意区别。

2. 河边两只鹅(e)

河边两只鹅,一同过了河;白鹅去拾草,黑鹅来搭窝。冬天北风刮,草窝真暖和,住在草窝里,哦哦唱支歌。

(二)复韵母

前响复韵母 ai ei ao ou 发音时,舌位都是由低向高滑动,口腔开度渐小,开头的元音响亮清晰,结尾的元音相对清短。

绕口令练习

1. 买菜(ai)

小艾和小戴,一起去买菜。小艾把一斤菜给小戴,小戴有比小艾多一倍的菜;小戴把一斤菜给小艾,小艾小戴就有一般多的菜。

2. 营房里出来两个排(ai)

营房里出来两个排,直奔正北菜园来,一排浇菠菜,二排砍白菜。剩下八百八十八棵大白菜没有掰。一排浇完了菠菜,又把八百八十八棵大白菜掰下来;二排砍完白菜,把一排掰下来的八百八十八棵大白菜背回来。

3. 天上有个日头(ou)

天上有个日头,地下有块石头,嘴里有个舌头,手上有五个手指头。不管是天上的热日头、地下的硬石头、嘴里的软舌头、手上的手指头,还是热日头、硬石头、软舌头、手指头,反正都是练舌头。

后响复韵母 ia ie ua uo ue 发音时,舌位都是由高向低滑动,口腔开度由小到大,开头的元音短促,迅速过渡到后面的元音上,后面的元音响亮清晰,时间也较长。

绕口令练习

1. 金瓜瓜,银瓜瓜(ua)

金瓜瓜,银瓜瓜,瓜棚上方结满瓜,瓜瓜落下来,打着小娃娃,娃娃叫妈妈,娃娃怪瓜瓜,瓜瓜笑娃娃。

2. 喂蝈蝈(uo)

哥哥喂蝈蝈,蝈蝈要果果;哥哥给果果,蝈蝈叫哥哥。

中响复韵母 iao iou uai uei,它们都是由二合音前面加上一个韵头 i 或者 u 组成。发音时,舌位都是由高向低滑动,相对而言,开头的元音不太响亮而且短促,中间的元音响亮清晰而长,收尾的元音短而弱。

绕口令练习

倒吊鸟(iao)

梁上两对倒吊鸟,泥里两对鸟倒吊。可怜梁上的两对倒吊鸟,惦记泥里的两对鸟倒吊;可怜泥里的两对鸟倒吊,也惦记梁上的两对倒吊鸟。

(三)鼻韵母

前鼻韵母 an en in un ian uan uen,它们共同的发音特点表现在鼻韵尾上,发音收尾时要从它前一个元音的舌位向前移动到硬腭前部与上齿龈交界处,软腭下降,打开鼻腔通道,一有鼻音出现便结束发音。由于前鼻音韵母收尾时舌尖迅速贴到近似"舌尖中鼻音声母 n"的位置,所以前鼻音韵母有个别称叫"舌尖鼻韵母"。判断前鼻韵母是否发得正确,从听觉上认定的同时,还要检验声音收住时自己的舌尖是否贴在硬腭的前端与上齿龈的交界处,如果舌尖没有移动到位,这个音一定是模糊的,一定不是地道的前鼻音。

绕口令练习

1. 水连天(ui)

天连水, 水连天, 水天一色望无边, 蓝蓝的天似绿水, 绿绿的水如蓝天。到底是天连水, 还是水连天?

2. 紫瓷盘(an)

紫瓷盘, 盛鱼翅, 一盘熟鱼翅, 一盘生鱼翅。迟小池拿了一把瓷汤匙, 要吃清蒸美鱼翅。一口鱼翅刚到嘴, 鱼刺刺进齿缝里, 疼得小池拍腿挠牙齿。

3. 山前有个严圆眼(an)

山前有个严圆眼, 山后有个圆眼严, 两人上山来比眼, 不知是严圆眼的眼圆, 还是圆眼严的眼圆?

4. 多少罐(uan)

一个半罐是半罐, 两个半罐是一罐; 三个半罐是一罐半, 四个半罐是两罐; 五个半罐是两罐半, 六个半罐是三满罐; 七个八个九个半罐, 请你算算是多少罐。

后鼻韵母 ang eng ing ong iang uang ueng iong, 它们的共同发音特点也在韵尾上, 与前鼻韵母不同的是, 发音收尾时舌面后部抬高贴向软腭, 然后软腭下降, 打开鼻腔通道, 一有鼻音出现便结束发音。由于后鼻韵母关键是舌根的动作, 所以它又称为"舌根鼻韵母"。

绕口令练习

1. 天上一颗星(ing)

天上一颗星, 地下一块冰, 屋上一只鹰, 墙上一排钉。抬头不见天上的星, 乒乓乒乓踏碎地下的冰, 啊嘘啊嘘赶走了屋上的鹰, 唏哩唏哩拔掉了墙上的钉。

2. 羊和狼（ang）

东边来了一只小山羊，西边来了一只大灰狼，一起走到小桥上，小山羊不让大灰狼，大灰狼不让小山羊，小山羊叫大灰狼让小山羊，大灰狼叫小山羊让大灰狼，羊不让狼，狼不让羊，扑通一起掉到河中央。

韵母难点提示：前后鼻音单发正确之后，再联系对比发音，进一步区分它们的不同动作部位和方向，最后做大量的混编联系，以求达到熟练程度。

三、声调规范

声调是依附在音节上能区别意义的高低长短的语音现象。如 ma，在普通话中的四声，对应汉字的意义是"妈、麻、码、骂"意义完全不同的字。

世界上许多语言音节中的高低长短并不具有区别意义的作用。汉语是有声调的语言，而且声调有区别意义的重要作用，如"买东西"和"卖东西"意义相反，"买烟"和"买盐"是两回事。声调是汉字字音结构中的重要组成部分，在辨义上起着举足轻重的作用。汉字字音由三部分构成：字音的开始部分是声调，声母后面的部分是韵母，而贯穿整个字音的是声调。声调也叫"字调"。

请注意：声调的高低是"相对音高"，与音乐的"绝对音高"要求不同。一方面因为每个人自然音域不同，说话音调的高低常有明显差异；另一方面，同一个人由于感情或场合的变化，用声高低也会有区别，人们并未因此听不懂别人讲话，或觉得他"跑调"。"声调的练习原则可以概括为，音高有限度、高而不喊；音低有力度，低而不散；音高声要轻，轻而不浮；音低字要沉，沉而不浊；音量加大时，气足而不挫；音量减小时，气节而不衰。"[1]

---

[1] 战迪主编：《播音主持综合训练教程新编》，中国传媒大学出版社 2019 年版，第 39 页。

(一)普通话的声调

声调的分类叫调类,是声调的"名"。普通话有 4 个调类:阴平、阳平、上声、去声,也叫第一声、第二声、第三声、第四声。

声调的实际发音叫调值,调值通常用"五度制标记法"来表示。一条竖线表示"音高",从上到下共有 5 个点,分别标为"5、4、3、2、1",代表音调的"高、半高、中、半低、低"。

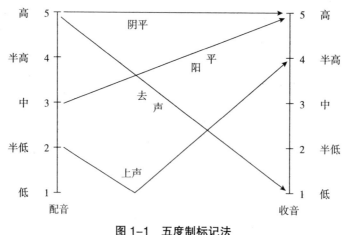

图 1-1 五度制标记法

练习时可以假设把这条有 5 个刻度的竖线移到自己的前胸,最高点[5]在锁骨窝处,最低点[1]在腰带上方相当于"横膈"处,由气息压力的大小体会声调高低升降的变化。

阴平——调值[55]发音时,气息压力相对较大,声调最高,保持不变,如 ba,音高从[5]延长到[5],因此又叫"高平调"。

八、坡、摸、方、姑、青、香、之、撑、身

通知、语音、参加、发生、香山、班车、冲击

注意:"两个阴平连在一起时,可把第一个阴平稍稍降低一点儿,第二个阴平要保证[55]的高度。做到轻微而适当的调节,就会使发音轻松,听感也

舒服。但是,绝不可第一个音节够高,而第二个音节调值不到位,那恰恰是东北方言阴平不够高的表现,是学习普通话时应重点加以矫正的"。[①]

阳平——调值[35]发音时,气息从较弱起,压力逐渐增强,音高从"中"到"高",即从[3]升到[5],又叫"中升调"。

拔、婆、麻、福、葵、湖、直、随

直达、人权、临时、昂扬、言辞、离别、然而、棉田、连年、全勤

上声——调值[214]发音时,气息弱起,压力渐小,声带放松,音高从"半低"的[2]起减低到[1],稍稍延长,然后气息压力迅速加强,音高上升到中高的[4],整个调型呈曲折状,又叫"曲折调"或"降升调"。

把、跑、买、法、底、挑、好、我、海、远、许、纸

去声——调值[51]发音时,起始气息压力大,音调高度[5],然后迅速减小气息压力,音高也降到最低的[1],音长在四个声调中是最短的,从最高降到最低,又叫"全降调"。

白菜、杂志、存在、年代、学院、劳动、情趣、服务、习惯、的确

难点提示:东北方言中的阴平往往高度不够,特别是第二个音节为阴平时最为明显,读成近似[44]或[33]的调子,即使声母、韵母没有大问题,仍然在语流中表现出浓重的方言语调。克服阴平不够高的问题,建议先集中做"阳平+阴平"的组合词组练习,这样可借助阳平[35]末尾达到高度[5],引导出阴平[55]应有的高度。也就是说,发第二个音节时保持前一个音节的高度就能顺利地发出阴平应有的调值。

(二)双音节词的声调练习

提示:

第一,两个阴平连读时,可以把第一个字的阴平调值调整为[44]的高度,

---

① 吴郁、侯寄南:《广播电视新闻语言与形体传播教程》,中国人民大学出版社 2001 年版,第25 页。

第二个字的阴平调值保持为[55]不变。

第二,两个阳平连读时,可以把第一个字的阳平调值调整为[34]的高度,第二个字的调值保持为[35]不变。

第三,两个上声连读的时候,第一个字的读音可以调整为[35]的高度。

第四,两个去声相连的时候,可以把第一个字的读音调整为[53]的高度,第二字的读音保持为[51]的高度不变。

阴阴组合:星空　疏通　征婚　亲生　翻车　咖啡;

阴阳组合:编排　轻浮　征程　飞翔　偏旁　签名;

阴上组合:推举　青海　铅笔　根本　酸雨　签署;

阴去组合:先烈　尖锐　尊敬　军队　发动　单位;

阳阴组合:承担　农村　联欢　成功　平安　连心;

阳阳组合:滑翔　达成　灵活　答题　吉祥　合格;

阳上组合:翘首　平等　滑雪　牛奶　华北　黄海;

阳去组合:模范　决断　协作　植物　评定　存放;

上阴组合:广播　北京　转播　纺织　统一　体贴;

上阳组合:皎洁　指南　普及　反常　敏捷　改革;

上上组合:表演　鼓掌　友好　选举　舞蹈　展览;

上去组合:主要　广阔　理论　巩固　美妙　响亮;

去阴组合:贵宾　进军　点灯　列车　办公　秘方;

去阳组合:上学　落实　自觉　共同　电台　漫谈;

去上组合:问好　运转　刻苦　乐曲　剧本　恰巧;

去去组合:对话　宴会　日月　创办　画像　岁月;

(三)四音节词的声调练习

1.阴阳上去

兵强马壮　光明磊落　山穷水尽　山明水秀　山盟海誓　千锤百炼

声名显赫　酸文假醋　深谋远虑　因循守旧　飞檐走壁　金迷纸醉

2. 去上阳阴

治理河山　碧草如茵　万里晴空　寿比南山　聚少成多　破釜沉舟

大好河山　确保平安　和风细雨　趁此良机　一马平川　万古长青

3. 其他组合

繁花似锦　安之若素　烟花易冷　念念不忘　冷暖自知　闭月羞花

仙姿玉貌　惊鸿一瞥　花容月貌　沉鱼落雁　似水流年　落晚芳菲

(四)唐诗宋词的声调练习

《游子吟》

孟　郊

慈母手中线,游子身上衣。

临行密密缝,意恐迟迟归。

谁言寸草心,报得三春晖。

《清明》

杜　牧

清明时节雨纷纷,路上行人欲断魂。

借问酒家何处有,牧童遥指杏花村。

《静夜思》

李　白

床前明月光,疑是地上霜。

举头望明月,低头思故乡。

《登鹳雀楼》

王之涣

白日依山尽,黄河入海流。

欲穷千里目,更上一层楼。

《登乐游原》

李商隐

向晚意不适,驱车登古原。

夕阳无限好,只是近黄昏。

《春晓》

孟浩然

春眠不觉晓,处处闻啼鸟。

夜来风雨声,花落知多少。

《赋得古原草送别》

白居易

离离原上草,一岁一枯荣。

野火烧不尽,春风吹又生。

远芳侵古道,晴翠接荒城。

又送王孙去,萋萋满别情。

《早发白帝城》

李 白

朝辞白帝彩云间,千里江陵一日还。

两岸猿声啼不住,轻舟已过万重山。

《丑奴儿·书博山道中壁》

辛弃疾

少年不识愁滋味,爱上层楼。爱上层楼,为赋新词强说愁。

而今识尽愁滋味,欲说还休。欲说还休,却道天凉好个秋。

《青玉案·元夕》

辛弃疾

东风夜放花千树。更吹落、星如雨。宝马雕车香满路。凤箫声动,玉壶光转,一夜鱼龙舞。蛾儿雪柳黄金缕。笑语盈盈暗香去。众里寻他千百度。蓦然回首,那人却在,灯火阑珊处。

《采桑子》

辛弃疾

此生自断天休问,独倚危楼。独倚危楼,不信人间别有愁。君来正是眠时节,君且归休。君且归休,说与西风一任秋。

《西江月》

辛弃疾

明月别枝惊鹊,清风半夜鸣蝉。稻花香里说丰年,听取蛙声一片。七八个星天外,两三点雨山前。旧时茅店社林边,路转溪桥忽见。

《清平乐》

辛弃疾

茅檐低小,溪上青青草。醉里吴音相媚好,白发谁家翁媪?

大儿锄豆溪东,中儿正织鸡笼。最喜小儿亡赖,溪头卧剥莲蓬。

《满江红》

辛弃疾

敲碎离愁,纱窗外、风摇翠竹。人去后、吹箫声断,倚楼人独。满眼不堪三月暮,举头已觉千山绿。但试将、一纸寄来书,从头读。

相思字,空盈幅,相思意,何时足。滴罗襟点点,泪珠盈掬。芳草不迷行客路,垂杨只碍离人目。最苦是、立尽月黄昏,栏干曲。

《点绛唇》

李清照

蹴罢秋千,起来慵整纤纤手。露浓花瘦,薄汗轻衣透。见客入来,袜划金钗溜。和羞走,倚门回首,却把青梅嗅。

《如梦令》

李清照

昨夜雨疏风骤,浓睡不消残酒。试问卷帘人,却道海棠依旧。知否,知否? 应是绿肥红瘦。

第二节　普通话的语流音变

在语言交际中,表达思想感情的一个个的音节总是连续发出的,形成语流,有些音节受到前面或者后面音节的影响产生了语音的变化,这些变化是有规律的,统称为语流音变。

一、普通话的变调

变调是指在词语或句子中某些音节与音节相连,声调发生变化的语音现象。普通话里主要有上声的变调、去声的变调、"一""不"的变调。

（一）上声的变调

上声在单念或处于词尾、句尾时，读原调，更多时候要变调。具体变调规律如下。

1. 两字词——根据该词组前后音节声调的组合情况

（1）上声与非上声相连，上声一律读"前半上"，就是把[214]的调值读成[211]，即只读前半段降低部分，甩掉后面上扬的尾巴。

百般　保温　海关　首先　北方　小说　简称　老师　奖杯　敏捷

祖国　导游　改革　讲台　简洁　抢夺　语言　朗读　打球　取材

（2）两个上声相连，第一个上声读成"直上"，即把[214]的调值读成阳平[35]的调值，没有降低阶段，直接上扬，而后接后面的上声。

厂长　处理　党委　检举　使馆　古典　友好　水井

懒散　母语　简短　土法　远景　首长　北海　减少

2. 三字词——区别词组内意义结构的不同组合

（1）"单双格"，也称为"1+2"结构，通俗说就是一个三字词中后两个音节从意义上看关系更加紧密，这时第一个上声变为"前半上"，即读成[211]，第二个上声变为"直上"，读成[35]的阳平调，第三个上声读原调。

李小姐　党小姐　好小伙　纸老虎　老保姆　冷处理　小两口

（2）"双单格"，也称为"2+1"结构，是指在这一词组里前两个音节的意义关系紧密，此时前两个上声都变为"直上"，即[35]的调值，第三个上声读原调。

跑马场　管理组　展览馆　水彩笔　虎骨酒　古典舞　蒙古语

（二）去声的变调

两个去声相连，前面的去声变调为"半去"，即不降到底，读成[53]的调值，而且有时会影响到后面的去声的起点比第一个去声略低。如果三个去声相连,则前面两个去声都变调为[53],最后的去声音节读原调。

(三)"一""不"的变调

"一"的单字调是阴平,调值[55],"不"的单字调是去声,调值[51],我们在单念和序数词中,或处于词尾、句尾时读原调,如"第一""十一""统一""一九九九",或者"不""我不"。

1. 在去声音节前面的"一"和"不"都要变调,读成阳平[35]的调值。

一趟　一定　一路　一面　一样　一向　一道　一阵　一味　一贯

2. 在非去声(阴平、阳平、上声)前面的"一"变调,读成去声的[51]调值。

一张　一身　一般　一天　一心　一生

一瞥　一早　一曲　一准　一口

3."一"夹在动词中间,"不"夹在动词或形容词中间,或夹在动词补语中间时,读轻声。

看一看　听一听　想一想　读一读　练一练　去不去　会不会

好不好　行不行　听不清　看不见　起不来　拿不了

二、词的轻重格式

"普通话语音在词组结构中并非读得一样重,大致分为四级:重、中、次轻、轻。如果不能掌握普通话的轻重格式,听起来还会带有明显的方言语调。要克服轻重格式方面的缺憾,首先必须多听、多辨别,才能形成词的轻重格式的正确语感,在此基础上多积累、多练习,才能掌握普通话词语的轻重格式。"①

---

① 吴郁、侯寄南:《广播电视新闻语言与形体传播教程》,中国人民大学出版社 2001 年版,第29 页。

(一)双音节的轻重格式

1. 绝大多数是"中—重"格式

北京　蓝天　白云　田野　流水　花草

美妙　清澈　远足　决胜　专家

2. 有一部分是"重—次轻"格式

工人　艺术　手巾　部分　合同　困难

书记　消息　知识　官司　设备

3. 另有一部分是上文提到的"重—轻"格式

东西　事情　母亲　太阳　休息　意思

喜欢　队伍　活泼　编辑　玻璃

(二)三字词的轻重格式

1. 绝大多数为"中—次轻—重"格式

医学院　共产党　解放军　火车头　电信局　泛光灯　马兰花　空调机

2. 少数为"中—重—轻"格式

老婆子　大姑娘　胡萝卜　打牙祭　老伙计

3. 还有少数为"重—轻—次轻"格式

朋友们　先生们　姑娘们　娃娃们

(三)四字词的轻重格式

1. 绝大多数为"中—次轻—中—重"格式

山明水秀　一览无余　趾高气扬　时装表演　网络文学　高楼大厦

2. 少部分为"中—轻—中—重"格式

稀里哗啦　慌里慌张　嘻嘻哈哈　迷迷糊糊　糊里糊涂

3. 极少口语词为"中—次轻—重—轻"格式

如意算盘　拜把兄弟　闺女女婿　半大小子

轻声综合练习

明白	活泼	云彩	毛病	相声	委屈	参谋
黄瓜	眉毛	葡萄	随和	凉快	喜欢	毛糙
打扮	打听	眼睛	比方	认识	母亲	队伍
骨头	馒头	拳头	学过	听过	见过	躲开
离开	打开	放开	拦住	站住	盖上	关上
拿去	过去	送来	对吗	走吧	书呢	谁的
坏的	树上	落下	敲敲	拍拍	试试	逛逛
见识	柴火	合同	大方	衙门	翻腾	我们
蘑菇	干粮	窝棚	唾沫	斗篷	嘱咐	称呼
咱们	什么	怎么	多么	本子	梳子	为了
得了	好了	爸爸	太太	姑娘	有的	似的
觉得	省得	免得	接着	跟着	觉着	里头
佩服	宽敞	篱笆	机灵	稳当	吓唬	岁数
粮食	部分	瞧见	面积	动弹	笑话	和尚
尾巴	骆驼	聪明	麻烦	嘴巴	胳膊	灯笼
窗户	玻璃	萝卜	功夫	哆嗦	庄稼	芝麻
衣裳	干净	先生	知识	消息	吩咐	容易
快活	地方	记性	困难	事情	老爷	休息
结实	舒服	老实	便宜	麻烦	糊涂	精神

三、普通话"儿化"

普通话卷舌韵母 er 有两个作用,一是独立表示某个字音,如:而、二、耳、儿等;二是不自成音节,附着于其他韵母,使之成为带有卷舌色彩的儿化韵。所谓儿化就是这种情况。儿化现象也是普通话语音特点之一,读的时候处于词尾的"儿",只保留卷舌动作,与前一个音节融合成一个音节。

儿化主要用于以下几种情况。

(一)区别词义

如:眼(眼睛),眼儿(小洞、小窟窿);天(天空),天儿(天气、一天里的某段时间);头(脑袋),头儿(头目)。

(二)区别词性

如:盖(动词),盖儿(名词);画(动词),画儿(名词);尖(形容词),尖儿(名词)。

(三)表示喜爱、亲切的感情色彩

如:小孩儿、脸蛋儿、好玩儿、电影儿。

(四)表示少、小、轻状态的性质

如:蛋黄儿、米粒儿、干活儿 门缝儿。

注意:当儿化起着区别词义、词性的作用时,必须儿化。当表示少、小、轻状态的性质,有时也常常不做儿化处理。有的人该儿化时,没有与前面的音节融合在一起转化为儿化韵,"儿"仍旧自成音节,如"树叶儿""板凳儿"这是不对的。在某些诗歌散文中,为了押韵,词尾的"儿"是自成音节的,如:"树上的鸟儿成双对""风儿吹动我们""闭了眼,树上仿佛满是桃儿、杏儿、梨儿",其中的"儿"必须读成独立的音节,若以儿化处理就失去了诗歌或者文章的韵味,风格不对了。

（五）儿化韵的双音节词语发声练习

以 a、o、e、u 作韵尾的韵母做儿化处理。

e → er：　　　硬壳儿 yìngkér

ie → ier：　　石阶儿 shíjiēr

ue → uer：　　主角儿 zhǔjuér

ao → aor：　　小道儿 xiǎodàor

a → ar：　　　手把儿 shǒubàr

iao → iaor：　小调儿 xiǎodiàor

u → ur：　　　离谱儿 lípǔr

ua → uar：　　浪花儿 lànghuār

o → or：　　　粉末儿 fěnmòr

ou → our：　　路口儿 lùkǒur

iou → iour：　小球儿 xiǎoqiúr

（六）韵尾音素以 i、ü 为主要元音的韵母做儿化处理

ü → üer：　　毛驴儿 máolúr

i → ier：　　锅底儿 guōdǐr

（七）韵尾音素为 i 的韵母做儿化处理

ai → ar：　　大牌儿 dàpáir

uai → uar：　糖块儿 tangkuair

ei → er：　　宝贝儿 bǎobèir

uei → uer：　口味儿 kǒuwèir

（八）韵尾音素为 n 的韵母做儿化处理

an → ar:　　传单儿 chuándānr

en → er:　　亏本儿 kuīběnr

ian → iar:　　路边儿 lùbiānr

in → iar:　　用劲儿 yòngjìnr

uan → uar:　　拐弯儿 guǎiwānr

uen → uer:　　皱纹儿 zhòuwénr

üan → üar:　　圆圈儿 yuánquānr

ün → üer:　　合群儿 héqúnr

（九）以舌尖前元音 –i 或舌尖后元音 –i 作韵尾的韵母做儿化处理

i → er:　　柳丝儿 liǔsīr

i → er:　　树枝儿 shùzhīr

（十）以 ang、eng、ong 为韵尾音素的韵母做儿化处理

小羊儿 xiǎoyángr　　药方儿 yàofāngr

茶缸儿 chágāngr　　竹筐儿 zhúkuāngr

小洞儿 xiǎodòngr　　抽空儿 chōukòngr

跳绳儿 tiàoshéngr　　竹凳儿 zhúdèngr

儿化韵练习

照片儿 zhàopiānr　　玩儿命 wánrmìng

起名儿 qǐmíngr　　中间儿 zhōngjiànr

拈阄儿 niānjiūr　　拔尖儿 bájiānr

蝈蝈儿 guōguor　　冰棍儿 bīnggùnr

豆角儿 dòujiǎor　　老头儿 lǎotóur

小曲儿 xiǎoqǔr　　纳闷儿 nàmènr

片儿汤 piànrtāng　　墨水儿 mòshuǐr

围脖儿 wéibór　　一块儿 yīkuàir

绕口令练习

1. 进了门儿(en)

进了门儿,倒杯水,喝了两口儿运运气儿,顺手拿起小唱本儿,唱一曲儿,又一曲儿,练完了嗓子我练嘴皮儿。绕口令儿,练字音儿,还有单弦儿牌子曲儿,小快板儿,大鼓词儿,越说越唱我越带劲儿。

注意:韵母是 ai ei an en(包括 uei uan uen ian uai),儿化时落韵尾,在主要元音上加卷舌动作。

2. 小哥儿俩(ang)

小哥儿俩,红脸蛋儿,手拉手儿,一块儿玩儿。小哥儿俩,一个班儿,一路上学唱着歌儿。学造句儿,一串串儿,唱新歌儿,一段段儿,学画画儿,不贪玩儿。画小猫儿,钻圆圈儿,画小狗儿,蹲庙台儿,画只小鸡儿吃小米儿,画条小鱼儿吐水泡儿。小哥儿俩,对脾气儿,上学念书不费劲儿,真是父母的好宝贝儿。

注意:韵尾是 -ng,儿化时落韵尾,在原韵母后加卷舌动作,同时鼻化元音。

四、语气助词"啊"音变

(一)当前一字末尾音素是 a o e i u 时,"啊"读作"呀(ia)"

好高的塔啊(a)——呀!(ia)

是航模啊(o)——呀!(ia)

什么啊(e)——呀!(ia)

多静的夜啊(e)——呀！(ia)

第一啊——呀！(ia)

去钓鱼啊——呀！(ia)

(二)当前一字末尾音素是 u ao ou 时,"啊"读作"哇(ua)"

大树啊(u)——哇(ua)

好高啊(ao)——哇(ua)

快瞧啊(iao)——哇(ua)

狮子大开口啊(ou)——哇(ua)

(三)当前一字的韵尾是前鼻音韵尾时,"啊"读作"哪(na)"

什么人啊(n)——哪(na)

快看啊(n)——哪(na)

使劲喊啊(n)——哪(na)

(四)当前一字的韵尾是后鼻音韵尾时,"啊"读作"哪(nga)"

不行啊(ng)——哪(nga)

别上房啊(ng)——哪(nga)

第三节　普通话水平测试内容及评分标准

普通话是国家通用语言。推广和普及普通话是国家的基本语言政策。开展普通话水平测试,是推广普通话的重要措施之一。普通话水平测试(简称PSC)是我国为加快共同语普及进程、提高全社会普通话水平而设置的一种语言口语测试,全部测试内容均以口头方式进行。普通话水平测试不是口才的评定,而是对应试人掌握和运用普通话所达到的规范程度的测查和评定。

普通话水平测试是我国现阶段普及普通话工作的一项重大举措。在一定范围内对某些岗位的人员进行普通话水平测试,并逐步实行普通话等级证书上岗制度标志着我国普及普通话工作走上了制度化、规范化、科学化的新阶段。开展普通话水平测试工作,将大大加强推广普通话工作的力度,加快速度,使"大力推行、积极普及、逐步提高"的方针落到实处,极大地提高全社会的普通话水平和汉语规范化水平。

一、主持人以推广普通话为己任

中华人民共和国成立以后,国家大力推广普通话,奠定了普通话作为国家通用语言的基础。1982 年,我国宪法载入"国家推广全国通用的普通话"的条款,更加明确了普通话作为国家通用语言的法定地位。从 1992 年年底开始,国家语委组织了专门的学术委员会和课题组,开始论证和编写《普通话水平测试等级标准》。1994 年 10 月,国家语委、国家教委、广电部发布《关于开展普通话水平测试工作的决定》,这个决定在我国推广普通话的历程中具有里程碑意义。自 1994 年 10 月三部委发布《关于开展普通话水平测试工作的决定》以来,这项工作在全国各地逐步展开。2000 年 10 月,全国人大常委会通过《中华人民共和国国家通用语言文字法》,并于 2001 年 1 月 1 日颁布实施。该法明确规定"凡以普通话作为工作语言的岗位,其工作人员应当具备说普通话的能力","以普通话为工作语言的播音员、节目主持人和影视话剧演员、教师、国家机关工作人员的普通话水平,应当分别达到国家规定的等级标准;对尚未达到国家规定的普通话等级标准的,分别情况进行培训"。这是国家以法律的形式明确规定了必须进行普通话培训和测试的人员范围。

1997 年 6 月 26 日,国家语委发布《关于普通话水平测试管理工作的若干规定(试行)》,再次明确了播音员和主持人的普通话水平等级要求,规定第二十一条指出:"国家级和省级广播电台、电视台的播音员和节目主持人,普通话水平必须达到一级甲等,其余广播电台、电视台的播音员和节目主持人的达标要求由广播电影电视部另行规定。"

播音员、主持人在节目中,主要是通过有声语言传递信息、表述观点、串联节目,与受众交流沟通,其高超的语言水准、格调和修养,在潜移默化中产生广泛的社会影响。播音员、主持人一定要在语言规范化的前提下,体现广播电视语言的生动化、口语化、个性化,要以讲好普通话、推广普通话为己任。某些播音员、主持人,有时认识不到这项工作的重要性,单纯地迎合听众、观众,语言规范的示范意识较为淡薄。对于播音员、主持人来讲首先应该保证语言标准、准确,这是一个统一的标准,如果脱离了这个统一的标准与要求也就偏离了基本的业务方向。

曾作为《新闻联播》主持人的海霞,多年来努力践行推广国家通用语言文字的典范之责,她认为播音员主持人既要成为全社会说好普通话的榜样,更要利用自身优势助力国家通用语言文字普及推广。海霞从 2016 年起参与发起实施了面向边疆地区、民族地区少年儿童普通话推广普及的公益项目"石榴籽计划",创新普及国家通用语言文字的途径,构筑中华民族共有精神家园的基石。

二、普通话水平测试的等级划分

国家语委、国家教委和广电部颁布的《普通话水平测试等级标准(试行)》,普通话水平分为三个级别(一级可称为标准的普通话,二级可称为比较标准的普通话,三级可称为一般水平的普通话),每个级别内划分甲、乙两个等次。共三级六等。

(一)一级(标准的普通话)

一级甲等(测试得分:97 分及以上)朗读和自由交谈时,语音标准,词语、语法正确无误,语调自然,表达流畅。

一级乙等(测试得分:92 分及以上但不足 97 分)朗读和自由交谈时,语音标准,词语语法正确无误,语调自然,表达流畅。偶然有字音、字调失误。

(二)二级(比较标准的普通话)

二级甲等(测试得分:87分及以上但不足92分)朗读和自由交谈时,声韵调发音基标准,语调自然,表达流畅。少数难点音有时出现失误。词语、语法极少有误。

二级乙等(测试得分:80分及以上但不足87分)朗读和自由交谈时,个别调值不准,声韵母发音有不到位现象。难点音失误较多。方言语调不明显。有使用方言词、方言语法的情况。

(三)三级(一般水平的普通话)

三级甲等(测试得分:70分及以上但不足80分)朗读和自由交谈时,声韵母发音失误较多,难点音超出常见范围,声调调值多不准。方言语调较明显。词语、语法有失误。

三级乙等(测试得分:60分及以上但不足70分)朗读和自由交谈时,声韵调发音者失误多,方音特征突出。方言语调明显。词语、语法失误较多。外地人听其谈话有听不懂的情况。

三、普通话水平测试题型及评分标准

(一)读单音节词

目的:考查应试人声母、韵母、声调的发音。

要求:100个音节里,每个声母出现一般不少于3次,方言里缺少的或容易混淆的声母酌量增加1—2次;每个韵母的出现一般不少于2次,方言里缺少的或容易混淆的韵母酌量增加1—2次。字音声母或韵母相同的要隔开排列。不使相邻的音节出现双声或叠韵的情况,其中排除轻声、儿化音节。

应试人应该清晰、准确、音量适中地读出所给的 100 个单音节字词。读的顺序是,从左到右、自上而下地横向依次扫读,不能不读、跳读、漏读、增读。

评分:此项成绩占总分的 10%,即 10 分。读错一个字的声母、韵母或声调扣 0.1 分。读音有缺陷每个字扣 0.05 分。一个字允许读两遍,即应试人发觉第一次读音有口误时可以读第二遍,按第二次读音评判。限时:3 分钟。超时扣分(3—4 分钟扣 0.5 分,4 分钟以上扣 0.8 分)。

必须避免的语音错误,主要是指发音过程中,把一个音误读作另一个音,产生意义变化的音位错误。例如,把字音中声母“zh”读作“z”;把字音中韵母“an”读作“ang”的;把字音的声调阴平读成阳平;等等。语音缺陷是指发音没有达到发音标准。这种情况,从声音方面分析,存在“正确”与“错误”之间的“缺陷”。例如,字音中舌尖后音 zh、ch、sh 的发音部位靠前,大体是舌尖与上齿龈的部位构成阻碍,但还没有读作舌尖前音 z、c、s;字音中前响复合韵母发音时舌的活动幅度很小,但还没有读作单元音等。

(二)读多音节词

目的:除考查应试人声母、韵母和声调的发音外,还要考查上声变调、儿化韵和轻声的读音。要求:50 个双音节可视为 100 个单音节。“这一项要求应试人依据试卷文字,读多音节词语。音节总数 100 个。其中含双音节词语45—47 个,三音节词语 2 个,四音节词语 0—1 个。除了考查应试人的声母、韵母和声调的发音外,还要考查变调、轻声、儿化读音的标准程度。其中上声与上声相连的词语不少于 3 个,上声与非上声相连的词语不少于 4 个,轻声不少于 3 个,儿化读音不少于 4 个(应为不同的儿化韵母)。这一项成绩满分是 20 分,占总分的 20%。应试人在做到读音清晰、准确的同时,还应力求自然流畅,双音节词语的两个音节之间,语势是连贯的,不能有明显的停顿。测试中对应试人的语音的评判,仍按错误和缺陷两种情况分别记评。读错一个音节的声母、韵母或声调扣 0.2 分,读音缺陷每次扣 0.1 分。这一项规定用时

2.5 分钟。超时 1 分钟以内,扣 0.5 分;超时 1 分钟以上(含 1 分钟),扣 1 分。"[①]

(三)选择判断

这一项由 10 组词语判断,10 组量词、名词搭配,10 组语序或表达形式判断三部分组成。满分 10 分。词语判断项是根据《普通话水平测试用普通话与方言词语对照表》,列举 10 组普通话与方言意义相对应但说法不同的词语,由应试人判断并读出普通话的词语。目的是测查应试人掌握普通话词语的规范程度。每组分值 0.25 分。量词、名词搭配项是根据《普通话水平测试用普通话与方言常见语法差异对照表》,列举 10 个名词和若干量词,由应试人搭配并读出符合普通话规范的 10 组名量短语。目的是测查应试人掌握普通话量词和名词搭配的规范程度。每组分值 0.5 分。

语序或表达形式判断是根据《普通话水平测试用普通话与方言常见语法差异对照表》,列举 5 组普通话和方言意义相对应,但语序或表达习惯不同的短语或短句,由应试人判断并读出符合普通话语法规范的表达形式。目的是测查应试人掌握普通话语法的规范程度。每组分值 0.5 分。

选择判断合计限时 3 分钟。超时 1 分钟以内,扣 0.5 分;超时 1 分钟以上(含 1 分钟),扣 1 分。答题时语音错误,每个音节扣 0.1 分,如判断错误已经扣分,不重复扣分。

(四)朗读短文

这一项主要考查应试人使用普通话朗读书面作品的水平。在测查声母、韵母、声调读音标准程度的同时,重点测查语流音变、停连、语调以及流畅程度。要求准确、熟练运用普通话,做到字音规范,语流音变正确;领会作品内容,正确把握思想感情,读出真情实感;忠于原作品,不漏字、不增字或任意改

---

① 中国传媒大学播音主持艺术学院编:《播音主持语音与发声》,中国传媒大学出版社 2014 年版,第 147 页。

字;语调自然,停连、断句恰当,重音处理正确,语速快慢得当。

这项测试短文从《普通话水平测试用朗读作品》中选取。评分以朗读作作品的前 400 个音节(不含标点符号和括注的音节)为限。满分 30 分。

每错 1 个音节,扣 0.1 分;漏读或增读 1 个音节,扣 0.1 分。声母或韵母的系统性语音缺陷,视程度扣 0.5 分、1 分。语调偏误,视程度扣 0.5 分、1 分、2 分。停连不当,视程度扣 0.5 分、1 分、2 分。朗读不流畅(包括回读),视程度扣 0.5 分、1 分、2 分。限时 4 分钟,超时扣 1 分。

(五)命题说话

这项测试限时 3 分钟,共 30 分。测试的目的是测查应试人在不借助文字的情况下,使用普通话的能力。重点测查语音标准程度、词汇语法规范程度和自然流畅程度。应试人采用单向表述方式,如果应试人有明显背稿、离题、说话难以继续表现时,主试人可提示或引导。要求应试人语音准确,吐字清楚,能正确处理轻声、儿化、变调等音变现象;语调正确,既符合生活口语特点,又根据内容需要具有一定变化;紧扣话题,中心突出,条理清晰,表达方式恰当;词汇、语法使用合乎规范,选词用语准确恰当;语句连贯,停顿得当,快慢适度,表达自然流畅。说话题目从《普通话水平测试用话题》中选取,由应试人从给定的两个话题中选定 1 个话题,连续说一段话。这一项满分 30 分,其中语音标准程度 20 分。分为六档。

一档:语音标准或极少有失误。扣 0 分、0.5 分、1 分。

二档:语音错误在 10 次以下,有方音但不明显。扣 1.5 分、2 分。

三档:语音错误在 10 次以下,但方音比较明显;或语音错误在 10—15 次之间,有方音但不明显。扣 3 分、4 分。

四档:语音错误在 10—15 次之间,方音比较明显。扣 5 分、6 分。

五档:语音错误超过 15 次,方音明显。扣 7 分、8 分、9 分。

六档:语音错误多,方音重。扣 10 分、11 分、12 分。

词汇语法规范程度5分。分为三档。

一档:词汇、语法规范。扣0分。

二档:词汇、语法偶有不规范的情况。扣0.5分、1分。

三档:词汇、语法屡有不规范的情况。扣2分、3分。

自然流畅程度5分。分为三档。

一档:语言自然流畅。扣0分。

二档:语言基本流畅,口语化较差,有背稿子的表现。扣0.5分、1分。

三档:语言不连贯,语调生硬。扣2分、3分。

说话要求时长达到3分钟。不足3分钟,酌情扣分:缺时1分钟以内(含1分钟),扣1分、2分、3分;缺时1分钟以上,扣4分、5分、6分;说话不满30秒(含30秒),本测试项成绩计为0分。

《普通话水平测试大纲》对第三项"选择判断"作了说明,要求各地可以根据测试对象或本地区的实际情况,决定是否免测"选择判断"测试项。如免测此项,"命题说话"测试项的分值由30分调整为40分。评分档次不变,具体分值调整如下。

1.语音标准程度的分值,由20分调整为25分。

一档:扣0分、1分、2分。

二档:扣3分、4分。

三档:扣5分、6分。

四档:扣7分、8分。

五档:扣9分、10分、11分。

六档:扣12分、13分、14分。

2.词汇语法规范程度的分值,由5分调整为10分。

一档:扣0分。

二档:扣1分、2分。

三档:扣3分、4分。

3.自然流畅程度,仍为 5 分,各档分值不变。

⊃ 思考题

1.你的自身发音难点是哪些?

2.举例说明上声变调、去声变调的作用。

3.举例说明双音节词、三音节词一般有哪些轻重格式。

4.举例说明"啊"的音变。

⊃ 实践环节

1.练习普通话测试的真题题库。

2.找到自身普通话语音的薄弱环节,着重练习并克服纠正。

3.掌握以下易读错字音的正确读法。

【正确读音】大有裨(bì)益　　　　【错误读音】大有裨(pí)益

【正确读音】勤学不辍(chuò)　　　【错误读音】勤学不辍(zhuì)

【正确读音】血脉偾(fèn)张　　　　【错误读音】血脉偾(pēn)张

【正确读音】一哄(hòng)而上　　　【错误读音】一哄(hōng)而上

【正确读音】大雨滂(pāng)沱　　　 【错误读音】大雨滂(páng)沱

【正确读音】焖(mèn)饭　　　　　 【错误读音】焖(mēn)饭

【正确读音】剽(piāo)悍　　　　　 【错误读音】剽(biāo)悍

【正确读音】潜(qián)力　　　　　 【错误读音】潜(qiǎn)力

【正确读音】脂(zhī)肪　　　　　　【错误读音】脂(zhǐ)肪

【正确读音】暂(zàn)时　　　　　　【错误读音】暂(zhàn)时

【正确读音】一塌(tā)糊涂　　　　　【错误读音】一塌(tà)糊涂

【正确读音】自怨自艾(yì)　　　　　【错误读音】自怨自艾(ài)

【正确读音】窈窕(yǎo tiǎo)淑女　　【错误读音】窈窕(yáo tiáo)淑女

【正确读音】随大流(liú)　　　　　 【错误读音】随大流(liù)

【正确读音】铜臭(xiù)味　　　　　　【错误读音】铜臭(chòu)味

【正确读音】螺蛳(sī)粉　　　　　　【错误读音】螺蛳(shī)粉

【正确读音】结束(shù)　　　　　　【错误读音】结束(sù)

【正确读音】锲(qiè)而不舍　　　　　【错误读音】锲(qì)而不舍

【正确读音】呼天抢(qiāng)地　　　　【错误读音】呼天抢(qiǎng)地

【正确读音】中(zhòng)规中(zhòng)矩

【错误读音】中(zhōng)规中(zhōng)矩

【正确读音】笨拙(zhuō)　　　　　　【错误读音】笨拙(zhuó)

【正确读音】筵(yán)席　　　　　　【错误读音】筵(yàn)席

【正确读音】漩(xuán)涡　　　　　　【错误读音】漩(xuàn)涡

【正确读音】解(jiě)甲归田　　　　　【错误读音】解(xiè)甲归田

【正确读音】鲫(jì)鱼　　　　　　　【错误读音】鲫(jǐ)鱼

【正确读音】符(fú)合　　　　　　　【错误读音】符(fǔ)合

【正确读音】挫(cuò)折　　　　　　【错误读音】挫(cuō)折

【正确读音】断档(dàng)　　　　　　【错误读音】断档(dǎng)

【正确读音】芝麻糊(hù)　　　　　　【错误读音】芝麻糊(hú)

拓展训练:普通话测试指定篇目朗读作品(节选15篇)①

作品1号

那是力争上游的一种树,笔直的干(gàn),笔直的枝。它的干呢,通常是丈把高,像是加以人工似的(shì de),一丈以内,绝无旁枝;它所有的丫枝(yā zhī)呢,一律向上,而且紧紧靠拢,也像是加以人工似的,成为一束,绝无横斜逸出;它的宽大的叶子也是片片向上,几乎(jī hū)没有斜生的,更不用说倒垂了;它的皮,光滑而有银色的晕圈(yùn quān),微微泛出淡青色。这是虽

---

① 普通话水平测试教研中心编:《普通话训练与测试专用教材》(第2版),中国传媒大学出版社2019年版。本书中所有普通话训练教材均选自该书。

在北方的风雪的压迫下却保持着倔强(jué jiàng)挺立的一种树! 哪怕只有碗那样粗细罢,它却努力向上发展,高到丈许,两丈,参天耸立,不折不挠,对抗着西北风。

这就是白杨树,西北极普通的一种树,然而决不是平凡的树!

它没有婆娑(pó suō)的姿态,没有屈曲(qū)盘旋的虬枝(qiú zhī),也许你要说它不美丽,——如果美是专指"婆娑"或"横斜逸出"之类而言,那么白杨树算不得树中的好女子;但是它却是伟岸,正直,朴质,严肃,也不缺乏温和,更不用提它的坚强不屈与挺拔,它是树中的伟丈夫! 当你在积雪初融的高原上走过,看见平坦的大地上傲然挺立这么一株或一排白杨树,难道你就只觉得树只是树,难道你就不想到它的朴质,严肃,坚强不屈,至少也象征了北方的农民;难道你竟一点儿(yī diǎnr)也不联想到,在敌后的广大土地上,到处有坚强不屈,就像这白杨树一样傲然挺立的守卫他们家乡的哨兵! 难道你又不更远一点想到这样枝枝叶叶靠紧团结,力求上进的白杨树,宛然象征了今天在华北平原纵横决荡用血(xuè)写出新中国历史的那种精神(jīng shén)和意志。

节选自茅盾《白杨礼赞》

作品 5 号

这是入冬以来,胶东半岛上第一场雪。

雪纷纷扬扬,下得很大。开始还伴着一阵儿(yī zhènr)小雨,不久就只见大片大片的雪花,从彤云密布的天空中飘落下来。地面上一会儿(yīhuìr)就白了。冬天的山村,到了夜里就万籁俱寂(wàn lài jù jì),只听得雪花簌簌地(sùsù de)不断往下落,树木的枯枝被雪压断了,偶尔咯吱一声响。

大雪整整下了一夜。今天早晨,天放晴了,太阳出来了。推开门一看,嗬! 好大的雪啊(ya)! 山川、河流、树木、房屋,全都罩上了一层厚厚的雪,万里江山,变成了粉妆玉砌的世界。落光了叶子的柳树上挂满了毛茸茸(máo róng róng)亮晶晶的银条儿(yín tiáor);而那些冬夏常青的松树和柏树上,则挂满了蓬松松沉甸甸(chén diàn diàn)的雪球儿。一阵风吹来,树枝轻轻地摇晃,美丽的银条儿和雪球儿簌簌地落下来,玉屑(yù xiè)似的雪末儿(xuě mòr)随风飘扬,映着清晨的阳光,显出一道道五光十色的彩虹。

大街上的积雪足有一尺多深,人踩上去,脚底下发出咯吱咯吱的响声。一群群孩子在雪地里堆雪人,掷(zhì)雪球,那欢乐的叫喊声,把树枝上的雪都震落下来了。

俗话说,"瑞雪兆丰年"。这个话有充分的科学根据,并不是一句迷信的成语。寒冬大雪,可以冻死一部分越冬的害虫;融化了的水渗进土层深处,又能供应(gōng yìng)庄稼(zhuāng jia)生长的需要。我相信这一场十分及时的大雪,一定会促进明年春季作物,尤其是小麦的丰收。有经验的老农把雪比做是"麦子的棉被"。冬天"棉被"盖得越厚,明春麦子就长得越好,所以又有这样一句谚语:"冬天麦盖三层被,来年枕着馒头(mán tou)睡。"

我想,这就是人们为什么把及时的大雪称为"瑞雪"的道理吧。

节选自峻青《第一场雪》

作品 6 号

我常想读书人是世间幸福人,因为他除了拥有现实的世界之外,还拥有另一个更为(gèng wéi)浩瀚(hào hàn)也更为丰富的世界。现实的世界是人人都有的,而后一个世界却为(wéi)读书人所独有。由此我想,那些失去或不能阅读的人是多么的不幸,他们的丧失是不可补偿的。世间有诸多(zhū duō)的不平等,财富的不平等,权力的不平等,而阅读能力的拥有或丧失却体现为精神的不平等。

一个人的一生,只能经历自己拥有的那一份欣悦,那一份苦难,也许再加上他亲自闻知的那一些关于自身以外的经历的经验。然而,人们通过阅读,却能进入不同时空的诸多他人的世界。这样,具有阅读能力的人,无形间获得了超越有限生命的无限可能性。阅读不仅使他多识了草木虫鱼之名,而且可以上溯(shàng sù)远古下及未来,饱览存在的与非存在的奇风异俗。

更为重要的是,读书加惠于人们的不仅是知识(zhī shi)的增广,而且还在于精神的感化与陶冶(táo yě)。人们从读书学做人,从那些往哲先贤以及当代才俊的著述中学得(xué dé)他们的人格。人们从《论语》(lún yǔ)中学得智慧的思考,从《史记》中学得严肃的历史精神,从《正气歌》中学得人格的刚烈,从马克思学得人世的激情,从鲁迅学得批判精神,从托尔斯泰学得道德的执着(zhí zhuó)。歌德的诗句刻写着睿智(ruì zhì)的人生,拜伦的诗句呼唤着奋斗的热情。一个读书人,一个有机会拥有超乎个人生命体验的幸运人。

节选自谢冕《读书人是幸福人》

作品9号

假日到河滩上转转,看见许多孩子在放风筝(fēng zheng)。一根根长长的引线,一头(yī tóu)系(jì)在天上,一头系在地上,孩子同风筝都在天与地之间悠荡,连心也被悠荡得恍恍惚惚了,好像又回到了童年。

儿时放的风筝,大多是自己的长辈或家人编扎(biān zā)的,几根削(xiāo)得很薄(báo)的篾(miè),用细纱线扎成各种鸟兽的造型,糊(hú)上雪白的纸片,再用彩笔勾勒出面孔与翅膀的图案。通常扎得最多的是"老雕""美人儿""花蝴蝶"等。

我们家前院就有位叔叔,擅扎风筝,远近闻名。他扎的风筝不只体型好看,色彩艳丽,放飞得高远,还在风筝上绷一叶用蒲苇(pú wěi)削成的膜片,经风一吹,发出"嗡嗡"(wēng wēng)的声响,仿佛是风筝的歌唱,在蓝天下播扬,给开阔的天地增添了无尽的韵味,给驰荡的童心带来几分疯狂。

我们那条胡同(hú tòngr)的左邻右舍的孩子们放的风筝几乎(jī hū)都是叔叔编扎的。他的风筝不卖钱,谁上门去要,就给谁,他乐意自己贴钱买材料。

后来,这位叔叔去了海外,放风筝也渐与孩子们远离了。不过年年叔叔给家乡写信,总不忘提起儿时的放风筝。香港回归之后,他的家信中说到,他这只被故乡放飞到海外的风筝,尽管飘荡游弋(yóu yì),经沐(mù)风雨,可那线头儿(xiàn tóur)一直在故乡和亲人手中牵着,如今飘得太累了,也该要回归到家乡和亲人身边来了。

是的。我想,不光是叔叔,我们每个人都是风筝,在妈妈手中牵着,从小放到大,再从家乡放到祖国最需要的地方去啊(ya)!

节选自李恒瑞《风筝畅想曲》

作品 12 号

夕阳落山不久,西方的天空,还燃烧着一片橘红色的晚霞。大海,也被这霞光染成了红色,而且比天空的景色更要壮观。因为它是活动的,每当一排排波浪涌起的时候(shí hou),那映照在浪峰上的霞光,又红又亮,简直就像一片片霍霍燃烧着的火焰,闪烁着,消失了。而后面的一排,又闪烁着,滚动着,涌了过来。

天空的霞光渐渐地淡下去了,深红的颜色变成了绯红(fēi hóng),绯红又变为浅红。最后,当这一切红光都消失了的时候,那突然显得高而远了的天空,则呈现(chéng xiàn)出一片肃穆的神色。最早出现的启明星,在这蓝色的天幕上闪烁起来了。它是那么大,那么亮,整个广漠的天幕上只有它在那里放射着令人注目的光辉,活像一盏悬挂在高空的明灯。

夜色加浓,苍空中的"明灯"越来越多了。而城市各处的真的灯火也次第亮了起来,尤其是围绕(wéi rào)在海港周围山坡上的那一片灯光,从半空倒映在乌蓝的海面上,随着波浪,晃动着,闪烁着,像一串流动着的珍珠,和那一片片密布在苍穹(cāng qióng)里的星斗互相辉映,煞(shà)是好看。

在这幽美的夜色中,我踏着软绵绵(ruǎn mián mián)的沙滩,沿着海边,慢慢地向前走去。海水,轻轻地抚摸着细软的沙滩,发出温柔的刷刷声。晚来的海风,清新而又凉爽。我的心里,有着说不出的兴奋(xīng fèn)和愉快。

夜风轻飘飘地吹拂着,空气中飘荡着一种大海和田禾相混合(hùn hé)的香味儿,柔软的沙滩上还残留着白天太阳炙晒(zhì shài)的余温。那些在各个工作岗位上劳动了一天的人们,三三两两地来到这软绵绵的沙滩上,他们浴着凉爽的海风,望着那缀满了星星的夜空,尽情地说笑,尽情地休憩(xiū qì)。

节选自峻青《海滨仲夏夜》

作品 16 号

很久以前,在一个漆黑的秋天的夜晚,我泛舟在西伯利亚一条阴森森的河上。船到一个转弯处,只见前面黑黢黢(hēi qū qū)的山峰下面一星火光蓦地(mò dì)一闪。

火光又明又亮,好像就在眼前……

"好啦,谢天谢地!"我高兴地说,"马上就到过夜的地方(dì fang)啦!"

船夫扭头朝身后的火光望了一眼,又不以为然地划桨来。

"远着呢!"

我不相信他的话,因为(yīn wèi)火光冲破朦胧的夜色,明明就在那儿(nàr)闪烁。不过船夫是对的,事实上,火光的确(dí què)还远着呢。

这些黑夜的火光的特点是:驱散黑暗,闪闪发亮,近在眼前,令人神往。乍一看,再划几下就到了……其实却还远着呢!

我们在漆黑如墨的河上又划了很久。一个个峡谷和悬崖,迎面驶来,又向后移去,仿佛消失在茫茫的远方,而火光却依然停在前头(qián tou),闪闪发亮,令人神往——依然是这么近,又依然是那么远……

现在,无论是这条被悬崖峭壁的阴影笼罩的漆黑的河流,还是那一星明亮的火光,都经常浮现在我的脑际,在这以前和在这以后,曾有许多火光,似乎近在咫尺(zhǐ chǐ),不止使我一人心驰神往。可是生活之河却仍然在那阴森森的两岸之间流着,而火光也依旧非常遥远。因此,必须加劲划桨……

然而,火光啊(nga)……毕竟……毕竟就在前头!

节选自[俄]柯罗连科《火光》,张铁夫译

作品 17 号

对于一个在北平住惯的人,像我,冬天要是不刮风,便觉得(jué dé)是奇迹;济南(jǐ nán)的冬天是没有风声的。对于一个刚由伦敦回来的人,像我,冬天要能看得见日光,便觉得是怪事;济南的冬天是响晴的。自然,在热带的地方,日光永远是那么毒,响亮的天气,反有点儿(yǒu diǎnr)叫人害怕。可是,在北中国的冬天,而能有温晴的天气,济南真得(děi)算个宝地。

设若单单是有阳光,那也算不了(suàn bù liǎo)出奇。请闭上眼睛(yǎn jing)想:一个老城,有山有水,全在天底下晒着阳光,暖和(nuǎn huo)安适地睡着,只等春风来把它们唤醒,这是不是理想的境界?小山整把济南围了个圈儿(quānr),只有北边缺着点口儿(kǒur)。这一圈小山在冬天特别可爱,好像是把济南放在一个小摇篮里,它们安静不动地低声地说:“你们放心吧,这儿(zhèr)准保暖和。”真的,济南的人们在冬天是面上含笑的。他们一看那些小山,心中便觉得有了着落(zhuó luò),有了依靠。他们由天上看到山上,便不知不觉地想起:“明天也许就是春天了吧?这样的温暖,今天夜里山草也许就绿起来了吧?”就是这点儿幻想不能一时实现,他们也并不着急(zháo jí),因为(yīn wèi)这样慈善的冬天,干什么还希望别的呢!

最妙的是下点儿小雪呀。看吧,山上的矮松越发的青黑,树尖儿(jiānr)上顶着一髻儿(yī jìr)白花,好像日本看护妇(kān hù fù)。山尖儿全白了,给蓝天镶上一道银边(yín biānr)。山坡上,有的地方雪厚点儿,有的地方草色还露着(lòu zhe);这样,一道儿白,一道儿暗黄,给山们穿上一件带水纹儿的花衣;看着看着,这件花衣好像被风儿(fēng ér)吹动,叫你希望看见一点儿更美的山的肌肤。等到快日落的时候,微黄的阳光斜射在山腰上,那点儿薄(báo)雪好像忽然害羞,微微露出点儿粉色。就是下小雪吧,济南是受不住(shòu bù zhù)大雪的,那些小山太秀气(xiù qi)。

节选自老舍《济南的冬天》

作品 18 号

纯朴的家乡村边有一条河,曲曲弯弯(qū qū wān wān),河中架一弯石桥,弓样的小桥跨两岸。

每天,不管是鸡鸣晓月、日丽中天,还是月华泻地,小桥都印下串串足迹,洒落串串汗珠。那是乡亲(xiāng qīn)为了追求多棱(duō léng)的希望,兑现(duì xiàn)美好的遐想。弯弯小桥,不时荡过轻吟低唱,不时露出(lù chū)舒心的笑容。

因而,我稚小(zhì xiǎo)的心灵,曾将心声献给小桥:你是一弯银色的新月,给人间普照光辉;你是一把闪亮的镰刀,割刈(gē yì)着欢笑的花果;你是一根晃悠悠的扁担(biǎn dan),挑起了彩色的明天!哦,小桥走进我的梦中。

我在漂泊(piāo bó)他乡的岁月,心中总涌动着故乡的河水,梦中总看到弓样的小桥。当我访南疆探北国,眼帘闯进座座雄伟的长桥时,我的梦变得丰满了,增添了赤橙黄绿青蓝紫。

三十多年过去,我带着满头霜花回到故乡,第一(dì yī)紧要的便是去看望小桥。

啊! 小桥呢? 它躲起来了? 河中一道长虹,浴着朝霞熠熠(yì yì)闪光。哦,雄浑的大桥敞开胸怀,汽车的呼啸、摩托(mó tuō)的笛音、自行车的叮铃,合奏着进行交响乐;南来的钢筋、花布,北往的柑橙、家禽,绘出交流欢跃图……

啊! 蜕变(tuì biàn)的桥,传递了家乡进步的消息(xiāo xi),透露了家乡富裕的声音。时代的春风,美好的追求,我蓦地(mò dì)记起儿时唱给小桥的歌,哦,明艳艳的太阳照耀了,芳香甜蜜的花果捧来了,五彩斑斓的岁月拉开了!

我心中涌动的河水,激荡起甜美的浪花。我仰望一碧蓝天,心底轻声呼喊:家乡的桥啊,我梦中的桥!

节选自郑莹《家乡的桥》

作品 22 号

没有一片绿叶，没有一缕炊烟，没有一粒泥土，没有一丝花香，只有水的世界，云的海洋。

一阵台风袭(xí)过，一只孤单的小鸟无家可归，落到被卷到洋里的木板上，乘(chéng)流而下，姗姗而来，近了，近了！

忽然，小鸟张开翅膀，在人们头顶盘旋了几圈儿(quānr)，"噗啦(pū lā)"一声落到了船上。许是累了？还是发现了"新大陆"？水手撵它它不走，抓它，它乖乖地落在掌心。可爱的小鸟和善良的水手结成(jié chéng)了朋友(péng you)。

瞧，它多美丽，娇巧的小嘴，啄理(zhuó lǐ)着绿色的羽毛，鸭子样的扁脚，呈现(chéng xiàn)出春草的鹅黄。水手们把它带到舱里，给它"搭铺"，让它在船上安家落户，每天，把分到的一塑料(sù liào)桶淡水匀给它喝，把从祖国带来的鲜美的鱼肉分给它吃，天长日久，小鸟和水手的感情日趋笃厚(dǔ hòu)。清晨，当第一束(shù)阳光射进舷窗(xián chuāng)时，它便敞开美丽的歌喉，唱啊(nga)唱，嘤嘤有韵，宛如春水淙淙(cóng cóng)。人类给它以生命，它毫不悭吝(qiān lìn)地把自己的艺术青春奉献给了哺育它的人。可能都是这样？艺术家们的青春只会献给尊敬他们的人。

小鸟给远航生活蒙上了一层浪漫色调，返航时，人们爱不释手，恋恋不舍地想把它带到异乡。可小鸟憔悴(qiáo cuì)了，给水，不喝！喂肉，不吃！油亮的羽毛失去了光泽。是啊(ra)，我们有自己的祖国，小鸟也有它的归宿，人和动物都是一样啊(nga)，哪儿(nǎr)也不如故乡好！

慈爱的水手们决定放开它，让它回到大海的摇篮去，回到蓝色的故乡去。离别前，这个大自然的朋友与水手们留影纪念。它站在许多人的头上，肩上，掌上，胳膊(gē bo)上，与喂养过它的人们，一起融进那蓝色的画面……

节选自王文杰《可爱的小鸟》

作品 25 号

梅雨潭闪闪的绿色招引着我们,我们开始追捉她那离合的神光了。揪着草,攀着乱石,小心探身下去,又鞠躬过了一个石穹门(shí qióng mén),便到了汪汪一碧的潭边了。

瀑布(pù bù)在襟袖(jīn xiù)之间,但是我的心中已没有瀑布了。我的心随潭水的绿而摇荡。那醉人的绿呀!仿佛一张极大极大的荷叶铺(pū)着,满是奇异的绿呀!我想张开两臂抱住她,但这是怎样一个妄想啊(nga)。

站在水边,望到那面,居然觉着有些远呢!这平铺着,厚积着的绿,着实(zhuó shí)可爱。她松松地皱缬(zhòu xié)着,像少妇拖着的裙幅;她滑滑的明亮着,像涂了"明油"一般,有鸡蛋清那样软,那样嫩;她又不杂些尘滓(chén zǐ),宛然一块温润的碧玉,只清清的一色——但你却看不透她!

我曾见过北京什刹海(shí chà hǎi)拂地(fú dì)的绿杨,脱不了鹅黄的底子(dǐ zi),似乎太淡了。我又曾见过杭州虎跑寺(hǔ páo sì)近旁高峻而深密的"绿壁",丛叠着无穷的碧草与绿叶的,那又似乎太浓了。其余呢,西湖的波太明了,秦淮河的也太暗了。可爱的,我将什么来比拟(bǐ nǐ)你呢?我怎么比拟得出呢?大约潭是很深的,故能蕴蓄(yùn xù)着这样奇异的绿;仿佛蔚蓝的天融了一块在里面似的,这才这般的鲜润啊(na)。

那醉人的绿呀!我若能裁你以为带,我将赠给那轻盈的 // 舞女,她必能临风飘举了。我若能挹(yì)你以为眼,我将赠给那善歌的盲妹,她必能明眸善睐(míng móu shàn lài)了。我舍不得(shě bù dé)你;我怎舍得你呢?我用手拍着你,抚摩(fǔ mó)着你,如同一个十二三岁的小姑娘。我又掬(jū)你入口,便是吻着她了。我送你一个名字(míng zi),我从此叫你"女儿绿",好吗?

第二次到仙岩的时候,我不禁(bù jīn)惊诧(jīng chà)于梅雨潭的绿了。

节选自朱自清《绿》

作品 29 号

在浩瀚无垠(wú yín)的沙漠里,有一片美丽的绿洲,绿洲里藏着一颗闪光的珍珠。这颗珍珠就是敦煌莫高窟。它坐落在我国甘肃省敦煌市三危山和鸣沙山的怀抱中。

鸣沙山东麓(dōng lù)是平均高度为十七米的崖壁。在一千六百多米长的崖壁上,凿(záo)有大小洞窟七百余个,形成了规模宏伟的石窟群。其中四百九十二个洞窟中,共有彩色塑像(sù xiàng)两千一百余尊,各种壁画共四万五千多平方米。莫高窟是我国古代无数艺术匠师留给人类的珍贵文化遗产。

莫高窟的彩塑,每一尊都是一件精美的艺术品。最大的有九层楼那么高,最小的还不如一个手掌大。这些彩塑个性鲜明,神态各异。有慈眉善目的菩萨(pú sà),有威风凛凛(wēi fēng lǐn lǐn)的天王,还有强壮勇猛的力士……

莫高窟壁画的内容丰富多彩,有的是描绘古代劳动人民打猎、捕鱼、耕田、收割的情景,有的是描绘人们奏乐、舞蹈、演杂技的场面,还有的是描绘大自然的美丽风光。其中最引人注目的是飞天。壁画上的飞天,有的臂挎花篮,采摘鲜花;有的反弹琵琶(pí pá),轻拨银弦;有的倒悬身子(shēn zi),自天而降;有的彩带飘拂,漫天遨游(áo yóu);有的舒展着双臂,翩翩起舞(piān piān qǐ wǔ)。看着这些精美动人的壁画,就像走进了灿烂辉煌的艺术殿堂。

莫高窟里还有一个面积(miàn jī)不大的洞窟——藏经洞。洞里曾藏有我国古代的各种经卷、文书、帛画(bó huà)、刺绣、铜像等共六万多件。由于清朝政府腐败无能,大量珍贵的文物被外国强盗掠走。仅存的部分经卷,现在陈列于北京故宫等处。

莫高窟是举世闻名的艺术宝库。这里的每一尊彩塑、每一幅壁画、每一件文物,都是中国古代人民智慧的结晶。

节选自小学《语文》第六册中《莫高窟》

作品 33 号

我们在田野散步:我,我的母亲,我的妻子(qī zi)和儿子(ér zi)。

母亲本不愿出来的。她老了,身体不好,走远一点儿就觉得很累。我说,正因为如此,才应该(yīng gāi)多走走。母亲信服地点点头,便去拿外套。她现在很听我的话,就像我小时候很听她的话一样。

这南方初春的田野,大块小块的新绿随意地铺(pū)着,有的浓,有的淡,树上的嫩芽(nèn yá)也密了,田里的冬水也咕咕地起着水泡。这一切都使人想着一样东西——生命。

我和母亲走在前面,我的妻子和儿子走在后面。小家伙突然叫起来:"前面是妈妈和儿子,后面也是妈妈和儿子。"我们都笑了。

后来发生了分歧:母亲要走大路,大路平顺;我的儿子要走小路,小路有意思(yì si)。不过,一切都取决于我。我的母亲老了,她早已习惯听从她强壮的儿子;我的儿子还小,他还习惯听从他高大的父亲;妻子呢,在外面,她总是听我的。一霎时(shà shí)我感到了责任的重大。我想找一个两全的办法,找不出;我想拆散一家人,分成两路,各得其所,终不愿意。我决定委屈(wěi qu)儿子,因为我伴同他的时日还长。我说:"走大路。"

但是母亲摸摸孙儿(sūn ér)的小脑瓜儿,变了主意(zhǔ yi 或 zhú yi):"还是走小路吧。"她的眼随小路望去:那里有金色的菜花,两行整齐的桑树,尽头一口水波粼粼(lín lín)的鱼塘。"我走不过去的地方(dì fang),你就背着我。"母亲对我说。

这样,我们在阳光下,向着那菜花、桑树和鱼塘走去。到了一处,我蹲下来,背起了母亲;妻子也蹲下来,背起了儿子。我和妻子都是慢慢地,稳稳地,走得很仔细,好像我背上的同她背上的加起来,就是整个世界。

节选自莫怀戚(qī)《散步》

作品 36 号

我国的建筑，从古代的宫殿到近代的一般住房，绝大部分(bù fen)是对称(duì chèn)的，左边怎么样，右边怎么样。苏州园林可绝不讲究(jiǎng jiū)对称，好像故意避免似的(shì de)。东边有了一个亭子或者一道回廊，西边决不会来一个同样的亭子或者一道同样的回廊。这是为什么？我想，用图画来比方(bǐ fang)，对称的建筑是图案画，不是美术画，而园林是美术画，美术画要求自然之趣，是不讲究对称的。

苏州园林里都有假山和池沼(chí zhǎo)。

假山的堆叠，可以说是一项艺术而不仅是技术。或者是重峦叠嶂(chóng luán dié zhàng)，或者是几座小山配合着竹子花木，全在乎(zài hu)设计者和匠师们生平多阅历，胸中有丘壑(qiū hè)，才能使游览者攀登的时候忘却苏州城市，只觉得身在山间。

至于池沼，大多引用活水。有些园林池沼宽敞(kuān chǎng)，就把池沼作为全园的中心，其他景物配合着布置。水面假如成河道模样(mú yàng)，往往安排桥梁。假如安排两座以上的桥梁，那就一座一个样，决不雷同。

池沼或河道的边沿很少砌齐整(qí zhěng)的石岸，总是高低屈曲任其自然。还在那儿(nàr)布置几块玲珑的石头(shí tou)，或者种些花草。这也是为了取得从各个角度看都成一幅画的效果。池沼里养着金鱼或各色鲤鱼，夏秋季节荷花或睡莲开放，游览者看"鱼戏莲叶间"，又是入画的一景。

节选自叶圣陶《苏州园林》

作品 49 号

有这样一个故事(gù shi)。

有人问：世界上什么东西的气力(qì lì)最大？回答纷纭的很，有的说"象"，有的说"狮"，有人开玩笑似的说：是"金刚"，金刚有多少气力，当然大家全不知道。

　　结果(jié guǒ),这一切答案完全不对,世界上气力最大的,是植物的种子(zhǒng zi)。一粒种子所可以显现出来的力,简直是超越一切。

　　人的头盖骨,结合得非常致密(zhìmì)与坚固,生理学家和解剖(jiě pōu)学者用尽了一切的方法,要把它完整地分出来,都没有这种力气。后来忽然有人发明了一个方法,就是把一些植物的种子放在要剖析的头盖骨里,给它以温度与湿度,使它发芽。一发芽,这些种子便以可怕的力量,将一切机械力(jī xiè lì)所不能分开的骨骼(gǔ gé),完整地分开了。植物种子的力量之大,如此如此。

　　这,也许特殊了一点儿,常人不容易理解。那么,你看见笋的成长吗? 你看见过被压在瓦砾和石块下面的一颗小草的生长吗? 它为着向往阳光,为着达成它的生之意志,不管上面的石块如何重,石与石之间如何狭,它必定要曲曲折折(qū qū zhé zhé)地,但是顽强不屈地透到地面上来。它的根往土壤钻,它的芽往地面挺,这是一种不可抗的力,阻止它的石块,结果也被它掀翻,一粒种子的力量的大,如此如此。

　　没有一个人将小草叫做"大力士",但是它的力量之大,的确是世界无比。这种力,是一般人看不见的生命力。只要生命存在,这种力就要显现。上面的石块,丝毫不足以阻挡。因为它是一种"长期抗战"的力;有弹性,能屈能伸的力;有韧性,不达目的不止的力。

节选自夏衍《野草》

作品 59 号

我不由得(bù yóu de)停住了脚步。

从未见过开得这样盛的藤萝,只见一片辉煌的淡紫色,像一条瀑布(pù bù),从空中垂下,不见其发端,也不见其终极,只是深深浅浅的紫,仿佛在流动,在欢笑,在不停地生长。紫色的大条幅上,泛着点点银光,就像迸溅(bèng jiàn)的水花。仔细看时,才知那是每一朵紫花中的最浅谈的部分,在和阳光互相挑逗。

这里除了光彩,还有淡淡的芳香。香气似乎也是浅紫色的,梦幻一般轻轻地笼罩着我。忽然记起十多年前,家门外也曾有过一大株紫藤萝,它依傍一株枯槐(kū huái)爬得很高,但花朵从来都稀落,东一穗西一串伶仃(líng dīng)地挂在树梢,好像在察颜观色,试探什么。后来索性连那稀零的花串也没有了。园中别的紫藤花架也都拆掉,改种了果树。那时的说法是,花和生活腐化有什么必然关系。我曾遗憾地想:这里再看不见藤萝花了。

过了这么多年,藤萝又开花了,而且开得这样盛,这样密,紫色的瀑布遮住了粗壮的盘虬卧龙(pán qiú wò lóng)般的枝干,不断地流着,流着,流向人的心底。

花和人都会遇到各种各样的不幸,但是生命的长河是无止境的。我抚摸了一下那小小的紫色的花舱,那里满装了生命的酒酿(jiǔ niàng),它张满了帆(fān),在这闪光的花的河流上航行。它是万花中的一朵,也正是由每一个一朵,组成了万花灿烂的流动的瀑布。

在这浅紫色的光辉和浅紫色的芳香中,我不觉加快了脚步。

节选自宗璞《紫藤萝瀑布》

第二章　朗诵的基本艺术表达技巧

知识目标:朗诵可以提升学生的语音面貌,对词语的细致感受能力,内心的情感变化与外在的语言表达技巧。品鉴诗歌、散文、小说、寓言等文艺作品的丰富深刻内涵。

能力目标:停顿、连接、重音、轻读等语音技巧,合理把握语言情感色彩与分量。用明亮有力的声音把文字作品背诵出来,同时借助眼神、手势等体态语表达情感、引起共鸣。

知识导入:朗诵是一种艺术的创作与表演活动,以文艺作品为蓝本,以朗诵者精确的理解为基础,辅之以朗诵者外在体态语、舞美、配乐等形式,最大限度还原朗诵文本的内涵,具有文学性、艺术性和表演性。朗诵者应该具备良好的文学艺术修养、政治思想修养、社会知识修养,综合体现各方面的修养,这是表情达意的基础。

第一节　朗诵的声音表达要领

要想叩开朗诵王国的大门,朗诵者必须学会并且掌握朗诵语言的基本技术。朗诵归根结底是一门说话的艺术,所以,要想朗诵得好,必须学会正确使用自己的发音器官。把书面的文字转化为发音规范的有声语言的过程,不同的人会有不同的语言表达习惯,然而,对于一个朗诵者。只有接受专业的基础训练,才能更好地让自己完成朗诵的任务。

有声语言基本功的训练中,要先练习气息,不急于"喊嗓练声","气"为"音"服务,"音"为"腔"服务,"腔"为"字"服务,"词"为"情"服务。"气""音""腔""字""词""情"几个方面都是息息相关的,练习吐字发音能够帮助我们更好地表达朗诵情感,"字"处于中心位置,前面"字"的位置牵着"音"和"腔",后面连着"词"和"情",如果"字"的发音有方言的限制,那么"气""声""情",以及"字"都会发生改变,所以说以"字"行腔正是这个道理。

一、练就正确的吐字发音

普通话是现代汉语的标准语,语音学将普通话定义为,以北京语音为标准音,以北方话为基础方言。练就并掌握规范的普通话语音,第一,要重视语音理论,建立正确的动觉表象和听觉表象带动发音动作。"所谓动觉表象,就是指正确的发音要领在头脑中的印象,发音时能以动觉表象带动发音动作。比如要克服将前鼻音韵母,发成类似后鼻音韵母的错误,关键是记住归音时舌尖一定要抵住上牙龈,如果舌尖点不到这个位置,无论如何也发不出正确的前鼻音韵母。所谓听觉表象,是指听觉对正确发音的准确记忆,以便在练习时参照正确的听觉表象做出判断,因为如果听不出正确发音与错误发音的区别,是无法联系的。动觉表象和听觉表象的建立,以及这两者之间的互动是成年人学习语音的优势,也是理论和实践相结合的具体落实。"[①]

第二,多模仿多背诵。只有坚持每日读,模仿著名播音员、主持人的朗诵作品,在跟读的过程中对比自身有哪些需要改进的地方,及时调整和纠正,重点把握自身所使用的方言与普通话所对应的差异,在薄弱环节上扎实下功夫。背诵法,熟读唐诗三百首,不会作诗也会吟,尝试背诵一些诗词文章,培养

---

① 吴郁、侯寄南:《广播电视新闻语言与形体传播教程》,中国人民大学出版社 2001 年版,第11页。

语感并积累到一定程度,形成对语言敏锐的感悟力。

第三,循序渐进、由简到繁。对于自身混淆的发音,要弄清楚混淆的原因,找到正确的发音部位和方法,练习中先在单音节上分别突破,然后再加大练习难度,比如把容易混淆的平舌音和翘舌音前后组合联系,直至能够熟练、准确、连贯地发出。

二、锻炼弹发跳跃的气息

一般来说,要掌握正确的呼吸方法,要锻炼自己的嗓子,努力做到发音准确、吐字清楚。所谓正确的呼吸方法就是,要运用胸腔的全部肌肉,不仅使用肺,还要使用横膈膜。横膈膜依靠腹压运动,它不仅能集中大量的气息在肺里,而且主要的是能保证自如地调节和控制气息。只有使用这种呼吸方法,才能使气息服从你的意志,从而服从你的嗓音。嗓音和呼吸有直接关系,并完全取决于呼吸。

气息是发声的原动力,所谓"善歌者,必先调其气也",我国传统声乐理论对歌唱呼吸有过精辟的概述,同理弹发跳跃的呼吸也是获得美妙的朗诵声音的基础。

练习的方法一,"慢吸慢呼"。[①] 比如尝试"闻鲜花"的动作,彻底放松,想象面前有一束芬芳美丽的鲜花,体会缓慢地呼入气息;还有慢发延长的"a"音,声音由小到大、由弱到强,让气息通畅饱满,让气流冲击硬腭的前端,缓缓送出口腔;数数练习,慢慢体会慢吸慢呼的控制。

练习的方法二,快呼慢吸。练习的要领比如极速呼入一口气,向远处呼喊,训练绕口令补气换气的方法等。

---

① 仲梓源编:《播音主持入门训练手册》,中国传媒大学出版社 2014 年版,第 87 页。

三、加强口腔运动训练

加强口腔的控制能够有效锻炼口腔器官的协调配合,这样可以更好地发出清晰圆润的字音。口腔控制第一步是口部运动练习,具体练习方法,比如打牙关、训练口腔的开度;提颧肌、做微笑状,保持口腔发音时的活跃状态;挺软腭、做半打哈欠状,训练的目的是避免鼻音太重,同时对音节拉开立起和共鸣集中有所帮助。

口腔控制第二步是声音的集中练习,比如象声词练习、合撮音的练习等。

播音主持的共鸣控制的要求是,以口腔共鸣为主,以胸腔共鸣为基础,辅之以鼻腔、头腔共鸣的上下贯通的声道共鸣方式。

总之,一个朗诵者,要想叩开朗诵王国的大门并没有捷径可循。冰冻三尺非一日之功,要想未来在朗诵王国里随心所欲,需要在基础语音训练的阶段有"铁杵磨针"的意志。

第二节　朗诵者的思想准备

当一个朗诵者面对听众朗诵一首诗时,"朗诵"才真正建立起来。当一个朗诵者,用自己的方式把一首诗呈现在听众面前时,文字的诗才能变成有声的歌。也许只有一个满载感情的思想使者才拨动起我们的心弦,也许一切心灵深处的共鸣源自相似情感的体验和同样深层的思索。朗诵者的确需要技术和艺术的准备,而更重要的是有一个善于发现的心灵和一腔能够感染心灵的激情。

一、由表及里、蓄势待发

任何有意味的朗诵,不是单纯声音的抑扬顿挫,一个好的朗诵者就是一次由诗篇、朗诵者、听众共同参与的崇高精神之旅。因此,作为一个朗诵者,面对诗作,要学会能够穿过文字表面的旅途,迅速领会作者的意图,也就能够表达出怎么"说"的问题。特别要注意,不能因为理解和表达的不当,造成听众对诗作的歧义和误解。那就相当于一个蹩脚的导游不但没能引导游客前往心驰神往的胜地,还把他们领到荆棘丛生的歧途。

俄罗斯伟大的批评家别林斯基精辟地指出:"要想让诗富有诗意,仅仅流畅和好听是不够的,最主要的是要有思想,思想是一切诗的真正内容。"朗诵者应当怎样做,才能正确地分析他所要朗诵的诗作呢? 关键的做法是,要善于拨开情节、场面等细节方面的迷雾,找出作者的真正意图。这需要朗诵者不但能够用心地去体会诗人心灵的崇高感受,全神贯注地去感觉诗人的每一个"字",而且尽可能多地了解作者的创作背景和动机,从而让朗诵由细致的条理化分析迈向饱满的情绪化表达。

想象力永远是艺术创作者不可或缺的,一个朗诵者也不例外。朗诵者要善于发现并且能够把诗人没有完全写出来的东西——人物性格的侧面、形象不明显的方面表现出来,成为诗作的一个有机的补充。一个好的朗诵者,不应该只是一个简单的传声筒,他既是创作的参与者,也是与听众审美共鸣的领路人。

二、建立合理的"内心视像"

同样的一首诗,为什么有的人可以把它朗诵得引人入胜、感人肺腑,有的人却会把它朗诵得平平淡淡、让人无动于衷? 前苏联著名艺术语言大师符·阿克肖诺夫在《朗诵艺术》中揭示了其中的奥秘:"如果朗诵者自己不能清楚看见他想要传达给听众的那些形象,并尽力用它们引起听众的想象,那么听众也就不能'看见'这些形象。而失去内心视像的语言,也就会从听众的意识和想象中滑过去。这样的语言,只能是表明概念的声音结合,它不能表现出这些概念的思想意义。"

一个朗诵者能否真正成功地描绘出一部诗作的"内心视像",决定了一部诗作能否激起听众的兴趣和共鸣。所谓描绘"内心视像"就是朗诵者能否把诗作变成一段能够在自己脑海中上映的清晰连贯的"影像"。把"内心视像"变得真实确切的过程。这既是一个富有想象力和创造灵感的形象化过程,也是一个把诗作变成朗诵者自己语言的细化过程。

第三节 朗诵的基础创作技巧

掌握有声语言创作的技巧,也就是掌握语调、心理顿歇和节奏的艺术。语调不能凭空捏造,它必须能够自然地流露出诗作的思想和感情,否则语调就会失去它应有的色彩。前苏联著名艺术语言大师符·阿克肖诺夫在《朗诵艺术》中指出:"语调越多样化,越生动活泼,语言就越丰富而有趣,但是,千万不要乱用语调,过分的不适当的粉饰语言,会使朗诵变得乏味,缺乏表情和说服力。不根据内在语来决定和运用语调,常常会使语言变得庸俗无力,就像是一种廉价的华丽不实的东西……语调是语言动作的最高级的最有说服力的一种形式。"表演艺术大师斯坦尼斯拉夫斯基说过:"节奏就是在一定时间内包含的一定数量的任务。加强节奏——就是扩大固定时间内的关系。"朗诵者要竭力找到属于作品的内在节奏,要想成为一个优秀的朗诵者,还必须从朗诵的技巧上不断地锤炼自己。

一、朗诵的外部创作方法

（一）停顿连接的方式

落停:一般用于一个完整的意思讲完后,带回味型的意思例外。特点:停顿时间长、停时声停气止,句尾声音顺势而落、停住。

例如:我一直想为月光下的中国写一首诗,我喜欢她宁静的样子,喜欢她温柔中的强大力量。/(**停顿**)在夜色里她银装素裹,仿佛无数雪花的绽放,散发着梅的清香……

扬停:这种方式一般用在句中无标点符号之处,或者一个意思说完有需要停顿的地方。它的特点是:停顿时间短,有时仅仅是一挫而已;停时声停气未尽;停之前的声音稍上扬或是平拉开。

例如:中央人民广播电台! 现在播送⌒中央气象台⌒今天上午十点发布的天气预报。

直连:这种方式一般用于有标点符号而内容又联系紧密的地方,它的特点是:顺势连带,不露接点。

例如:听了他的话,我快走几步,紧紧地跟着他,但是不一会儿,我又落下了一大段。

曲连:这种方式一般用于标点符号两边,既需要连接又需要有所区分的地方,特别是一连串的顿号相间,或者是排比句式之类的连接点。它的特点是:连环相接、连而不断,悠荡向前。

例句:北京、天津、上海、武汉、长沙等地也都下了雨。

总结:停连方式的选用,不管是以上四种还是其他任何一种,都需要依具体语言环境下的具体语句形式而定,而运用时必须遵从的总原则,就是张颂教授在《朗诵学》一书中所指出的要"按文意,合文气,顺文势"。

(二)如何强调重音

强调重音的方法主要有,强弱法、快慢法、虚实法。

➤ **强弱法:**这是一种用声音的轻重、高低变化来强调重音的方法。

藏羚羊

西藏北部,**平均海拔5000米**,世界上**最高**的荒野。**藏羚羊,**/ **高原的主人,**/ **海拔4000米**以上的青藏高原,/ 是它们**唯一**的栖息地。

在与天空最接近的广袤土地上,/ 氧气含量**只有内陆**的一半,人类的足迹退避至大地的边缘。/ 但这里 / 却**生活着21种**哺乳动物,**65种**鸟类。/

死亡 / **伴随**着新生,残暴**交织**着温情。**最娇艳**的花朵,在**最严酷**的土地上绽放,/ **生命** / 在空气稀薄的大地上律动,**坚韧顽强**。震撼**人心**的场景每天都在上演,/ **这里**是藏北高原,**野生动物**的天堂。/

朗读提示:"/"表示停顿,"加粗黑体"为重音。

➢ 快慢法:这是一种用声音的急缓、长短、顿连等变化来强调重音的方法。

他慢慢地转过身,一个箭步冲了出去。(放慢语流速度,适当延长每一个字的声音或者在每个字之间稍加顿挫的方法)

五分钟过去了,在张红喜的指挥下,消防车和救护车一辆接一辆长龙般地冲进亚麻厂,进入起火现场。(短促、加快、紧连的方法也可使重音突出)

➢ 虚实法:这是一种通过声音的虚实变化来强调重音的方法。

我怕惊动他,便悄悄地从后面探出了头。(适当采用虚声来强调重音,以使这种安静的氛围得以充分展现)

总结:在实际播音中强调重音的方法是综合使用在语句之中的,我们讲解时只能分而论之。强调重音十六字:加强对比、协调适当、讲究变化,切忌呆板。要能准确体现语句目的;依据思想感情的运动;要符合语流变化的需要,从全篇稿件的高度着眼,达到主次分明,又要从听和说的正常习惯考虑,不显生硬,重音的确定要少而精。

(三)如何把握语气

语气的概念:具体思想感情支配下语句的声音形式。对语气的实质可以从以下三个方面把握。

首先,具体的思想感情是语气的"神""灵魂"。只有在具体的思想感情支配下的语句才是有生命的,直通人心灵的,因而是鲜活的、可感的,这种思想感情必须是具体的,必须是创作主体在对语句本质、语言链条所蕴含的思维链条的深入理解、细腻感受和独特表达的结果。在这里需要强调的是,每一个"这一句"的思想感情要从稿件的通篇或节目的整体中去把握。

其次,具体的声音形式是语气的"形"、躯体。丰富的思想感情必须要通过一定的声音形式表现出来;反过来,一定的声音形式又会对播音员、主持人的思想感情运动产生反作用。虽然播音员、主持人具备丰富、细腻、独特的思想感情,但是声音形式单一、单调、刻板、缺乏弹性、缺少变化,或者播音员、主持人对声音形式的选择产生出现偏差,以不适合的声音形式去表达某一思想感情,都会大大降低有声语言的魅力,而在声音的具体形式中,又包括声音、气息、口腔的状态,这三方面因素要互相配合,相得益彰。因情用气、气随情动、以气托声,以情带声,音随意转,声随情出,以声、气传情。

最后,语气存在于句子中,它在整个的语言流动中占据核心位置。句子是有声语言创作中的最基本的语言单位,在我们的表达中,每一个句子都有相对独立的意思、相对独立的思想感情,所以也就有"这一句"的具体语气。

"语气的感情色彩,是指语句包含的是非和爱憎等。是非,指正确、错误、反对、支持、赞扬、批判、严肃、亲切、正中、活泼、坚定、犹豫等态度方面的具体性质。爱憎,是指挚爱、憎恨、悲痛、喜悦、热望、焦急、恐惧、疑虑、冷淡、愤怒等感情方面的具体性质。"[1]

爱的感情色彩是"气徐声柔",憎的感情色彩是"气促声硬",悲的感情色彩是"气沉声缓",喜的感情色彩是"气满声高",惧的感情色彩是"气提声凝",欲的感情色彩是"声多气放",急的感情色彩是"气促声冷",冷的感情色彩是"气少声平",怒的感情色彩"气粗声重",疑的感情色彩"气细声黏"。[2]

怎样把握语气的感情色彩?"首先,语气感情色彩要真实、真切。这种感情是发自内心、出自真心、是真挚的,而不是虚假的、贴上去的。其次,这种感情色彩要丰富。要'沉浸'到创作依据所提供的人、事、理、景、情中去,细心体味,细细揣摩,具体感受,发自于心,呼之于口,形之于声。力争做到每一句所要表达的感情是不同的,但又是整个节目链条中不可或缺的环节。再次,这

---

① 张颂:《播音创作基础》(第四版),中国传媒大学出版社 2022 年版,第 116 页。
② 张颂:《播音创作基础》(第四版),中国传媒大学出版社 2022 年版,第 117 页。

种感情色彩要具体而贴切。与节目整体感情色彩与分量一致。语气的感情色彩要深刻。只有丰富、贴切，才可能深刻，而只有深刻的贴切才是真正的贴切，这种丰富才有价值。"[1]

(四)语气的情感分量

语气的分量指能区分不同感情色彩的程度和不同量级并能付诸有声语言的表达。分量在有声语言的表达上表现为"度"的不同，可分为重度、中度、轻度。重度分量表现为较长的停顿、较突出的重音和较鲜明的色彩；中度分量分为稍长的停顿、较突出的重音、较鲜明的色彩；轻度的分量分为较短的停顿、较轻的重音、较淡薄的色彩。

对语气分量的把握取决于语言功力，语言功力越强，语气分量的"刻度"也就越精密，比如在"狂喜"与"满意"之间，别人能分出三个量级，有人却能分出十个量级，那么他对语气分量的把握潜力就比那些只能区分三个量级的人大。所以，作为播音员、主持人要不断锤炼其语言功力，使其语言感觉的阈限日益精密，那么他对语气分量的把握就会越来越分寸得当。

举例《在天晴了的时候》

戴望舒

在**天晴**了的时候，该到小径中 / 去走走：

给雨润过的泥路，一定是 / 凉爽 / 又温柔；

炫耀着新绿的**小草**，已一下子 / 洗净了**尘垢**；

不再胆怯的小白菊，慢慢地抬起他们的**头**，

试试寒，**试试**暖，然后一瓣瓣地绽透；

抖去水珠的**凤蝶儿**在木叶间自在闲游，

---

① 国家广播电影电视总局、广播影视从业人员资格管理领导小组办公室编：《播音主持专业理论与实践》，中国传媒大学出版社 2003 年版，第 163 页。

把它的 / **五彩的** / 智慧书页**曝**(pu)着阳光↓,一开一收。

到小径中 / 走走吧,在天晴了的时候:

↑赤着**脚**,携着**手**,踏着**新泥**,涉过溪流。

新阳 / 推开了阴霾,溪水 / 在温风中**晕皱**,

看山间移动的暗绿——云的**脚迹**——它 / 也在闲游。

朗读提示:"/"表示停顿,"加粗黑体"为重音,"小白菊,慢慢地"等下画波浪线为连接之处,"↑、↓"为语势上扬或者下降,"又温柔""绽透"两处为轻读,把握整体节奏轻柔舒缓。

(五)语气的声音形式

引用"语势"这个动态的概念说明语气的声音形式。

"语势":"指一个句子在思想感情的运动状态下声音的态势,或者说有声语言的发展趋向。"[①]

波峰类:全句的语势状如水波,中间是波峰。

如:"现在是《阅读和欣赏》节目。"

波谷类:全句的语势状如水波,中间是波谷。

如:"鱼在水中游。"

上山类:全句如上山,盘旋而上。

如:"独有这件小事,却总是浮现在我眼前,有时反更分明,叫我惭愧,催我自新,并且增长我的勇气和希望。"

下山类:全句如下山,顺势而下。语句的头比较高,语势逐步下行,句尾最低。但绝不是字字下行,词词下行,其行进也是波浪形的,其状如潮水回落,所以可称之为"落潮类"语势。

如:"我在这繁响的拥抱中,也懒散而舒适,从白天以至初夜的疑虑,全给

---

① 张颂:《播音创作基础》(第四版),中国传媒大学出版社 2022 年版,第 118 页。

祝福的空气一扫而空了,只觉得天地众圣歆享了牲醴和香烟,都醉醺醺的在空中蹒跚,预备给鲁镇的人们以无限幸福。"

半起类:上至山腰,气提声止。语句的巨头起点较低,类似于上山类语势之行进,但在中途却停止前进,似欲行又止,似引而不发,但是全句的态势已经明了。

如:"先生,您找谁?"

总结:我们对语势进行归纳总结,就是为了揭示语势的波浪形特点,能够根据感情的色彩和分量的需要,在语言表达的重点部分巧妙渲染。"语无定式",不能拿着以上类型去生搬硬套。

(六)运用节奏的技巧

欲扬先抑、欲抑先扬:"扬"一般指声音的趋势向上发展;"抑"一般指声音的趋势向下发展。如果重点要"扬","扬"前要"抑";如果重点要"抑","抑"前要"扬";"抑""扬"二者本身是对比而言的,并没有绝对的标准。扬有稍扬、再扬、更扬;抑有稍抑、再抑、更抑等不同程度的差别。无论声音高低的表现有多少层次,以抑做扬的铺垫,或者以扬做抑的衬托,就加大了抑扬变化的幅度。

欲停先连、欲连先停:在连接时,要同时考虑停顿,在停顿中,要注意连接。如果下面要一气呵成,前面一定要有适当的停顿;下面要有必要的停顿,前面一定要推进语流,注意连接。

欲轻先重、欲重先轻:轻重相间、虚实相间是形成节奏的重要方法。在语流推进过程中,由于色彩和分量的需要,在加重声音之前,要先弱化声音,在轻化声音之前,要先强化声音。

快慢是节奏的一个重要方面。快、慢要适度。慢,不能使人有"拖沓"和"抻"的感觉;快,也不应该让人产生"耳"不暇接和"赶"的急促感受,我们应该努力做到慢而不断,快而不乱,在节奏的运用上,可以做到慢而有快,快中有慢。

　　总之,从表达的目的看,朗诵不仅仅是传递信息,更主要的以情感的感染力达到提升与净化受众心灵的效果,给受众一种独特的审美享受。朗诵则像话剧、声乐、相声快板一样,是一门艺术,是一种表演类型。从表意和表情元素上看,播音主要通过语音来表达,朗诵除语音外,其语流中的气息、气口、空白(停顿)、配乐、形体动作、表情都是传情达意的元素。由此,产生了朗诵和播音语流上的不同。从语流面貌上看,播音的语流是串珠式的,语流中的字音强调颗粒性,播音的语流是相对匀速的、相对平稳的,而朗诵的语流则是变速的、波动起伏的。在语流的停顿中,相对来说,播音更多的是语法和生理需要的停连,而朗诵更多的是情感需要的停顿。同时停顿的时值上,朗诵较之播音要更富于变化。从语流的每个音节的时值(字音时长)上看,朗诵的字音与字音的时值差,要比播音大得多。主体及主体的身份的不同、语流的状态不同,带来了对声音的不同要求。

(七)朗诵和播音差异

　　从表达的目的看,朗诵不仅仅是传递信息,更主要的以情感的感染力达到提升与净化受众心灵的效果,给受众一种独特的审美享受。朗诵则像话剧、声乐、相声快板一样,是一门艺术,是一种表演类型。从表意和表情元素上看,播音主要通过语音来表达,朗诵除语音外,语流中的气息、气口、空白(停顿)、配乐、形体动作、表情都是传情达意的元素。由此,产生了朗诵和播音语流上的不同。

　　"从语流面貌上看,播音的语流是串珠式的,语流中的字音强调颗粒性,播音的语流是相对匀速的、相对平稳的,而朗诵的语流则是变速的、波动起伏的。在语流的停顿中,相对来说,播音更多的是语法和生理需要的停连,而朗诵更多的是情感需要的停顿。"[①] 朗诵停顿的时值上较之播音要更富于变化。

---

①　张悦:《从播音到朗诵》,《语言战略研究》2020 年第 5 期。

从语流的每个音节的时值(字音时长)上看,朗诵的字音与字音的时值差,要比播音大得多。主体及主体的身份的不同、语流的状态不同,带来了对声音的不同要求。

在语言的停顿中,相对来说,播音员更多的是语法和生理上的停顿,有一定的规律和节奏可循。而朗诵更多的是情感需要的停顿,它的停顿是不规则的。朗诵时,字与字之间的停顿时间,比播音时停顿的时间要长,也更富于变化。有时候还十分在意此处无声胜有声的特殊效果。

播音员的换气规律,一般是以标点符号为提示,一句话换一口气,而朗诵的换气口不固定,基本上不受标点符号的限制,而是根据稿件内容和情感需求来处理,从气息的流向看,在两个气口之间,由于匀速语流和字音时值相对较短,播音的气息流向一般是单向性的,气息来不及回流,而朗诵则不同,在两个气口间可以有不同幅度的多个气息回流的出现。从气息的深浅程度看,朗诵较之播音在深浅幅度的变化更大。播音中的气流中心点是相对稳定的,字音间的气流形状变化较小,而朗诵的气流中心点则相对变化较大,字音间的气流形状变化要相对大得多。播音的共鸣以口腔共鸣为主,以中声区为主,头腔共鸣用得不多、胸腔共鸣相对用得浅。相对来说,朗诵以咽腔口腔共鸣为中心,同时带动人体的各个共鸣腔来满足语流变化幅度大的需要。

在音色变化上,由于情感表达的需要和语流表达状态差异较大,朗诵的音色变化要比播音大得多,对音色的使用种类也宽泛得多。朗诵的音节变化往往要大得多。在音强的变化,朗诵的强弱对比比播音要明显得多。由于朗诵的时值变化大,出现很多拖音现象,加上朗诵的音乐感的要求,由此朗诵的声音对泛音的要求更高,由此,产生了对用声的气息和共鸣的不同要求。在呼吸方法上,播音要求胸腹式联合呼吸。朗诵由于音色、音高、音长、音强和停顿变化幅度大的缘故,不仅仅需要胸腹式联合呼吸,同时也需要腹式呼吸和胸式呼吸方法。

二、朗诵的内部创作方法

播音主持工作是把文字稿件转换成有声语言的二度创造艺术活动,这种创造是需要一个过程的。不仅要求播音员主持人透彻地理解稿件,更要调动内心丰富的情感,与朗诵的外部创作技巧相较而言,情景再现、内在语、对象感等三类能够表现出来,进而调动内在情感的方法就是内部技巧。

(一)情景再现

"以文字稿件为原型通过想象和联想活动,让稿件中的人物、事件、情节、场面等在脑海中不断浮现,引起对应的心理、态度和情感的变化,这个过程就是情景再现。情景再现的四个步骤,首先就是厘清思绪,从原稿中还原成一幅幅具体的情景画面。其次是设身处地,仿佛是自己亲身经历的一切。再次是触景生情,对相应的某些场景会产生心理的投射反应,或愉悦,或惊喜,或平淡,或悲伤等情绪。最后是言之有理,播音员、主持人把通过阅读、理解稿件并且调动起来的情感体验,用准确生动的有声语言形式表达出来。"[①]

情景训练材料一:

我们的地球实在是一个绝好的星球。第一,上面有日夜和早暮的彼此交替,热的白天街上,一个风凉的夜里,人事甚忙的上午之前,必先来一个清爽的早晨。还有什么能比这些更好的呢?第二,上面有本身都极完备的夏冬季节的交替,中间加插温和的春秋两季,以逐渐引进大寒和极热。还有什么能比这些更好呢?第三,上面有静而壮观的树,夏天给我们树荫,而冬天并不遮蔽掉暖人的太阳。还有什么比这个更好呢?

节选自林语堂《生活的艺术》

---

① 国家广播电影电视总局、广播影视从业人员资格管理领导小组办公室编:《播音主持专业理论与实践》,中国传媒大学出版社2003年版,第118页。收录本书时,略有改动。

情景训练材料二：

从小我就有远大的抱负和坚定的决心。如果没有它们，或许现在的我会过得更快乐一些。我想得很多，并且会像梦想家一样冒出些"遥不可及"的想法。远方的山峰总是使我着迷，让我对它们魂牵梦绕。我不敢保证锲而不舍就能够实现目标，但我心智高远，每次受挫只会让我更加坚决，一定要实现自己的梦想，至少是诸多梦想中的一个。

节选自厄尔·登曼（Earl Denman）《独上珠峰》

（二）内在语

"内在语是根据不同的环境，面对不同的对象所采取的一种语言表达方式，是指那些在语言中所不便表露、不能表露或者没有完全表露出来，和没有直接表露出来的语句关系和语句本质。"[①] 比如"话里有话""弦外之音"就属于内在语，这是一种帮助播音员、主持人把稿件变得有"讲述感"，使自己的思想感情运动起来，提示播音员、主持人找到恰当的表达语气的重要方法。

1. 发语性内在语

一般多出现在节目的开头的呼号、题目、作者，营造一种节目开播的起始感。

2. 寓意性内在语

是指文字稿件的"弦外之音"，特别要注意词语中所蕴含的感情色彩、深浅程度等。

3. 关联性内在语

包括语句、段落、层次之间的关系，以及那些不完整或者没有完全表现出来的关联词，比如"因为……所以""不但……而且""虽然……但是""如

---

① 仲梓源编：《播音主持艺术入门训练手册》，中国传媒大学出版社 2014 年版，第 119 页。

果……那么"等。

4. 提示性内在语

在稿件中需要衔接的地方,比如句群之间,或者段落、层次之间,主要是辅助解决衔接之间的语气,让语句之间的逻辑关系更加顺畅和严密。

5. 回味性内在语

回味性内在语,关键看文字稿件是否还有某种寓意、某种意境或者某种线索等深层含义需要表现出来。

6. 反语性内在语

"直接体现出文稿语句中表层或者深层内涵之间的对立和对比关系,这种反语有的时候表现为反问,有的时候表现为双关,有的时候表现为非对立性质的反语,往往带有明显强烈的语气和态度。"①

内在语训练材料一:

一九二三年八月的一晚,我和平伯同游秦淮河,平伯是初泛,我是重来了。我们雇了一只"七板子",在夕阳已去,皎月方来的时候,便下了船。于是桨声汩——汩,我们开始领略那晃荡着蔷薇色的历史的秦淮河的滋味了。

秦淮河里的船,比北京万生园,颐和园的船好,比西湖的船好,比扬州瘦西湖的船也好。这几处的船不是觉着笨,就是觉着简陋,局促;都不能引起乘客们的情韵,如秦淮河的船一样。秦淮河的船约略可分为两种:一是大船;一是小船,就是所谓"七板子"。大船舱口阔大,可容二三十人。里面陈设着字画和光洁的红木家具,桌上一律嵌着冰凉的大理石面。窗格雕镂颇细,使人起柔腻之感。窗格里映着红色蓝色的玻璃;玻璃上有精致的花纹,也颇悦人目。"七板子"规模虽不及大船,但那淡蓝色的栏杆,空敞的舱,也足系人情思。而最出色处却在它的舱前。舱前是甲板上的一部,上面有弧形的顶,两边用疏疏的栏杆支着。里面通常放着两张藤的躺椅。躺下,可以谈天,可以

---

① 仲梓源编:《播音主持艺术入门训练手册》,中国传媒大学出版社2014年版,第120页。

望远,可以顾盼两岸的河房。大船上也有这个,但在小船上更觉清隽罢了。舱前的顶下,一律悬着灯彩;灯的多少,明暗,彩苏的精粗,艳晦,是不一的,但好歹总还你一个灯彩。这灯彩实在是最能勾人的东西。夜幕垂垂地下来时,大小船上都点起灯火。从两重玻璃里映出那辐射着的黄黄的散光,反晕出一片朦胧的烟霭;透过这烟霭,在黯黯的水波里,又逗起缕缕的明漪。在这薄霭和微漪里,听着那悠然的间歇的桨声,谁能不被引入他的美梦去呢?只愁梦太多了,这些大小船儿如何载得起呀?我们这时模模糊糊的谈着明末的秦淮河的艳迹,如《桃花扇》及《板桥杂记》里所载的。我们真神往了。我们仿佛亲见那时华灯映水,画舫凌波的光景了。于是我们的船便成了历史的重载了。我们终于恍然秦淮河的船所以雅丽过于他处,而又有奇异的吸引力的,实在是许多历史的影象使然了。

节选自朱自清《桨声灯影里的秦淮河》

内在语训练材料二:

我们的船渐渐地逼近榕树了。我有了机会看清它的真面目:是一棵大树,有数不清的丫枝,枝上又生根,有许多根一直垂到地上,伸进泥土里。一部分树枝垂到水面,从远处看,就像一棵大树斜躺在水面上一样。

现在正是枝繁叶茂的时节。这棵榕树好像在把它的全部生命力展示给我们看。那么多的绿叶,一簇堆在另一簇的上面,不留一点缝隙。翠绿的颜色明亮地在我们的眼前闪耀,似乎每一片树叶上都有一个新的生命在颤动,这美丽的南国的树!

船在树下泊了片刻,岸上很湿,我们没有上去。朋友说这里是"鸟的天堂",有许多鸟在这棵树上做窝,农民不许人去捉它们。我仿佛听见几只鸟扑翅的声音,但是等到我的眼睛注意地看那里时,我却看不见一只鸟的影子。只有无数的树根立在地上,像许多根木桩。地是湿的,大概涨潮时河水常常冲上岸去。"鸟的天堂"里没有一只鸟,我这样想到。船开了,一个朋友拨着船,缓缓地流到河中间去。

第二天,我们划着船到一个朋友的家乡去,就是那个有山有塔的地方。从学校出发,我们又经过那"鸟的天堂"。这一次是在早晨,阳光照在水面上,也照在树梢上。一切都显得非常光明。我们的船也在树下泊了片刻。起初四周围非常清静。后来忽然起了一声鸟叫。我们把手一拍,便看见一只大鸟飞了起来,接着又看见第二只,第三只。我们继续拍掌,很快地这个树林就变得很热闹了。到处都是鸟声,到处都是鸟影。大的,小的,花的,黑的,有的站在枝上叫,有的飞起来,在扑翅膀。

节选自巴金《鸟的天堂》

(三)对象感

概括地说,对象感就是播音员、主持人从自身感觉上,努力去接近受众的心理、愿望、情感等,并由此调动自己的思想感情,使之处于运动状态。调动对象感的依据是,根据节目所覆盖的重点地域、受众的年龄、受众的文化背景、职业特点等。时时处处为受众着想,与之产生情感的共鸣。

对象感训练材料一:

秋天,无论在什么地方的秋天,总是好的;可是啊,北国的秋,却特别地来的清,来的静,来的悲凉。我的不远千里,要从杭州赶上青岛,更要从青岛赶上北平的理由,也不过想饱尝一尝这"秋",这故都的秋味。

江南,秋当然也是有的;但草木凋得慢,空气来得润,天上的颜色显得淡,并且又时常多雨而少风;一个人夹在苏州、上海、杭州,或厦门、香港、广州的市民中间,浑浑沌沌地过去,只能感到一点点清凉,秋的味,秋的色,秋的意境与姿态,总看不饱,尝不透,赏玩不到十足。秋并不是名花,也不是美酒,那一种半开、半醉的状态,在领略秋的过程上,是不合适的。

节选自郁达夫《故都的秋》

对象感训练材料二:

就这样决定了,我要去喀山大学读书。我暗下决心,无论如何都要进入大学。

我上大学的念头是由一个名叫尼古拉·叶甫诺夫的中学生引起的。他有一双女人般温柔的眼睛,生着副漂亮脸蛋儿,是个讨人喜欢的年轻人,当时他就住我们那栋房阁楼上,他因为常见到我读书,就留心我,于是我们相识了。认识没多久,叶甫诺夫就下断论说我"具备从事科学研究的天赋"。

"您就是为科学研究而生的。"他蛮帅气地甩动着马鬃似的长发对我说。

那时我根本就不明白,即使一只小家名义,都可以为科学研究做出贡献呢。但叶甫诺夫煞费苦心地向我证明,大学里面需要的正是我这种人。当然了,也必不可少地讲述了哈伊尔·罗蒙诺索夫的故事。他还说,到了喀山可以住在他家,用一个秋天和冬天的时间完成中学的学业,然后,随随便便去参加场考试(请注意他说的是"随随便便"。)我就能申请助学金上大学,再上大约五年的时间,我就是"文化人"了。听他讲的多么轻而易举,这也难怪,毕竟他还是个十九岁的少年,又怀有一份菩萨心肠。

学校终考之后,他返回家乡。又过了两个星期,我随后而至,临行前。外祖母一再叮嘱说:"你以后别动不动就向人家发脾气了。老是发脾气,就会变得冷酷无情。这都是跟你外祖父学的。你看不见他得了一个什么结果吗?可怜的老头儿,活来活去,到老成了傻子。你一定不要忘记:上帝不惩罚人,只有魔鬼才干这种事。你走吧。唉……"她抹掉皱纹密布的老脸上的几滴泪水,接着说:"恐怕我们不会再见面了。你疯了心的孩子,非要跑到海角天涯去,我将不久于人世了……"近几年来,我常常离开这个好心肠的老人,几乎不怎么和她见面,当我想到这个血脉相通、真心爱我的亲人,真的要弃我而去时,心中不免生出一丝悲哀。

我一直站在船尾向外祖母张望,她在码头紧靠水边处站着,一只手画着十字,一只手用破旧的披肩角擦拭她的眼,那是一双永远对世人充满慈爱的眼睛。

打那以后,我就来到这座有一半鞑靼人的城市了,住在一幢寂寞地栖身于一条僻街尽端上岗上的平房间里。房子对面是一片火烧之地,长满了茂密的野草,一大堆倒塌的建筑废墟从杂草和林木中突兀而出,废墟下是一个大地洞,那些无处安身的野狗常躲到这里,有时它们也就葬身于此了。这个地方令我永生难忘,它是我的第一所大学。

叶甫诺夫的家由妈妈和两个儿子组成,靠少得可怜的抚恤金维持生计。我刚到他们家那几天,常见这个面无血色的寡妇,每次从市场买回东西放到厨房里,就眉头紧锁,发一顿愁,她在思考如何解决面临的难题:把自己排除在外,即使如此,怎样才能用一块肉做一顿满足三个健硕男孩儿的美餐呢?"

她是一个异常沉静的女人,灰色的眼睛中蕴籍着温顺而倔强的精神,她就像一匹精疲力竭的母马,明明知道生活这辆车她已无法驾驭了,仍然勉为其难地拼命向前拉。

节选自高尔基《我的大学》

○ 思考题

1. 如何理解停连的概念和作用?

2. 停连的位置和方法是什么?

3. 如何选择重音?

4. 为什么说语气是语言表达的核心技巧?

5. 谈谈节奏在语言表达中的重要性。

⤷ 拓展训练:趣味绕口令、古典诗词及现代诗歌、现代小说散文朗诵篇目

趣味绕口令:

《四和十》

四和十,

十和四,

四是四,

十是十,

十四是十四,

四十是四十。

《画凤凰》

粉红墙上画凤凰,凤凰画在粉红墙,

红凤凰,粉凤凰,红粉凤凰,花凤凰。

《板凳与扁担》

扁担宽,板凳长,扁担想绑在板凳上,

板凳不让扁担绑在板凳上,扁担偏要绑在板凳上,

板凳偏偏不让扁担绑在板凳上,

也不知是扁担绑在了板凳上,还是板凳绑在扁担上。

《丽丽和弟弟》

丽丽家来了小弟弟,弟弟叫丽丽出来做游戏。

丽丽和弟弟拿不定主意,是做游戏还是玩玩具。

《画葫芦》

胡图用笔画葫芦，

葫芦画的真糊涂，

糊涂不能算葫芦，

要画葫芦不糊涂，

胡图决心不糊涂，

画出一只大葫芦。

古典诗词:

《长恨歌》

白居易

汉皇重色思倾国，御宇多年求不得。

杨家有女初长成，养在深闺人未识。

天生丽质难自弃，一朝选在君王侧。

回眸一笑百媚生，六宫粉黛无颜色。

春寒赐浴华清池，温泉水滑洗凝脂。

侍儿扶起娇无力，始是新承恩泽时。

云鬓花颜金步摇，芙蓉帐暖度春宵。

春宵苦短日高起，从此君王不早朝。

承欢侍宴无闲暇，春从春游夜专夜。

后宫佳丽三千人，三千宠爱在一身。

金屋妆成娇侍夜，玉楼宴罢醉和春。

姊妹弟兄皆列土，可怜光彩生门户。

遂令天下父母心，不重生男重生女。

骊宫高处入青云，仙乐风飘处处闻。

缓歌慢舞凝丝竹，尽日君王看不足。

渔阳鼙鼓动地来,惊破霓裳羽衣曲。

九重城阙烟尘生,千乘万骑西南行。

翠华摇摇行复止,西出都门百余里。

六军不发无奈何,宛转蛾眉马前死。

花钿委地无人收,翠翘金雀玉搔头。

君王掩面救不得,回看血泪相和流。

黄埃散漫风萧索,云栈萦纡登剑阁。

峨嵋山下少人行,旌旗无光日色薄。

蜀江水碧蜀山青,圣主朝朝暮暮情。

行宫见月伤心色,夜雨闻铃肠断声。

天旋地转回龙驭,到此踌躇不能去。

马嵬坡下泥土中,不见玉颜空死处。

君臣相顾尽沾衣,东望都门信马归。

归来池苑皆依旧,太液芙蓉未央柳。

芙蓉如面柳如眉,对此如何不泪垂?

春风桃李花开日,秋雨梧桐叶落时。

西宫南内多秋草,落叶满阶红不扫。

梨园弟子白发新,椒房阿监青娥老。

夕殿萤飞思悄然,孤灯挑尽未成眠。

迟迟钟鼓初长夜,耿耿星河欲曙天。

鸳鸯瓦冷霜华重,翡翠衾寒谁与共?

悠悠生死别经年,魂魄不曾来入梦。

临邛道士鸿都客,能以精诚致魂魄。

为感君王辗转思,遂教方士殷勤觅。

排空驭气奔如电,升天入地求之遍。

上穷碧落下黄泉,两处茫茫皆不见。

忽闻海上有仙山,山在虚无缥缈间。

楼阁玲珑五云起,其中绰约多仙子。

中有一人字太真,雪肤花貌参差是。

金阙西厢叩玉扃,转教小玉报双成。

闻道汉家天子使,九华帐里梦魂惊。

揽衣推枕起徘徊,珠箔银屏迤逦开。

云鬓半偏新睡觉,花冠不整下堂来。

风吹仙袂飘飘举,犹似霓裳羽衣舞。

玉容寂寞泪阑干,梨花一枝春带雨。

含情凝睇谢君王,一别音容两渺茫。

昭阳殿里恩爱绝,蓬莱宫中日月长。

回头下望人寰处,不见长安见尘雾。

惟将旧物表深情,钿合金钗寄将去。

钗留一股合一扇,钗擘黄金合分钿。

但今心似金钿坚,天上人间会相见。

临别殷勤重寄词,词中有誓两心知。

七月七日长生殿,夜半无人私语时。

在天愿作比翼鸟,在地愿为连理枝。

天长地久有时尽,此恨绵绵无绝期。

作者简介: 白居易(772—846 年),字乐天,号香山居士,又号醉吟先生,祖籍太原,到其曾祖父时迁居下邽,生于河南新郑。伟大的现实主义诗人,唐代三大诗人之一。白居易与元稹共同倡导新乐府运动,世称"元白",与刘禹锡并称"刘白"。

白居易的诗歌题材广泛,形式多样,语言平易通俗,有"诗魔"和"诗王"之称。官至翰林学士、左赞善大夫。公元846年,白居易在洛阳逝世,葬于香山。有《白氏长庆集》传世,代表诗作有《长恨歌》《卖炭翁》《琵琶行》等。

创作背景: 唐宪宗元和元年(806年),白居易任盩厔(今西安市周至县)县尉。一日,与友人陈鸿、王质夫到马嵬驿附近的仙游寺游览,谈及李隆基与杨贵妃事。王质夫认为,像这样突出的事情,如无大手笔加工润色,就会随着时间的推移而消没。他鼓励白居易:"乐天深于诗,多于情者也,试为歌之,何如?"于是,白居易写下了这首长诗。因为长诗的最后两句是"天长地久有时尽,此恨绵绵无绝期",所以他们就称这首诗叫《长恨歌》。

《岳阳楼记》

范仲淹

庆历四年春,滕子京谪守巴陵郡。越明年,政通人和,百废具兴。乃重修岳阳楼,增其旧制,刻唐贤今人诗赋于其上。属予作文以记之。

予观夫巴陵胜状,在洞庭一湖。衔远山,吞长江,浩浩汤汤,横无际涯;朝晖夕阴,气象万千。此则岳阳楼之大观也,前人之述备矣。然则北通巫峡,南极潇湘,迁客骚人,多会于此,览物之情,得无异乎?

若夫淫雨霏霏,连月不开,阴风怒号,浊浪排空;日星隐曜,山岳潜形;商旅不行,樯倾楫摧;薄暮冥冥,虎啸猿啼。登斯楼也,则有去国怀乡,忧谗畏讥,满目萧然,感极而悲者矣。

至若春和景明,波澜不惊,上下天光,一碧万顷;沙鸥翔集,锦鳞游泳;岸芷汀兰,郁郁青青。而或长烟一空,皓月千里,浮光跃金,静影沉璧,渔歌互答,此乐何极!登斯楼也,则有心旷神怡,宠辱偕忘,把酒临风,其喜洋洋者矣。

嗟夫!予尝求古仁人之心,或异二者之为,何哉?不以物喜,不以己悲;居庙堂之高则忧其民;处江湖之远则忧其君。是进亦忧,退亦忧。然则何时而乐耶?其必曰"先天下之忧而忧,后天下之乐而乐"乎。噫!微斯人,吾谁与归?

时六年九月十五日

作者简介: 范仲淹(989年10月1日—1052年6月19日),字希文。祖籍邠州,后移居苏州吴县。北宋时期杰出的政治家、文学家。

范仲淹幼年丧父,母亲改嫁长山朱氏,遂更名朱说。大中祥符八年(1015年),范仲淹苦读及第,授广德军司理参军。后历任兴化县令、秘阁校理、陈州通判、苏州知州、权知开封府等职,因秉公直言而屡遭贬斥。宋夏战争爆发后,康定元年(1040年),与韩琦共任陕西经略安抚招讨副使,采取"屯田久守"的方针,巩固西北边防。对宋夏议和起到促进作用。西北边事稍宁后,仁宗召范仲淹回朝,授枢密副使。后拜参知政事,上《答手诏条陈十事》,发起"庆历新政",推行改革。不久后新政受挫,范仲淹自请出京,历知邠州、邓州、杭州、青州。皇祐四年(1052年),改知颍州,在扶疾上任的途中逝世,年六十四。宋仁宗亲书其碑额为"褒贤"。累赠太师、中书令兼尚书令、魏国公,谥号"文正",世称范文正公。至清代以后,相继从祀于孔庙及历代帝王庙。

范仲淹在地方治政、守边皆有成绩。其文学成就突出。他倡导的"先天下之忧而忧,后天下之乐而乐"思想和仁人志士节操,对后世影响深远。有《范文正公文集》传世。

创作背景: 1046年,范仲淹的挚友滕子京谪守巴陵郡,重修岳阳楼。当时,范仲淹亦被贬在邓州作官。滕子京请范仲淹为重修的岳阳楼写记,并送去一本《洞庭晚秋图》。范仲淹依据此图,凭着丰富的想像,写下了千古名篇《岳阳楼记》,表达了他"不以物喜,不以己悲"的旷达胸襟和"先天下之忧而忧,后天下之乐而乐"的政治抱负。激励我们要以天下为己任,树立崇高的理想,拥有宽阔的胸怀。

朗诵建议: 第一段以叙述为主,应读得舒缓、平和、庄重。第二段写洞庭湖的文字,应读得开朗雄浑。第三段由天气的恶劣写到人心的凄楚,意境悲凉。要语调低沉,速度缓慢,应读出愁苦凄楚的情味。第四段色彩明丽,生机盎然,诵读时语调轻快,停顿稍短,应读出欢乐畅快、挥洒自如的情味。第五段则应读出冷静旷达、勇于担当的意味。

《春晓》

孟浩然

春眠不觉晓,处处闻啼鸟。

夜来风雨声,花落知多少。

朗诵建议:这首抒情小诗,大概是诗人孟浩然流传最广的一首。诗人没有直接描写春景,而是通过一个春晨梦醒时刻自己的听觉感受和联想,捕捉春天的气息。诗句明白晓畅,音节朗朗上口,景美而情切,把对明媚春晓的爱惜,对春光流逝的哀愁表达得隽永悠长。这首诗的句子较短,按书面标点停顿就可以,关于"春眠""啼鸟""风雨声""花落"等处适当突出重音,增加色彩鲜明、形象生动的感受。

《静夜思》

李 白

床前明月光,疑是地上霜。

举头望明月,低头思故乡。

朗诵建议:正是这首诗,让思乡情绪和月光意象从此紧密相连。这首诗语言极为平淡,仿佛一切都在不经意中,不带任何语词上的修饰,但一片干干净净的赤子之心却因此流传甚广,妇孺皆知。读好古诗就要有对比,音量有高就有低、节奏有快就有慢,第一句的节奏适当慢,与第二句形成对比。第三句的音量适当高,与第四句形成对比。

《绝句》

杜　甫

迟日江山丽,春风花草香。

泥融飞燕子,沙暖睡鸳鸯。

朗诵建议: 诗人以"迟日"领起全篇,突出春光和煦、欣欣向荣的特点,构成一幅明丽和谐的春色图。朗读时候用自然流畅的语调,表达诗人热爱大自然的愉快心情。

《出塞》

王昌龄

秦时明月汉时关,万里长征人未还。

但使龙城飞将在,不教胡马度阴山。

朗诵建议: 这是一首边塞诗,曾被称为"唐朝七绝之首"。诗歌的第一句,就颇具气势,引人进入历史之深思。明月映照着这寂寞的边关,显示出极为苍凉寂寥之感。万里长征,何其艰辛,而又有多少男儿死于边塞沙场,白骨不得还乡。这首诗雄浑的格调和豪壮的气势,爱国情怀感人肺腑。朗诵要注意把握悲壮而不凄凉、雄浑深远的意境。

现代诗歌:

参考篇目

《祖国呵,我亲爱的祖国》　　舒婷

《南方的夜》　　冯至

《高楼对海》　　余光中

《诗啊,我又找到了你》　　郑敏

《感恩大地》　　吉狄马加

《青春万岁》序诗　　王蒙

现代小说散文:

猜猜我有多爱你

[爱尔兰]山姆·麦克布雷尼

小栗色兔子该上床睡觉了,可是他紧紧地抓住大栗色兔子的长耳朵不放。他要大兔子好好听他说。

"猜猜我有多爱你。"他说。

大兔子说:"喔,这我可猜不出来。"

"这么多。"小兔子说。他把手臂张开,开得不能再开。

大兔子的手臂要长得多,"我爱你有这么多。"他说。

嗯,这真是很多。小兔子想。

"我的手举得有多高我就有多爱你。"小兔子说。

"我的手举得有多高我就有多爱你。"大兔子说。

这可真高。小兔子想,我要是有那么长的手臂就好了。

小兔子又有了一个好主意。他倒立起来,把脚撑在树干上。

"我爱你一直到我的脚趾头。"他说。

大兔子把小兔子抱起来,甩过自己的头顶:"我爱你一直到你的脚趾头。"

"我跳得多高就有多爱你!"小兔子笑着跳上跳下。

"我跳得多高就有多爱你。"大兔子也笑着跳起来,他跳得这么高,耳朵都碰到树枝了。

这真是跳得太棒了。小兔子想,我要是能跳得这么高就好了。

"我爱你,像这条小路伸到小河那么远。"小兔子喊起来。

"我爱你,远到跨过小河,再翻过山丘。"大兔子说。

这可真远,小兔子想。

他太困了,想不出更多的东西来了。

他望着灌木丛那边的夜空,没有什么比黑沉沉的天空更远了。

"我爱你一直到月亮那里。"说完,小兔子闭上了眼睛。

"哦,这真是很远,"大兔子说,"非常非常地远。"

大兔子把小兔子放到用叶子铺成的床上。

他低下头来,亲了亲小兔子,对他说晚安。

然后他躺在小兔子的身边,微笑着轻声地说:"我爱你一直到月亮那里,再从月亮上回到这里来。"

(梅子涵译)

节选自[爱尔兰]山姆·麦克布雷尼、明天出版社《猜猜我有多爱你》

可爱的中国(节选)

方志敏

朋友!中国是生育我们的母亲。你们觉得这位母亲可爱吗?我想你们是和我一样的见解,都觉得这位母亲是蛮可爱蛮可爱的。以言气候,中国处于温带不十分热,也不十分冷,好像我们母亲的体温,不高不低,最适宜于孩儿们的偎依。以言国土,中国土地广大,纵横万千里,好像我们的母亲是一个身体魁大、胸宽背阔的妇人,不像日本姑娘那样苗条瘦小。中国许多有名的崇山大岭,长江巨河,以及大小湖泊,岂不象征着我们母亲丰满坚实的肥肤上之健美的肉纹和肉窝?中国土地的生产力是无限的;地底蕴藏着未开发的宝藏也是无限的;废置而未曾利用起来的天然力,更是无限的,这又岂不象征着我们的母亲,保有着无穷的乳汁,无穷的力量,以养育她四万万的孩儿?我想世界上再没有比她养得更多的孩子的母亲吧。至于说到中国天然风景的美丽,我可以说,不但是雄巍的蛾眉,妩媚的西湖,幽雅的雁荡,与夫"秀丽甲天下"的桂林山水,可以傲睨一世,令人称美;其实中国是无地不美,到处皆景,自城市以至乡村,一山一水,一丘一壑,只要稍加修饰和培植,都可以成流连难舍的胜景;这好像我们的母亲,她是一个天姿玉质的美人,她的身体的每一部分,都有令人爱慕之美。中国海岸线之长而且弯曲,照现代艺术家说来,这象征我们母亲富有曲线美吧。咳！母亲！美丽的母亲，可爱的母亲，只因你受着人家的压榨和剥削，弄成贫穷已极；不但不能买一件新的好看的衣服，把你自己装饰起来；甚至不能买块香皂将你全身洗擦洗擦，以致现出怪难看的一种憔悴褴褛和污秽不洁的形容来！啊！我们的母亲太可怜了，一个天生的丽人，现在却变成叫化的婆子！站在欧洲、美洲各位华贵的太太面前，固然是深愧不如，就是站在那日本小姑娘面前，也自惭形秽得很呢！

听着！朋友！母亲躲到一边去哭泣了，哭得伤心得很呀！她似乎在骂着："难道我四万万的孩子，都是白生了吗？难道他们真像着了魔的狮子，一天到晚的睡着不醒吗？难道他们不知道自己伟大的团结力量，去与残害母亲、剥削母亲的敌人斗争吗？难道他们不想将母亲从敌人手里救出来，把母亲也装饰起来，成为世界上一个最出色、最美丽、最令人尊敬的母亲吗？"朋友，听到没有母亲哀痛的哭骂？是的，是的，母亲骂得对，十分对！我们不能怪母亲好哭，只怪得我们之中出了败类，自己压制自己，眼睁睁的望着我们这位挺慈祥美丽的母亲，受着许多无谓的屈辱，和残暴的蹂躏！这真是我们做孩子们的不是了，简直连一位母亲都爱护不住了！

不错，目前的中国，固然是江山破碎，国敝民穷，但谁能断言，中国没有一个光明的前途呢？不，决不会的，我们相信，中国一定有个可赞美的光明前途。中国民族在很早以前，就造起了一座万里长城和开凿了几千里的运河，这就证明中国民族伟大无比的创造力！中国在战斗之中一旦斩去了帝国主义的锁链，肃清自己阵线内的汉奸卖国贼，得到了自由与解放，这种创造中国的面貌将会被我们改造一新。所有贫穷和灾荒，混乱和仇杀，饥饿和寒冷，疾病和瘟疫，迷信和愚昧，以及那慢性的杀灭中国民族的鸦片毒物，这些等等都是帝国主义带给我们可憎的赠品，将来也要随着帝国主义的赶走而离去中国了。朋友，我相信，到那时，到处都是活跃跃的创造，到处都是日新月异的进步，欢歌将代替了悲叹，笑脸将代替了哭脸，富裕将代替了贫穷，康健将代替了疾苦，智慧将代替了愚昧，友爱将代替了仇杀，生之快乐将代替了死之悲哀，明媚的花园,将代替了凄凉的荒地! 这时,我们民族就可以无愧色地立在人类的面前,而生育我们的母亲,也会最美丽地装饰起来,与世界上各位母亲平等地携手了。

这么光荣的一天,决不在辽远的将来,而在很近的将来,我们可以这样相信的,朋友!

节选自方志敏、人民文学出版社《可爱的中国》

《乡梦不曾休》

黄永玉

我为曾在那里念过书的凤凰县文昌阁小学写过一首歌词,用外国古老的名歌配在一起,于是孩子们就唱起来了。昨天听侄儿说,我家坡下的一个八九岁的女孩抱着弟弟唱催眠曲的时候,也哼着这支歌呢!

歌词有两句是:无论走到哪里,都把你想望。

这当然是我几十年来在外面生活对于故乡的心情。也希望孩子们长大到外头工作的时候,不要忘记养育过我们的深情的土地。

我有时不免奇怪,一个人怎么会把故乡忘记呢? 凭什么把她忘了呢? 不怀念那些河流? 那些山岗上的森林? 那些长满羊齿植物遮盖着的井水? 那些透过嫩绿树叶的雾中的阳光? 你小时的游伴? 唱过的歌? 嫁在乡下的妹妹? ……未免太狠心了。

故乡是祖国在观念和情感上最具体的表现。你是放在天上的风筝,线的另一端就是牵系着心灵的故乡的一切影子。唯愿是因为风而不是你自己把这根线割断了啊! ……

家乡的长辈和老师们大多不在了,小学的同学也已剩下不几个,我生活在陌生的河流里,河流的语言和温度却都是熟悉的。

我走在五十年前(半个世纪,天哪!)上学的石板路上,沿途嗅闻着曾经怀念过的气息,听一些温走进二年级的课堂,坐在自己的座位上。

"黄永玉,六乘六等于几?"

我慢慢站了起来。

课堂里空无一人。

一九八二年六月十九日于凤凰

节选自董卿主编、人民文学出版社《朗读者2》

少年 Pi 的奇幻漂流(节选)

[加拿大]扬·马特尔

第二天早上,我身上不那么湿了,也感觉自己强壮了些。考虑到我有多么紧张,过去几天里我吃得多么少,我想这是一件非常了不起的事。

这是个晴天。我决定试试钓鱼,这是我平生第一次。早饭吃了三块饼干,喝了一罐水之后,我读了求生指南中关于这件事是怎么说的。第一个问题出现了:鱼饵。我想了想。船上有死动物,但是从老虎鼻子底下偷食物,这可不是我能做到的事。他不会认识到这是一种投资,会给他带来高额的回报。我决定用自己的皮鞋。我还有一只鞋。另一只在船沉的时候弄丢了。

我爬到救生艇上,从锁柜里拿了一套钓鱼工具和刀,还拿了一只桶,用来装钓到的鱼。理查德·帕克侧身躺着。我到船头时,他的尾巴突然竖了起来,但他没有抬头。我把小筏子放了出去。

我把鱼钩系在金属丝导缆器上,再把导缆器系在鱼线上,然后加上铅坠。我挑了三只有着迷惑力的水雷形状的坠子。我把鞋脱下来,切成片。这很困难,因为皮很硬。我小心翼翼地把鱼钩穿进一块平展的皮里,不是穿过去,而是穿进去,这样钩尖就藏在了皮里面。我把鱼线放进深深的水里。前一天晚上鱼太多了,所以我以为很容易就能钓到。

我一条都没有钓到。整只鞋一点又一点地消失了,鱼线一次又一次地被轻轻拉动,来了一条又一条快乐的吃白食的鱼,鱼钩上一块又一块的饵被吃光了,最后我只剩下了橡胶鞋底和鞋带。当结果证明鞋带不能让鱼相信那是蚯蚓之后，完全出于绝望，我试了鞋底，整只鞋底都用上了。这是个好主意。我感到鱼线被很有希望地轻轻拉了一下，接着变得出乎意料地轻。我拉上来的只有鱼线。整套钓具都丢了。

虽然如此，我大脑的一个部分——说逆耳之言的那部分——却责备了我。"愚蠢是有代价的。下次你应该更小心些，更聪明些。"

那天上午，第二只海龟出现了。它径直游到了小筏子旁边。要是它愿意，它把头伸上来就可以咬我的屁股。它转过身去时，我伸手去抓它的后鳍，但刚一碰到，我就害怕地把手缩了回来，海龟游走了。

责备我钓鱼失败的那部分大脑又批评我了。"你究竟想用什么去喂你那只老虎？你以为他靠吃三只死动物能活多久？我是否需要提醒你，老虎不是腐食动物？就算是，当他濒临死亡的时候，也许他不会挑挑拣拣。但是难道你不认为他在甘愿吃肿胀腐烂的死斑马之前会先尝尝只要游几下就能到口的鲜美多汁的印度小伙子吗？还有，我们怎么解决水的问题呢？你知道老虎渴的时候是多么不耐烦地要喝水。最近你闻了他的口气了吗？相当糟糕。这是个不好的信号。也许你是在希望他会把太平洋的水都舔光，既解了他的渴，又能让你走到美洲去？松达班的老虎有了这种从身体里排出盐分的有限能力，真让人惊奇。我估计这种能力来自它们生活的潮汐林。但它毕竟是有限的。难道他们没有说过喝了太多的海水会让老虎吃人吗？噢，看哪。说到他，他就来了。他在打哈欠。天啊，天啊，一个多么巨大的粉红色岩洞啊。看看那些长长的黄色的钟乳石和石笋。也许今天你就有机会进去参观了。"

理查德·帕克那条大小颜色都和橡胶热水瓶一样的舌头缩了回去，他的嘴合上了。他吞咽了一下。

那天接下来的时间里，我担心得要死。我一直远离救生艇。虽然我自己的预测十分悲惨，但是理查德·帕克却过得相当平静。他还有下雨的时候积的水，而且他似乎并不特别担心饥饿。但是他却发出了老虎会发出的各种声音——咆哮、呜咽以及诸如此类的声音——让我不能安心。这个谜题似乎无法解开：要钓鱼我就需要鱼饵，但是我只有有了鱼才能有鱼饵。我该怎么办呢？用我的一个脚趾？割下我的一只耳朵？

下午，一个解决办法以最出人意料的方式出现了。我扒上了救生艇。不仅如此：我爬到了船上，在锁柜里仔细翻找，发疯般地寻找着能够救命的主意。我把小筏子系在船上，让它离船有六英尺。我设想，只需一跳，或松开一个绳结，我就能把自己从理查德·帕克的口中救出来。绝望驱使我冒了这个险。

节选自董卿主编、人民文学出版社《朗读者3》

《走出非洲》

[丹麦]卡伦·布里克森

祸不单行。这一年蝗虫又飞临庄园。据说它们是从阿比西尼亚飞来的。那里一连两年大旱，蝗群便开始南迁，将途中的庄稼一扫而尽。蝗虫还未见到，那些遭灾的地方便开始流传种种奇异的传说——在北方，蝗虫一过，玉米地、小麦田、菜园子都一下变成大荒漠。移民们派出信使向南方的邻居们通报蝗虫来了。可是，即使得到了预报，你对蝗虫也无可奈何。所有的庄园，人们都准备好一堆堆高高的木柴垛、玉米秆垛，蝗虫一到，立即点火。庄园里所有的工人都被派往田间，拿着空油桶、空罐头，一边敲打，一边哄叫着，不让蝗虫降落。但这仅仅能暂缓一阵，不管农民怎样惊吓，蝗虫不可能永远在空中停留。每个农民唯一的希望就是把蝗虫往南轰赶到下一个庄园。蝗虫飞越的庄园越多，落下的时候就越饥饿、越疯狂。我在马赛依保护区的北侧有一大片草原，我寄希望于蝗虫越过草原，越过河岸，向马赛依那儿飞去。

从邻近的移民那里，我得到三四次关于蝗虫的通报，但没有更多的情况发生，我便自信一切都是子虚乌有的。一天下午，我骑马到庄园杂货店去——此店由法拉赫的弟弟阿卜杜拉经营，专为庄园工人、佃农供应日用品。小店设在路边，一个印度人正在店铺外摆弄骡车车套，抬头见我，忙从车套中站起来，跟我打招呼。

"蝗虫来了，太太，请小心，别让它飞到你的田里。"我到他跟前时，他说。

"蝗虫来了，蝗虫来了，我听到多少回了，可一个影子也没见到。也许事情并不像你们传说的那么严重。"我说。

"太太，请你往四周看看。"印度人说。

我四下里打量，只见北方的地平线上，天空中有一片阴影，犹如一道长长的烟雾，俨若一座城市在着火。百万人口的城市在明亮的空气中喷烟吐雾，我心想。

"那是什么？"我止不住问。

"蝗虫！"印度人回答。

我策马返回庄园，在草原小道上，我发现二十来只蝗虫。我经过庄园经理的房子。吩咐他做好一切准备，对付蝗虫。我们俩一起北望，空中的那道黑色烟雾升得更高了。我们眺望的当儿，空中偶尔有一两只蝗虫从我们面前掠过，飞落到地上爬行。

翌晨，我推开房门向外望去，旷野里一片低沉、单调的褐黄色。树木、草坪、车道，我所见到的一切都覆盖着褐黄色，仿佛夜间土地上落了一层厚厚的褐黄色的大雪。蝗虫麇集旷野。我伫立着、凝望着，那景观开始振荡、破碎，蝗虫活动起来，向上飞腾，没几分钟，周围全是扇动的蝗翅，它们飞离了。

这一回，它们对庄园的破坏不算厉害，它们只是与我们一起度过一夜。我们见到了蝗虫的模样，长约一英寸半，灰褐色中带点粉红，摸上去有点黏手。它们仅仅是停落在树上，就把车道上的几棵大树压断了。你打量着这些树木，想起每只蝗虫不过十分之一盎司，就不难想象它们有多少万只了。

节选自董卿主编、人民文学出版社《朗读者3》

第三章　节目主持人的诞生与行业演化

知识目标:了解节目主持人的历史变迁,播音员与主持人的综合素质内涵,以及节目主持人综合素质之间的关系。

能力目标:具体掌握播音员与主持人的思想标准、艺术标准、业务标准范畴。

知识导入:主持人既是电视节目的传播者,也是国家形象、舆论导向和时代精神的体现者和实践者。"最后一棒"的说法形象概括了主持人在节目中的主导地位,主持人对节目成败的影响也是至关重要的。特殊的工作岗位要求主持人应当成为具有较高综合素质的复合型人才,即具有较高的政治素质、较强的政策理论水平、良好的新闻素养、深厚的文化功底、扎实的语言功力,成为富于亲和力、影响力和公信力的传播人才。

节目主持人的出现不是无源之水、无本之木,是广播、电视媒体发展到一定阶段的产物,与广播电视节目内容形态的发展有密切关系。

第一节　主持人与广电节目形态变迁

一、主持人节目形态溯源

"主持人"的诞生,首先来源于"主持人节目"这一节目样式的兴起,广播电台的建立早于电视台,所以最早的"主持人节目"是从广播电台开始的。在追溯主持人起源时有一个值得注意的现象,主持人首先产生于对外广播。因为对外广播有极强的争夺受众的意识,所以播音员必须有像主持人一样亲切的态度和服务意识。1928 年荷兰的对外广播创办了世界上第一个短波广播专题节目《快乐的电台》,由艾迪·勒达兹主持,主要介绍荷兰的民情风俗娱乐,艾迪·勒达兹主持节目的独创性体现了人与人交流的对话语体特点,从1928 年主持到 1969 年,他因而成为最具历史悠久性的、最富有个人风格的国际广播节目主持人之一。早期的广播节目主持人成功定位于贴近听众、富有人情味,生动活泼的娱乐风格,以亲切平易的语言风格受到听众的喜爱。

二战时期,主持人节目形式在"战况"报道中必然成为听众关注的焦点之一,1940 年 8 月 18 日,默罗开创了《这里是伦敦》,现场报道第二次世界大战期间欧洲战况,对战争性质进行精辟的分析,他以沉静冷峻的叙述风格和极富感染力的声音征服了听众。"默罗的成功不仅在于内容时效性强、信息量大,还在于报道与评论并行,他在节目形式上的突破,使其不再只是一名记者或播音员,而是一位具有采、编、播能力的优秀节目主持人。"[1]

进入 20 世纪 40 年代后期,随着电视的出现,广播节目迅猛发展的势头被新生的电视节目有所取代,主持人节目样式很快在电视娱乐节目中盛行。1948 年美国全国广播公司的《特克斯寇明星剧场》产生轰动效应,主持人是

---

[1]　游洁:《电视节目主持新论》,中国广播电视出版社 2006 年版,第 3 页。

喜剧演员密尔顿·伯利。这一时期广播节目的著名主持人纷纷转向电视,如爱德华·默罗于1951年开创了《现在请看》节目,1953年又开始了他的著名访谈节目《面对面》,这个节目从开播到1959年停办,一共邀请了500多位嘉宾作为自己的访谈对象,是当时美国收视率最高的十大节目之一。

从对主持人诞生的历史回顾中我们可以看到,主持人最初出现的原因首先是创新节目内容形态的需要,其次从传播视角来看任何一档广播电视节目,往往总是由主持人开场,最终又由主持人收场的。节目主持人是广播电视节目现场的调度者,他调动着传播主客体之间的交流积极性,节目本身蕴含的这种"人际性"魅力激发了受众参与的动机。节目主持人更需要针对不同的话题,在不同的情境,甚至是在节目进行的不同时段,根据大众传播与人际传播的不同特点,整合两种传播的优势,恰到好处地对大众传播的"一对众"、人际传播的"对话式"两种传播形式进行微调,就会收到事半功倍的效果。

二、主持人传媒角色拓展

广播、电视节目主持人的出现是广播、电视节目形态完善和成熟的标志,尤其是在广播、电视进入市场化的今天,主持人对推动广播、电视节目形态的发展、吸引受众,提高收听、收视率起到至关重要的作用。主持人角色的传播意义,建立起节目和受众之间真实而具体的情感联系。

无论是广播还是电视节目,我国主持人最早是从播音员中发展起来的。随着电视事业的发展以及对它的关注,人们逐渐认识和记住了经常出镜的播音员的面孔,同时由于节目内容样式的深入发展,有的播音员对节目的参与程度越来越大,逐渐与照本宣科的演播方式有了区别,于是"主持人"这一称谓就应运而生。

(一)中国早期主持人与节目形态

"中国的电视屏幕上首次打出'主持人'字幕的,是中央电视台 1980 年 7 月 12 日开播的《观察与思考》节目,对应者是在这期节目中出镜采访并直接面对观众讲话的资深记者庞啸,不过那时这个节目的播出时间不固定,而且后来并未继续沿用'主持人'称谓。"[①]1981 年 7 月到 11 月,央视推出每周一场共 13 场的《北京中学生智力竞赛》节目,由我国第一位电视男播音员赵忠祥在现场主持。直到 1983 年元旦,央视的《为您服务》改版,以新的方式和新的姿态服务于广大观众,在我国电视史上首次设立了固定的栏目主持人,她就是我国第一位电视播音员沈力。1983 年主持人的影响进一步扩大,该年春节联欢晚会上导演黄一鹤设立主持人作为新的举措,相声演员马季、姜昆,喜剧演员王景愚和电影演员刘晓庆担任了晚会节目主持人。同年 8 月央视播出了大型系列专题片《话说长江》,片中两位主持人陈铎、虹云的直接讲解与电视画面相互配合,充分发挥了主持人对节目的贯穿作用,陈铎和虹云完美打造了"双主持人"的方式,创立了电视专题片新的演播方式,一系列的创新使《话说长江》在中国电视史上成为一部里程碑式的作品。

主持人节目的发展早期,广播媒介尤其起到了一定程度的推广普及作用,1986 年珠江经济台推行了"主持人"制,首先创造"大板块"节目构架,主持人集采访、编辑、播出于一身,节目以主持人为中心,主要围绕内容板块的直播模式,结合听众热线电话的参与方式,引发全国各地纷纷效仿"珠江台"模式,节目主持人一改以往几十年来的"播音腔",接近口头语言的表述十分亲切,这是我国广播节目完成由播音员向主持人过渡的一个重要标志。

随着广播、电视功能的拓展,主持人的作用被凸显,与播音员在节目中定位的区别是,播音员更具有"集体"的意味——公共形象,而主持人是以个

---

① 吴郁等:《电视节目主持人的综合素质研究》,中国广播电视出版社 2007 年版,第 12 页。

人——个性化的"我"来进行节目的演播,拥有自身的思想内涵和表达的独特性,体现自身与受众的人际交流魅力。主持人的表达更具有人际交流的特征,首先具有"一对众"的大众传播特点,其次具有"一对一"的人际传播特点。人际传播是个体与个体之间的信息传播活动。从主持人这方面来讲,"听众朋友""观众朋友"不再是宽泛模糊的概念,而是非常具体的某些人,而在听众、观众的心目中,主持人也是实实在在、非常具体的人。主持人以自己真实的面貌、真诚的情感对待嘉宾和受众,随即给节目带来非常个人化的、生动而真实的内容表现依据。

主持人作为大众传播媒介中的一个媒介角色,作为大众传播与人际传播相结合的产物,将人际传播中的诸多优势引入了大众传播,而这些优势中很重要的一个方面就是在传播中加入了人际沟通和互动的因素,使大众传播有了明确的对象性和交流的现实性,为了体现这种对象性和互动性的优势,主持人必须掌握高超的与听众、观众和受访嘉宾沟通的能力。

(二)主持人定位的多元衍化

定位原本是一个测量学的词汇,意思是通过勘察确定方位。主持人的自我定位,"是指主持人从各个方面分析清楚自己的位置和作用,确定自己应该以一种什么样的状态出现在节目中,出现在大众面前"。[①] 准确的自我定位有助于主持人良好形象的树立,能够让主持人对自己有清醒、全面的认识,扬长避短,从而找到最适合自己特质的栏目,准确的自我定位也是主持人形象和确立个人风格的前提,每个人的性格是多面的,主持人应该表现出与栏目最协调的一面。准确的自我定位还有助于节目传播效果的提高,实现主持人和栏目的完美搭配。

第一,综艺节目"去主持人化"现象。

---

① 游洁:《电视节目主持新论》,中国广播电视出版社 2006 年版,第 95 页。

　　值得注意的是,近年来许多新推出的综艺节目"去主持人化"的现象,对主持人和嘉宾的称谓逐渐变得多样化,如《典籍里的中国》按照节目主题进行设定,撒贝宁化身"当代读书人",《国家宝藏》中张国立担任"001 号讲解员"等。节目海报设计和前期宣发也都融入了这一概念,如有的海报特意标明了撒贝宁的"当代读书人"角色,海报主题也是他与古代读书人相互作揖行礼,妙用"时空错位"的空间,烘托出传承典籍文化的主旨。《典籍里的中国》启用了双重时空嵌套式的叙事结构,节目流程相对复杂,融合了舞台剧艺术的展演形式,设置了撒贝宁、王嘉宁、张舒越 3 位主持人。节目中,撒贝宁是节目的核心人物,既要掌控全场,也担当着带领观众身临其境和近距离领悟体验中华典籍文化的任务。撒贝宁重点采访嘉宾体验古人生活的心得体会,完成节目古今时空的交汇融合。王嘉宁大部分时间出现在第二现场,担当着一个倾听者的角色,《典籍里的中国》节目的创新设置进一步证实了全媒体语境下主持人身份转型的可行性,3 位主持人的珠联璧合与职能互补,让作为节目主旨的典籍文化传播得更加到位,更好地增强了观众的现场参与感。

　　在其他娱乐领域不走红,通过参加综艺节目获得人气、口碑和商业价值的某些明星演员被称为"综艺咖"。近几年来许多综艺节目的重心不再打造主持团队,观众对于"综艺咖"的需求明显超过了主持人,只要他们有足够的搞笑"桥段",只要他们能够贡献"妙心慧舌"的发言,能够为节目制造各种"看点",其实有没有真正的主持人并不重要。

　　第二,转型声音创意传播者。

　　首届中国播音主持"金声奖"获得者之一,沈阳广播电视台佟鑫认为,"主持人作为声音工作者,如何适应团队的发展,如何满足每部作品对于声音的要求呢? 这就需要主持人踏实学习,用心钻研,不断吸收和感悟声音的能量,从而能够自如地运用和掌握自己的声音。不要固定和限制自己的声音状态,也不要限制自己的岗位身份,不断地破圈和跨界,才能做新时代的声音工作者"。佟鑫的破圈经历,从十多年的传统新闻播音员工作,到城市宣传片,各种大型专题片、纪录片,只要是传统广电媒体的声音工作他都做过,播音员到广播剧演员这是一个跨界的过程,往往越出色的播音员越不容易破圈,播音腔往往会破坏声音表演的自然,这是两个不同的行当。主持人在全媒体语境下的多元化创新定位,都是为了推出更多更好的优秀作品而努力。

三、主持人深入内容创作

播音员与主持人共同的业务基础是,通过话筒、屏幕向受众传达信息,都具备较高的语言表达能力,对稿件或者节目的理解较强。在节目的适应能力方面,主持人比播音员更加专业化。播音员往往可以被安置在任何类型的节目中演播,通常在节目制作后期加入工作,处于快速备稿的"二度创作"状态,主持人则被相对固定在某个栏目或某类节目中,必须深入了解节目内容,顾及节目的整体连贯性,并懂得相关专业背景。

主持人与节目相辅相成,一个主持人的成功,往往得益于被称为他们的"代表作"的节目,主持人应当把节目作为自己形象的基础,再根据自己的个性、语言、形象对节目进行一定程度的调整和加工。主持人的个性必须与节目特性相融合,优质的节目平台推出了主持人,出色的主持人使得节目声名远播,内容不精彩的节目会限制主持人的发挥,糟糕的主持人也会导致节目遇挫,主持人与节目是相辅相成的关系。

追溯 1983 年元旦中央电视台《为您服务》开播,在我国电视史上首次设立了固定的栏目主持人,她就是我国第一位电视播音员沈力。当时我国并无"杂志型"栏目的先例,沈力和她的同事们在毫无借鉴的情况下,一切全凭沈力等人多年在电视实践中积累的经验,开创了《为您服务》这样一个优秀栏目。沈力立足于她的固有风格,结合栏目的实际,决定以"和蔼可亲、平易近人、真诚朴实,观众知心朋友"的形象出现在荧屏上。为了加强栏目的交流感,沈力十分注意运用的语言是否有针对性,比如《月季欣赏》这期节目,编辑的开始语是这样写的:"在这百花争艳的季节里,我们来到天坛公园的月季园。今天我们还特意邀请几位朋友来陪同您一起赏花。"沈力感到这几句话还不足以表达栏目组为观众服务的心情，缺乏和观众在思想感情上的沟通与交流，于是她做了这样的补充："在这百花竞相开放的时节，如果您能走出家门去欣赏一下盛开的鲜花，一定会感到心旷神怡。可是据我了解，很多同志由于忙于工作，忙于学习，忙于家务，难得出来走走，所以今天我们特意来到天坛公园的月季园，还邀请了几位朋友陪您一起来赏花。"在与观众的融洽交往中，沈力对于荧屏上人际交流体悟颇深，她说："交流包括很多方面，如内容上的交流——要把节目办到观众的心上；语言上的交流——话要说到观众的心里；感情上的交流——情要传到观众的心中。除此之外，很重要的一点，就是要靠神态，神态主要从目光中表现出来。"①

　　1991年3月，早已离开《为您服务》的沈力荣获全国广播电视节目主持人"开拓奖"，获奖之后，她说了一段发人深思的话："我觉得这次获奖，荣誉不该只属于我个人，因为它饱含着亿万观众朋友对我的鼓励、帮助、关怀和厚爱，也凝聚着许多曾与我共事过的同事们的智慧、辛劳、汗水和奉献，这荣誉应该归功于整体。"这段话里，沈力保持了她一如既往的谦逊风格，也道出了她成功的真谛，她主张主持人应该最大限度地参与节目。她认为主持人的最大任务就是要驾驭节目，要做到能把节目掌握在自己手里，胸有成竹、运用自如，真正起到"主宰"和"灵魂"作用。为了做到这一点，主持人应该在采、编、播、写等方面全方位参与。主持人参与节目是为了明确节目和自身的关系，明确自己在节目中的定位和任务，通过自己的思考去寻求完成任务的手段，包括语言的运用、对节目基调的把握，以及风格、节奏、气氛的处理等等。

四、主持人"个性化"表达

　　主持人是在大众传播活动的特定节目情境中代表群体观念，以个体行为

---

　　①　任远主编：《名主持人成功之路》，中国广播电视出版社1999年版，第174页。

表达的人,是复杂节目内容的串联者或系列节目(栏目)进行的引导者,是节目形象的具体代表,是能把个人性格与节目特性有机地结合,并具备较强传播能力的个体。

任何有个性的栏目主持人是不可随意取代的,对主持人有一个最起码的要求是个性鲜明。在对播音员的培养中,常常要求标准、规范的发音或者形象,以体现新闻的重要严谨性;而作为主持人,恰恰不能追求相似或者模仿,而是应当注重与其他主持人之间的差异化,更讲求"独特性",这是主持人魅力的基本依据。主持人和播音员的语言表达特点不同,播音员"播",可能会导致播音员的形象高于受众,而主持人"说"的方式更加真实、松弛、灵动,与受众更容易建立起交流的感情桥梁,使主持人与受众的关系更加亲密。随着声音传播技术的发展,过去播音员的那种大嗓门、高调门、唯恐受众听不清的播讲已不再适用于当今的播出空间,良好的拾音效果使得主持人的嗓音选择更趋向柔和、和谐的音质,近距离的交流措辞也变得更亲切或更接近生活中的谈话状态,因而对主持人语言评判也就更倾向于"说"得如何,而不是"播"得如何。

概括地说,"主持人节目起码应具有四个传播特色:个性化、人格化、人际性和互动性,具有这些特征才是实质意义上而非名义上的主持人节目,也才会使主持人节目呈现出不同于传统节目形式的传播优势,这些传播特色又转而对主持人的素质,特别是职业素质和能力提出更多和更高的要求"。[①]

所谓人的综合素质,就是人们自身所具有的各种生理、心理和外部形态等方面较为稳定的特点的总和。这种特点的形成,既有先天的因素,也有后天的养成;既有自然、他人的因素,又有自身的因素。综合素质不仅决定了一个人能够从事什么事业或职业,而且决定了一个人从事某项事业或职业所能达到的最大高度和最大成就。"主持人的素质分为思想素质、文化素质、职业

---

① 吴郁、李金荣等:《电视节目主持人的综合素质研究》,中国广播电视出版社 2007 年版,第13 页。

素质、身心素质五大部分。"①

五、主持人综合素质要求

(一)坚定的思想素质

主持人的思想素质,具体而言就是主持人的政治理论素质、职业道德素质和人格素质、人文素养等一切与主持人世界观、价值观、方法论有关的素质的综合,它们完整地构成节目主持人思想素质的全部,也是一个主持人首要的基本素质。

第一,政治素质。

主持人的工作服务于党领导下的中国特色社会主义新闻传播事业,虽然主持人的传播有个性化特色,较多采用人际化方式,但是主持人工作的根本属性和"喉舌功能",不可有丝毫动摇。通过大众传播渠道担负着向社会与公众传播新闻信息、引导和坚持正确的舆论导向、提供社会娱乐与服务的任务。2022年4月19日,国家广电总局召开"播音员主持人工作座谈会"。会议以"忠诚于党、明德敬业"为主题,部署推进加强播音员主持人队伍建设和管理工作。会议强调,播音员主持人要与党同心,坚定政治方向,做党的声音的忠诚传播者。要深入学习贯彻习近平新时代中国特色社会主义思想,深刻领悟"两个确立"的决定性意义,增强"四个意识"、坚定"四个自信"、做到"两个维护",加强党的创新理论武装,树牢马克思主义新闻观、文艺观。要旗帜鲜明讲政治,站稳政治立场,坚定政治方向,始终在思想上政治上行动上同以习近平同志为核心的党中央保持高度一致,树牢正确的历史观、民族观、国家观、文化观。要强化政治素养,不断提高政治判断力、政治领悟力、政治执行力,时刻牢固把握正确的政治方向、舆论导向、价值取向,用心用情用功做好

---

① 吴郁、李金荣等:《电视节目主持人的综合素质研究》,中国广播电视出版社2007年版,第33页。

工作,更好地服务党和国家工作大局。

政治素质的基础是哲学素养和理论思维能力,其中包括马克思主义辩证唯物论、历史唯物论、毛泽东思想、邓小平理论、"三个代表"重要思想、科学发展观、习近平新时代中国特色社会主义思想,政治素质还体现为播音员、主持人理论化、系统化的世界观和方法论。节目主持人只有加强理论修养,才能透过现象看本质,抓住主要矛盾,才能对各种利害得失做出正确的判断和选择,才能在复杂紧急的情况时,做到头脑清醒,应对自如,否则就会迷失方向,出现各种错误。主持人的工作和新闻记者、播音员一样属于意识形态的范畴,应该高度重视,任何随意的玩笑和不负责任的言行都会对社会和个人造成严重伤害。

节目主持人集聚大量社会资源,知名度高、影响力大,其道德品行、言行举止直接影响着社会风气的好坏,特别是对青少年价值观的塑造产生重要影响,应当在践行社会主义核心价值观、守法敬业方面树立良好社会形象。"2022年以来,主管部门相继发布《关于进一步规范播音员主持人职业行为和社会活动管理的意见》《网络主播行为规范》等文件,进一步明确广播电视和网络视听行业从业人员应遵循的基本规则,引导从业人员树立遵法崇德尚艺的良好风气。"① 作为一名新时代的新闻人,作为一名播音员主持人,应当珍惜手中的话筒,那是党和人民所赋予的传播利器,唯有时刻谨记"心中有信仰、眼里有光亮、脚下要有泥土",才能听到大地的回响,才能发出时代的强音。

第二,职业精神和职业道德。

国家广播电视总局在2004年12月颁布的《中国广播电视播音员主持人职业道德准则》要求:"广播电视播音员主持人应保持谦虚谨慎的良好品格,自觉追求德艺双馨;在工作中和生活中保持良好的仪表和文明举止,自尊自爱,树立良好形象,维护媒体公信力;规范使用语言文字,维护国家语言文字的

---

① 国家广播电视总局:《关于进一步规范播音员主持人职业行为和社会活动管理的意见》,2022年1月26日,https://finance.sina.com.cn/china/2022-01-26/doc-ikyammz7532523.shtml。

纯洁。同时规定,播音员主持人不得将自己的名字、声音、形象用于任何带有商业目的的文章、图片及音像制品中。"

2022 年 4 月 19 日,国家广电总局召开"播音员主持人工作座谈会"。会议以"忠诚于党、明德敬业"为主题,部署推进加强播音员主持人队伍建设和管理工作。会议强调,播音员主持人要与正道同向,坚持明德敬业,做清风正气的引领者。要自觉践行社会主义核心价值观,讲品位、讲格调、讲责任,反对低俗、庸俗、媚俗。要把职业道德作为立身之本,不断提升职业道德水平,坚持正确的义利观,加强思想自律和行为约束,看淡名利,抵制诱惑,净化"交际圈""朋友圈",遵守法律法规,遵循公序良俗,严守底线,不碰红线。要大力弘扬文明风尚,履行社会责任,努力做到言为士则、行为规范,激励人们向上向善。会议强调,播音员主持人要与时代同行,坚持人民至上,做人民史诗的讴歌者。要坚持以人民为中心的工作导向,坚守人民情怀,深化"脚力、眼力、脑力、笔力"教育实践,经常走出演播室、直播间,拜人民为师,向人民学习。要跟上时代,主动识变、科学应变、创新求变,努力成为"复合型""全媒化"人才。要顺应媒体融合发展大势,坚持规范与发展并重,教育引导播音员主持人熟悉网络传播规律,增强网络舆情意识,做网络空间正能量的传播者。会议要求,各级广播电视行政部门要履行好规范监督职责,努力营造良好行业生态,为播音员主持人队伍的健康发展提供有力保障。各播出机构要落实好培育管理责任,切实担负起主体责任,做好播音员主持人执业资格注册、信息发布规范、社会活动管理、教育培训考核等工作。各行业组织要发挥好倡导自律作用,落实教育引导责任,建立常态化培训机制,加强对播音员主持人的思想品德、职业道德、社会公德教育,引导广大从业人员为公众树立好榜样,推动形成良好行业风气。

对于主持人来说,在屏幕上反映的形象并不完全是自己的个人形象,而是带有职业属性与特征的媒体形象,应当体现出符合公共道德标准的形象特征。面对不同生活方式、不同生命追求,面对公共利益与私人利益,面对金钱物欲、多元文化、道德、诚信等方面对传统观念的冲击或矛盾,主持人应当自觉做出体现符合社会发展总体价值目标的判断与选择。

主持人应该具有敬业爱岗的工作态度、严谨细致的工作作风、进取创新的精神追求,要有"语不惊人死不休"的工作标准。只有这样才能为观众奉献更多的精品力作,才能实现自己的生命价值,为社会留下宝贵的精神财富。2022年3月28日,国家广播电视总局发布首届中国播音主持"金声奖"评选结果公示,这是经过中央批准,我国播音主持领域设立的政府奖,经过初评、复评和终评,评选出优秀广播播音员主持人、优秀电视播音员主持人各10名。

获得首届中国播音主持"金声奖"的《中国之声》主持人赵梦娇(林溪)回忆:"小时候每天清晨听到'洞晓天下人和事,扬清激浊传正声'这句话时,就是要起床了。母亲为了督促我按时起床,总会打开广播里的《中国之声》,收音机里传出来的这句话对于一个充满起床气的小学生来说是晦涩难懂的,没想到多年后,我也成了在广播中叫别人起床的人。如今,每天清晨六点半的《新闻和报纸摘要》节目伴随着《歌唱祖国》的雄壮乐声一唱天下白,每一次熟悉的《中国之声》开始曲响起,于我,就是直播开始的信号,就是吹响战斗的号角。端坐主播台、检查工作站、戴上耳机、调整话筒,开麦说话。有人形容,广播主持人是'八爪鱼',因为我们不仅要准确生动地播报新闻内容,还要在工作站点录音、垫乐、广告,在调音台推起话筒和记者连线,以及米秒不差的倒推出节目剩余时间。一系列行云流水的动作背后,是数年如一日的热忱,是一秒都不敢大意的坚持,是已形成的反复确认、反复斟酌的习惯。因为每一次开口,都是新的,每一位听众,都值得守护——安全播出大于天,这就是我们平凡又神圣的职责。这种责任感不是与生俱来的,而是在话筒前坐得越久,体会越深刻。党和国家大政方针的权威报道、快速反应的突发事件、针砭时弊的快评点评、温暖动人的人物特写,所有的信息和数字不是简单地照本宣科,而是对新闻事件的深入把控和准确解读,通过自己的思考传递新闻事件的关键内容,才能让新闻'像水一样'流进听众的心里。成为新闻主播的这十几年,和新闻共生已经成为一种习惯,时时关注新闻、理解新闻背后的故事、寻找新闻核心的人和情感,每一个重音、停连,甚至呼吸都是积淀后的精准。身在直播间,心有大世界,因为一字一句总关情。这情,是国情、社情、民情,是每当有大事,就听《中国之声》的那份信任。"①

优秀主持人的敬业不是一天两天、一次两次的"表现",而是一以贯之、自觉的工作态度和行为习惯。随着主持人在节目创作中介入程度的深入,主持人的创新精神和创新能力显得格外重要,比如白岩松对新闻评论类主持人节目内容和形态的创新,使他成为央视新闻频道的核心竞争力之一。上海电视节目资深主持人曹可凡,在主持人节目发展的不同时期总能立于节目改革的潮头,主持过访谈、谈话、综艺各类节目,当娱乐节目大行其道、风光红火之时,他向那些对闪烁着中华文化光辉却被商业化冷落的文化人表示极大的关注和热情,开创了《可凡倾听》这样高品位的电视专访节目。

加强团结协作的团队合作精神,需要主持人做到以下四个方面:一是摆正自己在团队中的位置;二是正确评价自己在团队中的作用,学会尊重他人的劳动;三是理智地对待名与利;四是保持与团队良好的合作关系。敬一丹无论当初在《经济半小时》,还是《一丹话题》,还是后来的《东方时空》《焦点访谈》《直播中国》《声音》,她勤奋真诚,与团队成员的默契配合,赢得团队的信任和尊重。

荣获中国广播电视"金声奖",沈阳广电总台主持人佟鑫(大麦)认为:"相比于播音员主持人,更习惯称自己是声音工作者。一直在走的一条路,就是踏踏实实做好声音工作,在传统的广播和电视节目基础上,逐渐破圈,从主流广播剧作品,再到小说剧,并进入网络平台。看似简单的每一步,都需要踏

---

① 赵梦娇(林溪):"洞晓天下人和事,扬清激浊传正声",广电视界公众号,2022 年 8 月 13 日。收录本书时,略有改动。

实和坚守,需要坚定地在团队中做好自己,与团队不断前进。"① 所以,在佟鑫名字的背后,有着一个全国顶尖的团队——沈阳广播电视台原创事业部,从2009年开始全流程生产广播剧、有声书、小说剧、舞台剧、全媒体直播等200多部、1000多集,集中产生了一大批国内顶尖人才,形成策划、监制、编剧、导演、演播、音乐创作、录制合成等全工种、阵容齐整、适应新时代传播需求的独特一条龙精品原创团队,获得"中宣部五个一工程奖"、中国广播影视大奖等国家级及省级一等奖以上大奖50余项。

(二)广博的文化素质

所谓狭义的文化素质,一般是指某个人所掌握的以书本为载体的文化知识,广义的文化素质则泛指人们在文化方面所具有的较为稳定的、内在的基本品质,表明人们在这些知识及与之相适应的能力行为、情感个性等方面特点,主持人的文化素质构成包括以下几个方面。

知识结构就是指主持人所掌握的知识的组合构架情况,从主持人的工作现实来看,一个合格的主持人其知识结构包括三方面的内容,第一,基础知识,主要指文、史、哲等基本知识。第二,百科知识,指包罗万象的常识,这种知识不限于一两个领域或专业,而是社会生活中无所不及的常识,如天文、地理、生物、化学等。第三,专业知识,由两部分组成,一部分是主持人作为新闻传播者所应具备的新闻传播学的基础理论,另一部分是主持人所面对的报道和主持领域所要求具备的专业知识。对于一个主持人来说,智力性因素更能增加受尊敬的程度。"学历与经历同样重要",丰富生活阅历成了主持人必备的一项文化素质。由于本身工作的繁重与压力,主持人要主动学习和随机学习,主持人处在社会前沿的大众传播媒介的最前沿,每时每刻都可能面临着社会各个方面的最新变化和情况,需要对许多新问题作出反应、分析和解释,

---

① 佟鑫(大麦):"守正创新,拿作品说话——新时代下的声音工作者",广电视界公众号,2022年8月14日。

与此同时,现代传播媒介技术也要求主持人不断掌握更新传播技能,学习能力是主持人文化素质中不可缺少的一项重要素质。

(三)精湛的职业素质

职业素质,是人们对于从事某项工作和开展某项活动,所需要能力或品质的具体内涵以及由此产生的心态,节目主持人这一行业对其从业者所提出的职业素质要求至少应包括以下三个方面。

第一,思维素质。

敏锐的发现力是思维素质首要的组成部分,新闻节目主持人不仅能够在节目的现场发现有价值的新闻点,善于发现和提出新的问题,在生活中发现重要的新闻线索,也可以形成有价值的新闻选题。"敬一丹在中宣部新闻局做干部交流时,因为离西单图书大厦工地很近,中午有空总是出去溜达溜达。她注意到了午饭后蹲在工地上的一群工友们,于是忍不住走过去和他们聊了起来,她询问那些人有空儿看电影吗? 工人师傅们说虽然首都电影院就在马路对面,但一张电影票的价格对他们来说却是太贵了。敬一丹听到这样的回答时,她的脑子里立刻就想,他们盖的是图书大厦,但是和城市的文化却有相当的距离。敬一丹很有感触,回来之后就做了一期节目,她敏感地捕捉到了流动人口需要精神文化生活这样一个颇具有新闻价值的话题。"①优秀节目主持人所具备的敏锐观察力,体现不同寻常的智慧和反思,赢得观众的信任和喜爱。

此外,思维素质包括发散思维,即由一点向四周散开,从多个角度、多个层面去认识、分析问题。作为一种寻求多种答案的思维品质,通过对已有的知识和已获得的信息或形象进行加工制作,不受过去知识的束缚,不受已有经验的影响,从各个不同的甚至是不合常规的思路去思考问题,比如运用横向思维法、纵向思维法、逆向思维法、分合思维法、颠倒思维法、质疑思维等,通过主

---

① 吴郁、李金荣等:《电视节目主持人的综合素质研究》,中国广播电视出版社 2007 年版,第51 页。

持人对自己已有知识和形象的延伸、扩展乃至颠覆,产生全新的智慧火花,从这个意义上来说,思维发散力又无疑是主持人创造力和展现个性的基础。

"深刻的思辨力,电视主持人在实际的传播工作中,不仅要对海量的信息进行处理,在这些信息中选择、组合、提炼出那些有传播价值的信息,在受众面对汹涌而至的意见性信息时,能够对之进行有效的引导,需要主持人有较为深刻的思辨力,要求主持人的思维品质不仅具备应有的速度,还必须具备较强的广度和深度,能够从某个独特的角度上为受众提供富有见解的意见信息。"[1]

第二,语言素质。

语言品质作为主持人的一项重要职业素质,大体上包含以下内容:使用普通话。国家广电总局在 2004 年 5 月发布的《广播影视加强和改进未成年人思想实施方案》中再一次明确要求:"除特殊需要外,节目主持人必须使用普通话,不要以追求时尚为由,在普通话中夹杂外文,不要模仿港台方言用语的表达方式和发音。"

主持人说话必须具体、形象,必须善于通俗易懂、深入浅出地进行语言传播,而不能超出受众所能够理解的范畴,对于广播电视节目主持人来讲,由于在很大程度上要借助于有声语言作为传播信息的载体,故而主持人有声语言的表现力、感染力十分重要。造成主持人语言不生动、缺乏吸引力的主要原因是主持人的语调平淡、缺乏激情,语言空洞、形象不够,以及主持人的语言呆板沉闷、缺少鲜活、迟钝木讷、不够机智等。在撰写主持人节目稿件时要追求简单明了,要让人一听就明白,不要使用那些文绉绉的、生涩难懂、令人容易产生歧义的语言。

第三,亲和力素质。

"亲和力,就是主持人身上总体散发出来的令人愿意亲近、不感到紧张

---

① 吴郁、李金荣等:《电视节目主持人的综合素质研究》,中国广播电视出版社 2007 年版,第52 页。

和距离、易产生信赖感的特殊品质。主要包括三个方面,首先,主持人言谈举止、待人接物中自然体现出的真诚,以及对受众的尊重,包括主持人性格中的随和、包容的吸引力。其次,是主持人在节目中表达出来的是非判断、情感倾向、与观众在社会公共价值判断的一致性程度的凝聚力。最后,主持人传播方式、传播态度为观众喜闻乐见的感染力。这三个方面的凝聚力、感染力的契合程度高,亲和力就强。"①《中国之声》主持人赵梦娇(林溪)认为:"声音的世界群星闪耀,播音要玩儿真的,要用真实的感情对待每一篇稿件,要真正感觉到'播音不是演戏,只有一个真字',前辈们真诚朴实的话语镌刻在话筒里,也始终律动在我心上。在这个千帆竞发、百舸争流的新媒体时代,声音的边界该怎样拓展? 总台成立后的首次融合之举就是《新闻和报纸摘要》节目的播音员为央视《新闻联播》配音,这是'唯二'两档向全国范围转播的新闻节目。我也有幸加入这个团队,融合是学习,更是找寻播音中的变与不变。变化在于适当加快语速,更加贴合画面,始终不变的是沉稳大气的音色、是准确鲜活的表达,更是联播'字字千钧、秒秒政治、天天考试'的高标准严要求。不仅有广播电视的强强联手,更重要的是融媒时代优质资源的整合和个人能力的全面提升。2020 年、2021 年我和央视主播跨屏跨年,发布当年'难忘的中国之声',用声音梳理这一年的难忘声音成为每年跨年的'固定节目'。'人民广播八十年'我还和 B 站 UP 主 PK 了一番来介绍广播生活……如今再做节目,广播央视频直播、跨屏互动、新媒体直播成为常态,锤炼十八般武艺,让自己更接地气、更有活力地去拥抱媒体环境的迅猛变化。百花齐放的全媒体环境中,守正依然是定海神针。不断打磨声音气质,追求大气、庄重、亲和、自然的播音风格,也是感知时代进步,寻找'未来之声'灵动活泼的话语体系和表达方式。"②

---

① 吴郁:《当代广播电视播音主持》,复旦大学出版社 2005 年版,第 85 页。

② 赵梦娇(林溪):"洞晓天下人和事,扬清激浊传正声",广电视界公众号,2022 年 8 月 13 日。

(四)职业传播素质

现场掌控能力是主持人职业传播素质的核心,首先是对节目意图、氛围、进程的驾驭和控制,其次是对节目现场突发局面的驾驭控制。由于广播电视传播活动具有线性、瞬时性传播的特点,且往往是在一个规定的时间段内进行,所以广播电视主持人尤其需要驾驭和控制节目或传播活动的进程。这种控制既体现在主持人根据时间情况随时调整节目的内容和进度,也体现在对现场嘉宾和观众的激发与调度上,还反映主持人对突发情况的控制和应变,这种应变极可能是对一次意外事故的即刻应对,也可能是一次尴尬局面的巧妙破解,或者是一次临时的补台,总之是对一切意想不到情况的从容应变。

湖北广播电视台主持人柳芳是一名广播早高峰新闻节目的主持人,"上了 12 年早晚班,每周有 4 天,需要清晨 6 点到岗。我还是一名深度报道记者,这些年我爬过抗洪一线最危险的洪湖大堤,记录过走村串户的扶贫故事,蹲点过疫情严重的社区。这些年,采编播合一的工作经历让我对党委政府的大政方针有了更深刻的理解,对国计民生有了更全面的观察与思考,也让我在主持节目时更加言之有理、有物、有情。"[①]

(五)过硬的身心素质

主持人的外形常常成为观众在一般情况下首先挑剔的因素。从这一点上说,要成为一个受人喜欢的主持人首先应该在外部条件上具有吸引力,即首先要身心健康,其次在相貌和声音等方面具备一定的条件,能够达到某种赏心悦目的程度。另外,主持人的礼仪也是非常重要的,标准站姿是脊椎、后背挺直,胸略向前上方挺起、收腹,精神饱满、气息下沉、两肩放松、手臂自然下垂,行走时应抬头,两臂自然前后摆动,脚步轻而稳,目光自然,不东张西望,

---

① 柳芳:"与党同心与民同行,传播时代强音",广电视界公众号,2022 年 8 月 18 日。收录本书时,略有改动。

走上舞台男主持人应步伐稳健有力,女主持人应该步伐轻盈,仪态表现为从容、轻松、端庄大方。

主持人的心理素质集中于"兴趣广泛、热爱主持""意志坚定、承受力强""态度真诚、为人正直""性格开朗、积极热情""反应机敏、思维活跃""果敢镇定、临场不乱"等几个方面。[①]

海南广电总台主持人孙聪认为:"只有始终坚持先成为了好记者,才能成为好的主持人,一定不能放下的就是走出去采访。尽管在抗击台风的采访中,大雨浸泡弄坏了两部手机。尽管冒着零下30摄氏度的严寒依然跟随着环卫工人连续工作24小时冻伤了耳朵;尽管阻力、危险重重,我依然拿起暗访的录音笔记录下了新闻采访事件全过程……有人问我,你不怕吗?我怕是后怕,但当时没想那么多,只想着冲到前面才能挖掘到听众最想听的、最动情的新闻事件,我在话筒前说话才更有力量,更知道听众想要什么。"[②]

图 3-1　主持人综合素质构成

总之,主持人的综合素质是一个动态的概念,这主要体现在三个层面:

① 吴郁、李金荣等:《电视节目主持人的综合素质构成》,中国广播电视出版社,2007年版,第68页。

② 孙聪:"走出去、沉下心、让脚上沾满泥土",广电视界公众号,2022年8月17日。收录本书时,略有改动。

"第一,主持人个体的综合素质也存在动态变化。素质中固然有一些先天的不可改变的因素,但从总体上来说是可以改变的,主持人一方面可以在实际的工作中,在理论的指导下,克服自身某些不适应或不符合主持传播规律的素质因素;另一方面则可以弥补和改善自身素质构成的不足与缺陷,以达到主持人工作的全面要求。既然个人素质是可以不断发展和变化的,那么其在向良性的积极的方向发展的同时,就存在向相反方向发展的可能,因此,主持人的综合素质在发展的进程中同样可能会出现某些异化的情况。第二,由于素质的动态发展不仅是主持人自身活动的结果,同时亦会受到许多外部因素的影响和制约,如主持人工作团队的理念,业务水平及氛围,对于主持人参与节目创作意识,以及编导、摄像等其他同事的支持程度,所在栏目为发挥主持人的作用所提供的平台,负责人对主持人使用及发展的重视程度等,这些都是我们在看待主持人的综合素质时必须考虑的问题。第三,节目主持人综合素质构成体系有动态的变化。社会、时代的发展变化会对主持人的素质提出新的期望和要求,整个传媒市场的变化会对主持人的素质提出新的挑战和标准。时代的前进,科技的进步,传播环节的变化,主持人节目类型的发展和节目形态的丰富,主持人的功能、作用都会有所不同,而这些与主持人息息相关的客观需求的变动,自然而然会影响主持人综合素质的构成维度。"①

全媒体语境下主持人的语言组织和表达能力,以及出镜条件是一个基础素质前提,起重要决定作用的依然是主持人的内在品质,包括思想素质、文化素质、职业素质和身心素质。随着全媒体的不断发展,"全程、全息、全员、全效"的媒体格局和传播方式发生深刻变化,播音主持工作面临新的挑战,对主持人的专业素质和创新能力要求将越来越高,对主持人在节目现场的信息处理和评论能力将成为关键要求,主持人的个性化传播将日益彰显,主持人坚定的政治思想素质,超凡的人格魅力在综合素质中的核心地位将更加突出。

---

① 吴郁、李金荣等:《电视节目主持人的综合素质构成》,中国广播电视出版社 2007 年版,第78 页。

拓展阅读：央视历年主持人大赛回顾

CCTV 电视节目主持人大赛（中央电视台电视节目主持人大赛），已成为中国主持界最高规格的比赛、竞争最激烈的大赛，诞生了众多优秀的主持人。1988 年，中国的电视荧屏迎来了第一届 CCTV 电视节目主持人大赛，又名第一届"如意杯"主持人大赛，该节目也是电视节目史上主持人大赛的先河，程前、鞠萍、张泽群获得金奖。在此之后 1995 年、2000 年、2004 年、2007 年、2011 年，《主持人大赛》节目中脱颖而出了一批业务素质颇高，广受观众认可和喜欢的主持人，比如：王志、曹可凡、撒贝宁、刘芳菲、胡蝶等。

央视《主持人大赛》是央视的传统综艺节目，与其他综艺节目的制作周期存在较大的差别，时间周期存在较长的空档期，一是为了保证主持人大赛的杰出水准，二是因为主持人在专业的成长与造诣，都必须历经阶段性的充分磨炼。历史地看，央视节目主持人大赛不是一成不变的，事实上一直处于变革与创新之中，其中既有社会文化和传媒技术变迁的背景，也体现节目的编导团队不断推陈出新的追求。从电视栏目化时代、电视频道专业化时代、媒介融合时代、全媒体时代，央视主持人大赛的内在模式由一系列的理念、程序、规则等构成，"是模式生发审美空间和艺术创造的内在张力，节目形态的外在指向性由时代精神、价值取向、生活变迁等构成，是实现模式与时代同行、与社会同步的外在动力。成功的节目模式，既遵循着既定模式的内在规定性，又随时调整模式的内在因素，以适应外在的新变化"。①

一、电视栏目化时代

自 1988 年中央电视台举办第一届"如意杯"电视节目主持人大赛以来，为中国电视主持人队伍贡献了众多优秀主持人。20 世纪 80 年代，我国电视处于节目化时代，而主持人的发展正处于萌芽和探索阶段。当时《话说长江》《丝绸之路》等大型节目在社会上轰动一时，尤其是节目中陈铎、虹云的出色

---

① 胡智锋：《电视节目策划学》，复旦大学出版社 2020 年版，第 101 页。

解说给观众留下了深刻的印象。1988 年中央电视台举办了第一届"如意杯"电视节目主持人大赛,推出了一批专题节目主持人,如鞠萍、程前、高丽萍等。第一届"如意杯"电视节目主持人大赛中,央视通过和地方电视台的合作,评选出中国电视行业内部的业余"十佳"主持人和专业"十佳"主持人。在这 20 名优胜者中,有大学学历的只有 3 人,有记者经历的只有 1 人,有播音员经历的有 6 人,前 5 名选手都有过播音员经历。

20 世纪 90 年代初期,《东方时空》《焦点访谈》等一批优秀栏目发展迅速,中国电视进入栏目化时期,主持人成为栏目的重要组成部分。

1995—1996 年,中央电视台举办了第二届"金士明杯"电视节目主持人大赛,这届比赛分为新闻类、社教类、综艺类、少儿类四大类,参赛选手分类进行比赛。1995 年,第二届 CCTV 电视节目主持人大赛金奖获得者是张小琴、王志、袁鸣、周洲。

划分主持人类别有利于电视节目类型的细化和深化发展,有利于节目主持人风格的形成,本届比赛采用的是"展播 + 观众评委投票 + 笔试面试"的模式,先由 218 名参赛者提交规定时间内的录像带,经过观众和专家评委的投票评判甄选出 39 位选手,将这 39 位选手的节目进行展播,并再次筛选出新闻类、社教类、综艺类、少儿类四大类各 5 名选手进入决赛,决赛则分为笔试和面试。笔试要求选手在 150 分钟内,按各类不同的要求分别构想出一个新栏目。面试要求选手在现场观看 10 段左右节目素材后,准备两个小时左右的时间,按相关主题重新编排、组织成一档完整的电视主持人节目,并现场回答评委就节目提出的问题,这些环节较为精准地考核了主持人的采编播能力以及对节目的组织驾驭能力和现场反应能力。

2000—2001 年,中央电视台举办了第三届"荣士达杯"电视节目主持人大赛,制定了"探索先进的主持理念,发掘个性化电视主持"的宗旨,提出主持人向个性化方向发展的要求。最终,撒贝宁、沈冰、陈伟鸿等优秀选手脱颖而出。第三届"荣士达杯"电视节目主持人大赛采用了"笔试 + 面试 + 复试 + 展播＋评委观众两次投票结合"的模式。在决赛中,参赛选手以"实习主持"的身份亮相,采用的做法即本届复赛胜出的选手到"央视"栏目参与实习主持,通过评委的建议和选手与各栏目的双向选择,确定实习主持的具体栏目,然后制作一期 25 分钟的主持人节目进行展播,展现自己的"主持能力",最后由专家及观众进行评判,决定他们本次大赛的最终名次。2000 年第三届"荣事达杯"主持人大赛的举办,为撒贝宁、陈伟鸿等优秀选手提供了展示自我的精彩机会,他们也因此脱颖而出。

二、电视频道专业化时代

进入 21 世纪以来,中央电视台已逐步创建了新闻、经济、综艺、电影、体育、科教、戏曲等十多个专业频道,电视频道专业化是电视媒体根据受众的市场规模和特定需求,以频道作为单位进行内容定位,使得节目内容和频道格调能够满足特定领域受众的需求。具体到栏目的类型,通常以内容为视角,按照新闻、教育、文艺、公共服务等分为四大类。

2003—2004 年,中央电视台举办了第四届"夏新杯"电视节目主持人大赛,以"为时代创造精彩,为梦想构建舞台"为口号,以"超越自我,展示精华"为宗旨,来自全国 1000 多名选手在经过了笔试、面试、复赛等若干环节后,共有 36 名选手进入决赛。最终,包捷获得冠军,李晓东、管旭、盛时获得大赛银奖,这一届的大赛强调主持人要"专而精",也就是选拔和培养主持人领域里的专才,大赛分为初赛、复赛、决赛 3 个阶段,决赛分 6 场,采用现场评比的形式,选手既要现场展示之前制作完成的展播节目接受考评,还要接受专家评委的现场提问,同时选手将随机抽取并回答场外观众通过热线电话提出的问题,决赛选手的最后总分由专家打分和观众投票相结合产生,

2007 年中央电视台举办了第五届"白象杯"电视节目主持人大赛。本届大赛强调主持人首先是新闻从业人员,将社会主义新闻观纳入考核重点,突出"和谐社会,文明中国"的时代主题。本届大赛的考题紧贴我国近年来的热点新闻人物与新闻事件,考察选手的新闻敏感度和新闻报道的能力,比赛的

内容策划、设计围绕主持人在做节目时碰到的各种问题,与主持人的实际工作非常贴近。

第五届"白象杯"电视节目主持人大赛采用全新的"考试环节+附加环节"赛制,其中附加环节为固定不变的"自我介绍"和"为我加油"两部分,"自我介绍"即选手亮相环节,"为我加油"则是成绩靠后、濒临淘汰的选手进行自我展示、拉票的环节。总决赛则分"特别开场""同题争鸣""巅峰考问"3个环节。"特别开场"要求选手根据一篇电视新闻报道,设计一段演播室主持人开场白,由此考核选手的语言组织与概括能力。"同题争鸣"环节中,两名选手就一个题材阐述各自的观点,考察选手的知识积累、文化素养和语言表达能力。最后的"巅峰考问"环节中,选手们将从现场给出的一系列诸如"责任""个性""口才"等主持人必备素质的关键词中,挑选出自己认为最重要的3个,并说明理由以考核选手对主持人自身素质的选择和理解。在比赛形式上,2007年以前最初不仅有面试、初试、复赛等环节,还有笔试,对参赛主持人的文化素养也提出了更高的要求,对于参赛选手各方面考察较为严格,不仅要求参赛的主持人具备良好的即兴表达能力,同时对于播音主持基础理论知识也需要有扎实的积累。2007年《主持人大赛》在节目环节设置上进行了首次尝试创新,在比赛形式、评委设置等多个方面进行了变化,进一步加大了参赛的主持人个性展示的空间,让选手们可以在最短的时间内,将自己最大的亮点和特色风格展示给评委和观众,最终,来自北京电视台的胡蝶脱颖而出获得金奖。这届主持人大赛的创新和突破,得到了播音主持业内专家及广大观众朋友们的一致好评,也使该节目成为很多播音员、主持人、主持爱好者,乃至相关专业的学生们努力学习的榜样和典范。

第五届央视主持人大赛的专家评委组由沈力、张颂、姚喜双等传媒界专家组成的评委组和由赵忠祥、李瑞英、敬一丹、白岩松、王志等50位央视名嘴组成的评审团两部分构成。本届评委不仅在比赛中对选手表现进行点评,同时也作为"连线嘉宾"参与选手的比赛环节中,与选手进行节目策划、创新等各方面的面对面交流。总决赛评委分为专家评委组、主持人评审团、观众评审团三部分,对选手表现进行全方位的科学公正的评价。从本届大赛起,大赛组委会专门设计了一套具有法律约束力的《大赛评委手册》,为评委考核提供了统一、规范的标准和依据,提高了比赛的科学性和公正性。

三、媒介融合发展时代

2011年,中央电视台举办了第六届"艾诗缇杯"电视节目主持人大赛。当时,中央电视台正在筹建海外分台,并设立大批的海外记者站,很多节目在海外制作,很多主持人也有机会去海外工作。本届大赛提出了"提升国际传播能力、扩大国家台吸引力、构建高端交流平台、推出主持人新秀"这一宗旨,正是基于中央电视台国际传播能力建设这样的时代背景和需求,体现了中央电视台面向世界、面向未来的勇气和决心。第六届"艾诗缇杯"电视节目主持人大赛开通了大赛官方网页,同样采用网络注册、视频上传的报名方式。本届大赛报名人数有6068名,是历届最多的一次。参赛条件变化,选手素质越来越高。在第五届"白象杯"电视节目主持人大赛和第六届"艾诗缇杯"电视节目主持人大赛中,选手的参赛范围扩大到世界各地。大赛规定不仅仅在中国大陆地区和港澳台,还包括海外华人华侨,只要年龄在18—40岁("艾诗缇杯"年龄限制在18—50周岁)之间,无论职业,学历在本科以上的都可报名参加。

第六届央视主持人大赛在评委设置上更全面更科学,本届大赛评委由用人单位代表、各电视栏目著名主持人、资深媒体人、大学教授等组成,且每场比赛评委从专家评委库随机抽取决定,同时大赛每个阶段的评委数量都不一样,这样进一步保证了大赛的公平公正。在观众参与度方面,大赛设立了现场观众方阵,同时场外观众可以发送免费手机短信的方式和大赛取得交流,并有机会获得奖品。从以上可以看出,央视主持人大赛的评审机制发展越来越公正、科学,观众的参与度也越来越高,观众、参赛选手以及专家评委的良好互动逐渐形成,并得到了一步步的加强。这反映了当今媒体传播者的受众意识的增强,贴近生活、贴近大众成当今电视节目的主流追求,体现了"电视这种大众传播形式的宗旨———服务大众和电视媒体的专业性、艺术性充分结合。"[1] 本届大赛主持人王宁获得金奖,她曾先后在中央人民广播电台参与主创并主持《中国之声》《直播中国》等节目,其间播报了众多重大报道,并荣获"中国新闻奖"一等奖,中国广播电视新闻奖特等奖。

四、媒体社交平台化时代

以"共享、聚合、互动"为核心理念的媒体融合深刻影响着媒介生态格局,传统电视节目的编排依据的是时间的线性次序,但是媒体的社交平台化发展,通过大数据分析用户的使用习惯,算法推荐用户可能感兴趣的内容,"算法推荐"服务打破了栏目之间、频道之间的藩篱。由主持人引导节目内容的完整性受到拆解,由空间规则建构起来的视频新闻网页、其界面特征和视听感受与传统电视的时间特征大相径庭。传统电视节目的呈现策略是基于线性编排方式,而在移动互联网背景下,基于界面的呈现,由大数据主导的兴趣推荐的编排方式已经成为主流。

2019 年主持人大赛是中央广播电视总台成立后推出的首个电视大赛节目,由撒贝宁担任主持人,康辉、董卿担任点评嘉宾,敬一丹、鲁健、朱迅、俞虹、李洪岩等担任专业评审。2019 年 10 月 26 日起每周六 20:00 在中央电视台综合频道播出,于 2020 年 2 月 2 日收官,最终邹韵和蔡紫分获新闻类、文艺类金奖。2019 年央视《主持人大赛》被网友称为"王者归来""神仙打架"。正是因为参赛的选手在节目当中所表现的极高业务水平,不仅满足了大家对传统电视媒体的特别期待,更迎合了融媒体时代多元化的审美需求。参赛选手有来自各大卫视、地方台的当家主播,也有尚未走出校门、初出茅庐的播音生,也有非专业的"主持"爱好者。但无论身份如何,他们都以自己风格鲜明的主持特点,丰富立体的人格展现,用自己的智慧和魅力,征服着舞台和观众。

---

[1] 于松明、周亚凯:《绚丽多姿 与时俱进——中央电视台电视节目主持人大赛回眸》,《声屏世界》2013 年第 9 期。

2019年主持人大赛的比赛设置,也把对参赛"主持人"的考核压缩在最短的时间,给予考评最足的分量。分为新闻类和综艺类,选手上台后,先是3分钟的自我展示,紧接着是现场抽题进行90秒的即兴表达,形式是即兴评述或者即兴主持。新闻与文艺两类选手分别在各自组别进行比赛和晋级,每一期排名在最后三位的选手将被淘汰。评委设置上,除了以央视主持人康辉、董卿、敬一丹、鲁健、央视导演、著名节目制片人以及专业评委团队,还有400位大众评审,本次大众评审团队也是海纳百川,吸纳了各年龄层,各专业,不同层次的观众,同频共选,并现场有公证员对赛事全程进行公证。全方面地展现了受众群体的多样性,让舞台上的"主持人"们能充分地接受社会各层观众的检阅。

"观众在2019《主持人大赛》中,看到了电视节目主持人呈现出的丰富性、多样性、知识性和专业性。站在央视的舞台上,很多选手在三分钟的自我展示上,直观体现了主持人基本素质中的专业素质和政治素养,站在了社会和国家层面,以新闻事件、地方特色、主旋律为中心,用个性化的语言、丰富的经历和深刻的观点态度,以点代面的用'主持人'的身份进行着全面的解读和传播。"[①]

从《主持人大赛》可以看出,主持人必须具备热爱祖国、热爱人民的挚诚情怀,对美好生活的美好憧憬。另一方面,无论是在狂风骤雨的台风现场,还是危险重重的地震灾区,主持人都应具备不怕苦、不怕累的精神,媒介融合时代中,播音主持并不是一朝一夕就能够练就的,是一项需要高水平专业素养的职业。《主持人大赛》的顺利播出,不仅全面体现出了电视媒介的内容优势,更让播音员主持这一职业重获聚焦与认可。审视选手表现,"主持人大赛"真正实现了新闻有态度、文艺有温度的有声语言创作理想,建构了高质量的音声景观,让"职业"和"专业"再次成为播音主持的标志与要素。纵览赛事

---

① 吴超凡:《探析融媒体时代传统电视节目主持人业务素质——由2019央视〈主持人大赛〉带来的启示》,《传媒论坛》2020年第3期。

全貌,思想立意实现了对主流价值的精准把控,参赛选手展现了人格化传播的创新拓展,视听呈现借助了人工智能、虚拟现实、虚拟增强等技术的多维赋能。可以说,这不仅是一场播音主持传播的饕餮盛宴,更为播音主持艺术的未来发展提出了新要求、树立了新标杆。

2023年1月14日央视文艺在新浪微博发布总台文艺精品片单,"奋斗有我、新声绽放"。中央广播电视总台2023年主持人大赛作为中国主持界最高规格的权威赛事,将继续集中资源打造这一大型赛事的优质IP,在创新中传递时代强音,展现新生代主持人风采。在节目策划、制作与传播方面,总台主持人大赛正在步入"台+网+端"的多方融合阶段,充分利用现场直播、现场报道、微视频、动漫、MV、H5、VR等多种传播形态,传播党的声音,讲好中国故事,在思想艺术上获得更大的社会影响力,又能够在媒介品牌运营中受到欢迎的精品栏目,这是新时代主持人大赛策划和制作团队的不懈追求。

第二节　全媒体语境下主持人行业演化

在网络信息传播环境中,人们逐渐深度融入社交媒体,对传统广播电视的关注度逐渐削弱,人人都可以是信息的传播者,人人都可以是信息的接收者,同时人人也都可以是评论者,媒介融合是以人为核心的融合,"社交"与"关系",反映人们在新媒体平台的需求与活动的核心,传统广播电视主持人的转型,必须把用户及其社交需求、社交活动,作为重要因素来考虑。社交媒体平台对于传媒业市场影响的另一个层面,决定并支配用户的信息消费模式,从而改变了整个传媒产品的格局,不可避免重塑主持人的工作场域。

一、传统工作模式的重塑

曾经各种传统媒体是人们进入信息世界的入口,无论人们选择哪家报纸、哪个电视频道,这些入口都是公共化的。而今天的情况在发生变化,社会化平台型媒体的普及使人们进入信息世界的入口变得个性化甚至私人化,形成了每个人的个人门户。今天的互联网市场,人们的需求主要体现在三个层面:"内容、社交与服务,包含电子商务、在线娱乐、在线医疗、在线金融、在线教育等。社交是人们需求的基础,在某种意义上,社交入口的意义比内容入口的意义更为重要。"[1] 社会化媒体产品对于内容产品产生的意义是,它为内容产品聚集规模化用户,为内容产品凝聚和强化用户黏性,通过与服务产品的连接,为内容产品带来价值的增长和更多盈利模式。

(一)"1+N"多模态符号传播

全媒体语境下,传统的电视新闻播音员面临一定程度职业传播场域的转换,以适应"互联网+"背景下节目的创新形态。比如《主播说联播》栏目,作为短视频新闻评论栏目,选取的新闻多为近期发生的热点事件,从民生新闻到时事政治,涵盖了人们关注的国内国际热点问题,再由主播针对这一事件进行短评,不局限于演播室内传统单一的新闻播报,将图片、视频、音乐相结合,为节目注入强烈"网感"。

(二)运营个人社交媒体

社交媒体平台的广泛应用,使得大众传媒专业主持人的垄断地位受到很大程度的冲击。越来越多的政府机构和企业利用社会化媒体平台,在拥有信息的自主发布权的同时,也许有可能不再愿意对专业媒体完全开放自己的资源,甚至有可能成为专业媒体的竞争对手。以往专业的媒体与业余的个人以及非媒体机构之间,有着泾渭分明的界限,当今在社会化媒体应用的影响下,这些界限正在模糊,专业与业余之间的关系也变得更加复杂。比如,专业媒体 VS 业余的个人,专业媒体 VS 专业的个人,专业媒体 VS 专业的机构,这三

---

① 彭兰:《社会化媒体理论与实践解析》,中国人民大学出版社 2015 年版,第 39 页。

对专业与业余典型关系的变化,意味着主持人传统的工作模式与传播语态面临着显著的调整。例如,从朱广权花式口播、主播说联播到如今康辉的 Vlog,以主持人为核心的央视新闻走出了一条潮流化的道路。矩阵式的全媒体传播平台,富有感染力的内容引起观众很大的共鸣。

《见字如面》的主持人翟毓红,在个人博客中写下长文,以舞台上"小翟"的口吻与观众零距离对话。翟毓红这样评价自己在节目中的作用:"每个大咖都是一颗闪亮的珍珠,而主持人就是穿起项链的那根线……线断了,项链散了;项链美了,功成不必在我。"她在《见字如面》中的表现的确像一根柔韧、适度、得体的线,言谈自然得体、收放自如,既是节目的重要组成部分,又不喧宾夺主,好似启明星伴着皎洁的月亮,为每期读信的嘉宾预留了极大的发挥空间。"节目主持人逐渐建立起自我多重身份自觉,将自己作为一名特殊的观众来看待,这更有助于培养主持人对信息的选择与判断能力,从而有效提升电视文化节目的整体质量。"①

"随着移动终端的普及,准入门槛较低的'私域'短视频日渐受到社会用户关注,被前置的私人领域具有多样化、全景性、圈层化的特征,主播与用户通过某些共同关注的话题,通过算法推荐连接彼此,用户某一部分圈层化的需求得到满足。"②何谓"人设"?是主持人基于对平台属性、用户画像的研究之后,经过精心设计的一个故事人物。主持人"人设"必须契合平台调性,否则就难以引发大体量传播,这是主持人作为视频创作者首先要考虑的。

"人设"内容本身的价值是一切的基础,也是最强的"卖点",在此过程中主持人需要建立个人品牌意识,充分利用社会媒体的传播优势,创建鲜明的个人品牌并帮助用户识别"我是谁""我在做什么"。

---

① 杨紫玮:《全媒体语境下电视文化节目主持人的角色转换与职能嬗变》,《当代电视》2021 年第 10 期。

② 喻国明、张珂嘉:《重识主播:试论媒介化视域下主播符号内涵与影响力触达》,《中国出版》2021 年第 11 期。

此外,多种多样的智能主播以提供个性化服务的方式渗透到不同的生活场景、媒介场景中,像 AI 新闻主播、AI 语音广播、智能语音导航、智能音响等资讯型智能主播扮演着个性化定制私人助理的角色,提高了信息生产的效率,满足了用户多样化的信息需求。随着智能技术的普及,人工智能技术提供了"可言说"的离身可能性,智能主播将更多地应用到媒介融合的实践中,主持人的传统工作模式面临着人机共生的新场景。

二、主持人职业环境更迭

在电视节目逐渐主导人们娱乐方式的过程中,主持人也随之迎来黄金时代。从最早期选调播音员、面向社会招聘主持人,到记者担任主持人、培养专门的主持人才储备,棚内录影模式以及新生的节目形态,这都意味着主持人控场的作用尤为重要,想要取得较为理想的传播效果,电视综艺、大型晚会、专题节目都离不开优秀主持人。主持人的影响力越来越大,电视台就会更加注重对知名主持人的培养,知名主持人经过千锤百炼,凭借精湛专业水平成为电视台的一张名片。

传统电视节目中主持人总是担任着必要的角色,以一定的语言表达模式来衔接各个环节,推进节目进程、把控节目节奏,在节目中有较强的存在感。但是随着大量国外真人秀节目版权的引入,无主持人的真人秀节目开始进入人们的视野,并且大受欢迎。随着广播电视节目形态的不断创新,主持人的生存环境也发生了天翻地覆的变化,对于类似《极限挑战》《奔跑吧兄弟》这样以游戏环节串联的户外综艺以及《爸爸去哪儿》《向往的生活》《中餐厅》等旅行、体验、经营、情感等各类真人秀来说,主持人已经变得可有可无。

一部分"去主持人化"的节目以不可挡之势攻占卫视黄金档和互联网平台,综艺节目早已跳脱出《正大综艺》《开心辞典》以主持人为主导的时代,不需要常规主持人的节目越来越多,起用主持人的节目可能偏爱跨界主持人,"台柱子"不再具有超脱的竞争力,传统主持人舞台生存空间逐渐缩减,传统节目主持人的话语空间随着节目形态创新变迁而被淡化。以《向往的生活》为代表,在《向往的生活》中主持人似乎只是节目规则的宣读者和推动者,而节目中的"字幕"和"画外音"等节目要素,某种程度上削弱了主持人的主体地位。如今大多数的综艺节目以游戏作为节目的主体,舍弃了传统意义上的主持人,拍摄前除了游戏是提前设定外,其余内容均是未知和不确定的,结局的灵活性较强。在《歌手》节目中,作为每一季节目主持人,只需要按照既定的台本读出节目串词,由参与比赛的选手担任。第二季节目主持人用"报幕"的方式串联选手竞演,节目中全程没有专业主持人出现。只在公布结果的阶段,为了保证比赛结果的公平公正与权威,由节目的导演来出镜完成。节目中观众给予了非专业主持人更多的包容度,字正腔圆、流畅自然是主持人应该具备的专业素质,而非专业的主持人在舞台上的紧张、失误反而增加了节目的真实感,满足观众的娱乐需求。所以,由于电视节目的更新迭代与内在的演变规律,主持人的角色在节目形态嬗变中正在经历着各种挑战。

即使在访谈类节目中,传统主持人也不再成为焦点,访谈内容需要更加深度的挖掘,对主持人思辨能力和文化水平的要求较高,至于吐字归音和字正腔圆的要求,将不再成为对主持人的唯一考量,甚至记者、商界、文化界的知名人士都更容易给节目带来话题度和讨论点,也可能吸引更多流量。观众具有求新求变的心理特点,期待看到的不是千人一面的主持风格,反而更具个人魅力的节目引导者,具有丰富知识储备,鲜明个性化表达方式的非专业主持人更会受到欢迎。

三、跨界主持的多元趋势

在节目制作越发精良的行业背景下,观众更多关注于节目本身的创新模式、叙事逻辑和制作水准上,只要嘉宾、评委可以自成叙事体系,有没有主持人早已不太重要。从节目形态的角度来看,按照流程和台本进行的节目并不能满足观众的求新求变的需求,观众偏爱真实的、有戏剧性的趣味内容,这方面跨界主持人拥有更加明显的优势。《我是歌手》第三季中,作为主持人的古巨基连普通话都说不标准,甚至会念错台词,却出乎意料地让观众觉得更加真实。《最强大脑》主持人蒋昌建作为大学教授、节目策划人,主持节目的时候已近五十"知天命"的年龄,凭借丰厚的知识储备斩获大量人气。演员张国立先后主持了《演员的诞生》《国家宝藏》等热门综艺节目,成为这类与表演、传统文化相关节目的一大看点。

由沈阳广电台主播佟鑫(大麦)录制的小说剧《致命嫌疑》,入选了2020年度国家广播电视总局优秀网络视听作品名录,而且是全国全网入选的三部网络音频作品中唯一的红色主题。上线一个月杀入喜马拉雅广播剧新品榜冠军,全网点击量过千万。纪实小说剧《三十八军在朝鲜》,在纪念中国人民志愿军抗美援朝出国作战70周年大会的2020年10月23日推出,《三十八军在朝鲜》全网点击量两千余万,在蜻蜓FM平台热播榜排名前三,主旋律题材在海量的网络作品中堪称凤毛麟角,取得这样的成绩着实不易。佟鑫认为:"播音员主持人不要固定和限制自己的声音状态,也不要限制自己的岗位身份,不断地破圈和跨界,才能做新时代的声音工作者。他的破圈经历,也正是他守正创新的过程。十多年的传统新闻播音员工作,城市宣传片,各种大型专题片纪录片,只要是传统广电媒体的声音工作他都做过,这是他工作的守正,守住播音员的正,而对有声作品的演播和广播剧的演绎,也是创了主持人的新。播音员到广播剧演员这是一个跨界的过程,往往越出色的播音员越不容易破圈,播音范儿播音腔往往会破坏声音表演的自然,这是两个不同的行当,很幸运的是,这两个行当他几乎同时在做,而且都在坚持,他觉得在新时代下我们所做的一切,都是为了推出更多更好的优秀作品而服务,把主流作品推向网络平台推向市场,这就是守正创新。守住声音的正,创出新的更优秀的作品。"[1]

---

① 佟鑫(大麦):"守正创新,拿作品说话——新时代下的声音工作者",广电视界公众号,2022年8月14日。收录本书时,略有改动。

四、仿真虚拟主持人应用

仿真虚拟主持人,是指结合人工智能与三维虚拟形象技术,通过广播、网络等通信传媒与用户形成交互的仿真人形象,虽然具有主持人的功能和作用,却没有真实主持人的现实生活体验,所以被称为仿真虚拟主持人。2001年英国诞生世界首位仿真虚拟主持人"阿娜诺娃(Ananova)",此后日本推出寺井有纪(Yu ki)、美国推出了薇薇安(Vivian),仿真虚拟主持人由此进入公众视野。

(一)我国虚拟主持人发展简况

自 2000 年 11 月开始,在国内电视屏幕上正式出镜的仿真虚拟主持人,是《科技新闻周刊》的男主持人——"比尔·邓",第一期《科技新闻周刊》曾在全国 7 家电视台播出,很多观众都希望他的形象应该更具有中国人的特点,于是有关方面决定通过互联网为"比尔·邓"征集新名字及新形象。在广大网民的参与下,主办单位很快从投稿中筛选出 5 件候选作品,"言东方"的得票率达到了 31.5%,远远超过其余 4 个,"言东方"成为比尔·邓的新名字。关于"言东方"这个名字,"言"有讲、主持的意思,"东方"是因为中国在地球的东部,二者合起来就有"中国主持人"的意思了。

搜狗是 AI 合成主播的开创者,自 2018 年发布全球首个 AI 合成主播至今,已经发布主播雅妮、新小萌、新小浩、AI 气象主播杨丹丹,全球首个手语 AI 合成主播。2021 年 5 月 21 日,在全国瞩目的"两会"召开之际,搜狗联合新华社推出的全球首个 3D AI 合成主播"新小微",为全国观众带来最新的两会新闻资讯报道。基于搜狗人工智能核心技术"搜狗分身"打造的"新小微",拉开中国传媒行业全面进入智慧时代的序幕。3D AI 合成主播基于搜狗多模态建模技术,使用语音、图像、文本、3D 肌肉运动数据等多模态信息完成联合建模训练。在 AI 算法的驱动下,只需输入文本内容,"新小浩"就能根据语义实时播报新闻,表情唇动、肢体动作和语音表达高度契合、自然逼真。

作为科技创新的仿真虚拟主持人在新闻主持领域的应用得到了有关部门的大力支持。2021 年 10 月,国家广电总局发布的《广播电视和网络视听"十四五"科技发展规划》明确提出,推动仿真虚拟主持人广泛应用于新闻播报、天气预报、综艺科教等节目生产,创新节目形态,提高制播效率和智能化水平,要探索短视频主播、数字网红、直播带货等虚拟形象在节目互动环节中的应用,增加个性化和趣味性。2021 年"长三角之声"正式落地,首个由阿基米德智能语音虚拟主播系统制作的广播专栏《思创空间》,其间 AI 主播"长小姣"的运用,意味着"长三角之声"全媒体探索、实践的深化,人机协作推动"长三角之声"数字化转型升级,从"长小姣"新闻播报的生产流程来看,编辑与虚拟主播分工明确、携手合作,由编辑做好选题策划,提供文本内容,"长小姣"依托的智影平台提供素材和 AI 主播,通过合成、剪辑、审校并输出视频产品,最终"三审三校"之后发布。

(二)仿真虚拟主持人如何改变新闻传播业

首要的一点就是推动节目形态创新,提升智能化报道水平。作为科技创新的仿真虚拟主持人,基于智能语音合成技术,输入文字即可生成连贯播报的语音和画面。虚拟形象合成技术,也能有效提升节目制作效率及质量。一些新闻网站上的仿真虚拟主持人不仅能纠正多音字、背景音和音效,还拥有变速、数字纠错和韵律纠错等功能。

其次,仿真虚拟主持人还能实现瞬间穿越,克服时空限制,忽略特殊气候、交通、通信条件造成的困难,代替真人出镜,使采访报道更加安全可行、成本更低,高度拟人化形象使仿真虚拟主持人具有人格化魅力。早期的仿真虚拟主持人只是对真人进行模仿,往往以真人主播为原型。随着技术进步和艺术审美的影响,仿真虚拟主持人开始拥有自己独一无二的创意外形。从 2D 到 3D,再到超写实数字技术,仿真虚拟主持人的人物美化度逐渐趋于完善。

仿真虚拟主持人是二次元、粉丝文化和创新技术成功碰撞的产物,在短视频、综艺节目、直播带货中逐渐崭露头角,甚至成为虚拟偶像,坐拥庞大的流量热度和粉丝群体。仿真虚拟主持人拥有着得天独厚的优势,比如智能化、个性化、趣味化等,也不会像现实中的明星出现人设崩塌的危机。2022年全国"两会"和北京"冬奥会"期间,新华社、中央广播电视总台、科技日报社、工人日报社、长城新媒体集团等多家媒体借助仿真虚拟主持人播报新闻。这些仿真虚拟主持人不仅能语音播报,还可以根据内容匹配动作、表情,甚至能手语播报,为用户带来了全新的体验。

历经20多年发展,虚拟主播从外形到功能再到智能水平,都有了很大提升。例如,"云小朵"作为津云新媒体最新打造的一款基于动作捕捉系统设计的3D虚拟主播。"基于TOF定位技术,动作捕捉系统由数个红外发射器从不同角度发射红外光线,实现对目标身上传感器的监视和跟踪,同时结合骨骼解算方法完成动作捕捉。"[①] 因此,云小朵的动作、走位、表情,甚至连嘴唇的开合、眼神的变化,都非常自然流畅。在嘉宾交流环节的设计上,运用AR技术将真实世界信息和虚拟世界信息"无缝"集成,结合三维虚拟摄像机的运动属性,塑造了云小朵与虚拟演播室、嘉宾与云小朵之间空间关系的合理性及真实性,让网友摆脱时间、场所、道具方面的限制,得到超越现实的感官体验。在场景切换问题上,节目进行了技术延伸,利用MR技术在虚拟信息基础上叠加真实场景与人的"现实互动",实现了访谈内容、云小朵及嘉宾在不同外景空间的数字化展现。技术的创新给网友带来视觉新鲜感,打破了现实与虚拟相互交错、相互融合的认知,完成了新的突破。在板块环节的设计上,每一档访谈节目都使用了10余种特效技法,包括全息效果、数字化场景更替、虚拟连线效果等,给网友带来更多炫酷体验。

一直以来,关于机器能否取代人类的探讨从未停止。与早期人工控制或

---

① 刘雁军:《虚拟主播在全国两会报道中的创新应用——以津云新媒体〈云瞰京津冀〉系列访谈节目为例》,《新闻战线》2022年第4期。

提前制作的动画不同,仿真虚拟主持人披上了人类的外衣,人工智能技术也仿佛为仿真虚拟主持人注入了灵魂,仿真虚拟主持人是否会抢了真人主播的饭碗一时之间,成为行业讨论的焦点。总之,仿真虚拟主持人行业目前仍处于探索阶段,智能化水平仍待提高,某种意义上来说,仿真虚拟主持人是栏目品牌化建设的一个亮点,体现栏目内容本体回归的一种趋势。如果以仿真虚拟主持人之新奇特点来吸引受众,那么这种短视行为只会使得节目无法确立长久发展的目标与基础。所以,发挥仿真虚拟主持人的独特优势,由此增强栏目本身的内容特色,利用形式特色来打造品牌才应成为真正目标。

仿真虚拟主持人作为一个新兴事物,其应用范围的扩展、使用频率的提高是一个必然的趋势,在网络电视、交互电视时代具有明显的优势。伴随着硬件技术与传播理念的不断演进,仿真虚拟主持人在跨媒体使用等方面将会大有长进,终有一日,如同机器人必将走进未来的生活,主持人的工作业态将会展现全新的格局,它的价值绝不止于视频传播的产出,结合 AR、VR、物联网、区块链等技术,虚拟形象和虚拟资产将会产生实际价值并全面融入社会信息环境。

从诗歌机器人小冰、新华社 AI 主播到虚拟现实主持人、人工智能重现配音大师,5G 技术与人工智能、虚拟现实相结合形成了 AI 主播和虚拟主播,智能主持虽可以连续不断无误地工作,但缺乏主持传播的人格化和人际化。有学者研究指出:"AI 主播存有劳动异化的可能性,逐步取代视听内容的生产者与传播者的专业属性,让技术成为主宰,让人类成为附庸,间接破坏了播音主持创作的人文性与仪式性。同时,现阶段的技术局限使 AI 主播无法真正实现情景再现、内在语、对象感等内部技巧,难以灵活运用停连、重音、语气、节奏等外部技巧,导致有声语言链条深陷机械表达的断裂状态,直接消解了播音主持创作的权威性与思想性。"[1]虚拟主播在对内容的灵活处理、适应直播

---

[1]　王秋硕:《表征辨析与价值反思:播音主持艺术新现象透视》,《中国电视》2022 年第 1 期。

环境和受众情感交流、复杂创意过程方面,还远非能够彻底取代人类。技术对于播音主持业态是加持赋能的作用,而不是相互替代关系。虚拟主播形象逼真、语态鲜活、播报流畅,能很好地替代一些重复度高、创造性低的播报工作,媒体人从而能将更多精力投入创意策划与原创内容生产,这对提升媒体竞争力是很好的助力。

但是另一方面,情感性是播音主持艺术创作的内核之一,这是作为机器的仿真虚拟主播无法拥有的属性,需要指出的是,面对人机博弈的媒介现实,节目主持人理应在注重传播主体意识、深化思想内蕴,打造个人风格,与受众有效沟通方面,从而引领主流价值思想。总之,"构造人与智能机器协同演化、共同生长的生态系统,创建以人为本、人机系统、人机和谐的新型文明社会,才是直面异化风险理应采取的建设性行动。"① 未来 5G 的智能主播和真人主持传播一定是相互补充的,从而实现人机协同的美好愿景。

五、主持人直播带货出圈

主持人的行业肯定并不是处于式微末途,而是传媒环境的更迭给这个行业带来了更多可能性,换个角度想,也正是因为主持人本身能说会道、妙语连珠,有好的形象和屏幕表现力,才带来了更多的出圈机会。曾任央视主持人马东创办米未传媒并出任 CEO,率团队打造出了《奇葩说》《饭局的诱惑》《乐队的夏天》等一系列热门综艺。

湖南娱乐频道的 MCN 机构打造的"张丹丹的育儿经"、河北广电 MCN打造的"阿宝育儿经"等账号,在知识付费、直播带货上都实现了经营收入。2020 年以来,电视媒体主持人联手网络主播开展的直播带货活动,引发社会各界的广泛关注。虽然电视媒体一直通过细分目标受众、丰富节目类型等尝试增加对年轻人的吸引力,但是由于其传播特点的限制,收效甚微。电视媒

---

① 孙伟平:《人工智能与人的"新异化"》,《中国社会科学》2020 年第 12 期。

体主持人与新媒体主持人联手开展直播带货,无疑为寻找电视和互联网覆盖人群的"最大公约数"提供了一个前所未有的契机,是拓展相关媒体平台传播覆盖面的有益尝试。河北广电 MCN 机构整合电商平台的账号,搭建平台矩阵,实现了上下游的对接。比如,"2020 河北直播购物粉丝季",构建了集"供应链基地、电商直播基地、电商培训基地和共享云仓基地"为一体的现代化智能互联网产业集纳平台。这个平台的建成,将在供应链建设、直播带货、主播孵化等方面全面发力,部分签约主持人在新媒体平台的转型具有一定的社会影响力。

"在相当长的一段时间内,电视主持人在所属媒体之外的活动受到严格约束。媒体对主持人活动严格规范的原因主要有:一是基于资源管理的需要。主持人是电视媒体的文化战略资产的重要构成,电视媒体大多对其主持人在媒体以外的行为进行严格规范。二是基于风险管理的需要。在相当长的一段时间里,电视主持人往往是集多重身份于一身,既是媒体从业人员,又是某种意义上的明星,具有较大的社会影响力。如果不对他(她)们的行为加以必要规范,其个人不当言行则可能对所在电视媒体产生不良影响。正是基于包括但不限于上述理由,许多电视媒体往往都通过各种方式对其主持人的行为予以规范。"[1]

2022 年以来,广电行业主管部门相继发布《关于进一步规范播音员主持人职业行为和社会活动管理的意见》《网络主播行为规范》等文件,加强对网络主播行为管理。"从坚持正确政治方向、舆论导向和价值取向,自觉遵守法律法规,遵守社会公序良俗等 12 个方面对网络主播提出应当坚持的正向行为规范和要求,明确网络主播在政治导向方面、法律法规方面、公序良俗方面不得出现的 31 种违规行为,划出了从业的底线和红线。要求建立健全网络主播入驻、培训、日常管理、业务评分档案和'红黄牌'管理等内部

---

① 张涵:《电视主持人跨界直播带货现象分析》,《网络直播》2020 年第 6 期。

制度规范。"①

六、遵循网络主播的规范

2016 年以来,国家广电总局、文旅部、中央网信办、国家市场监管总局、国家税务总局等多部门分别或联合下发了一系列规范网络直播的文件,涉及准入资质、内容合法合规、市场有序竞争、依法纳税、消费者保护、未成年人保护等多个领域,并与行业协会形成了合力,力求构建全流程、全方位的监管体系。2022 年 7 月,国家广播电视总局、文化和旅游部联合印发《网络主播行为规范》。该行为规范旨在进一步加强网络主播职业道德建设,规范从业行为,强化社会责任,树立良好形象,共同营造积极向上、健康有序、和谐清朗的网络空间,一经出台就受到广泛关注。这一规范将给网络直播行业带来哪些变化,网络直播行业也因此迎来下一个风口。

(一)划定从业红线和底线

由于网络主播准入门槛低,大量从业者涌入直播平台后,竞争激烈,频频引发诱导打赏、恶意炒作、刻意炫富、低俗表演等不良现象,部分主播甚至罔顾公序良俗,出现违法行为,损害行业发展。《网络主播行为规范》以问题为导向,针对网络主播从业行为中存在的突出问题,规定了网络主播在提供网络表演和网络视听节目服务的过程中应该遵守的行为准则和规范要求,为网络主播从业行为划定了红线和底线,同时也明确了行政主管部门、文化市场综合执法机构、网络平台、经纪机构、行业协会在加强网络主播教育引导、监督管理、违规行为处理等方面的职责。有关研究者将该规范的核心总结为反三俗、反畸形审美、反拜金奢侈、反侵权、反夸张宣传、反炒作绯闻。

---

① 第一财经资讯:《两部门联合印发〈网络主播行为规范〉:31 种行为不得出现》,2022 年 6 月 22 日,https://www.163.com/dy/article/HAFP6CKR0519DDQ2.html。

(二)优化行业评价体系

2016 年被称为我国网络直播元年,2020 年则是电商直播爆发元年。数据显示,目前仅网络表演直播的年产值就高达 2000 多亿元,电商直播的产值则高达上万亿元,用户多达 6 亿多人,网络直播对于整个社会经济和人们的精神文化生活影响巨大。当前,人社部已把互联网营销师列为新型职业,明确了其职业标准、职业准入门槛。网络直播已经悄然成为不少应届毕业生的职业选择,网络主播职业化的路径越发清晰。

网络主播从业人员良莠不齐,门槛相对比较低。加强对主播的教育培训,尤其是建立一个长效的培训机制,真正让培训有实效,建立一个长效的培训机制非常重要。如何建立一个综合评价体系,摒除唯流量论,是一个迫切需要解决的问题。

(三)加强多中心、多主体监管

业内权威人士认为,要加强针对网络直播的事前、事中、事后全链条把关监管,依据网络直播的个人道德品行、艺术水准、社会评价等综合评价体系,不能一味追求商业利益,搞流量至上,遵循社会效益和经济效益的"双效合一"相统一,这是监管网络直播行业的首要基本方向和原则。网络直播是一种特殊的文化产品,既有社会效益也有经济效益,整个行业必须把社会效益放在首位,让社会效益和经济效益相统一。不仅仅依靠政府监管,还需要多中心、多主体共同参与合作,从政府层面来说,如何让相关法律政策具有可预期性,使标准更加明确,程序能够更加正当,包括监管如何更加精细化而不是"一刀切",都需要不断探索。除了平台、经纪机构外,还需要行业协会、公众投诉举报机制等与之相配合。在权责明确、监管有力的基础上,网络直播行业未来会在垂直精细分工方向深入发展,网络直播的发展是文化消费的升级体验,主播和消费者情感的共鸣狂欢,未来知识领域的细分课堂、励志大讲堂、个人才艺展示等,主持人转型网络直播平台仍将有新的发展空间。

总之,全媒体语境下,大屏和小屏的融合成为媒体业态的显著趋势,播音员、主持人需要充分把握小屏幕表达的"新语态"特征,研究如何结合自身的专业规范性,从外在形象、内在积累和语言表达方面下功夫,打造真诚服务用户的"微内容"标签,以便在海量的微视频中脱颖而出。

➲ 思考题

1. 如何理解主持人节目的阶段性变迁历史?

2. 节目主持人综合素质的构成要素有哪些?

3. 如何理解节目主持人素质构成要素之间的关系?

4. 仿真虚拟主播的优势与局限表现在哪些方面?

➲ 实践环节

1. 练习主持人的舞台形象,包括气质、表情、眼神、站姿、动作等主持礼仪。

2. 训练主持人优秀的语言表达能力,包括描述或者复述语言组织能力、逻辑表达能力,以及肢体动作匹配语言的能力,日常要求字正腔圆、吐字清晰,练习绕口令或诗朗诵。

3. 训练主持人的串场能力,承上启下,让节目的各环节自然衔接。

第四章　全媒体内容生产与主持人语态创新

知识目标:认识领悟全媒体概念的发展由来,全媒体主持的概念区别于传统的广播电视节目主持样态,是创新融合新兴媒体的一种全新播报和主持样态。人工智能对媒介融合的影响越发显著,新型主流媒体更加深入参与社会治理与国家建设中,"全程、全息、全员、全效"则体现"四全"媒体的具体发展目标。

能力目标:综合创新应用以"人"为核心的媒介融合进程,把握"社交"与"关系"两个关键词,认识人们在新媒体平台的需求与活动的核心。

知识导入:在先进技术支撑和驱动下,新的视听节目内容和样式加速涌现。广播电视和网络视听行业持续推进媒体融合,大力推动创新创优,充分利用直播、现场报道、访谈、微视频、动漫、MV 和 H5、VR 融媒体产品等多种形态,宣传党的主张,传播党的声音,讲述中国故事,获得社会的广泛好评。策划和制作更多符合新时代要求,既能在思想上、艺术上取得成功,又能在市场上受到欢迎的精品节目,这是播音员和主持人的不懈追求。

第一节　全媒体概念的演变脉络

20 世纪 80 年代,"媒介融合"(Media Convergence)这一概念最早由美国马萨诸塞州理工大学的浦尔教授提出,是指由各种媒介呈现出多功能一体化的趋势,其内涵侧重于将广播、电视、报刊等传统媒介融合在一起。美国新闻学会媒介研究中心主任 Andrew Nachison 将"融合媒介"定义为"印刷的、音频的、视频的、互动性数字媒体组织之间的战略的、操作的、文化的联盟",他所强调的"媒介融合"更多强调各种媒介之间的合作和联盟。

直至 1999 年,崔保国最早在中国提出了"媒介融合"(Convergence of Media),在《技术创新与驱动》一文中提到了技术驱动下媒介融合与裂变,这一时期"媒介融合"方面的研究成果较为少见。2005 年起蔡雯发表系列文章论述媒介融合给新闻业带来的变革,将源于西方的概念与中国实践相结合,开启了"媒介融合研究"的中国范式,在《角度·视野·轨迹——试析有关"媒介融合"的研究》中,蔡雯将媒介融合定义为:"以数字技术、网络技术和电子通信技术为核心的科学技术的推动下,组成大媒体业的各产业组织在经济利益和社会需求的驱动下通过合作、并购和整合等手段,实现不同媒介形态的内容融合、传播渠道融合和媒介终端融合的过程。"[①]

一、"全媒体"概念的初始阶段

全媒体概念阶段(2000—2013 年),这一阶段全媒体的概念的快速普及,在 2008—2013 年研究发文的数量快速增长,"基于中国加入 WTO 带来的并购、重组以及媒介生态剧变引发的媒介机构内部整合的内外双重动因,这一时期媒介融合研究除全媒体主流概念外,还出现了跨媒体与融媒体等概念"。

有学者对跨媒体概念进行解释:"跨媒体是横跨平面媒体(报纸、杂志、图书、户外广告)、立体媒体(广播、电视、电影)和网络媒体的三维平台组

---

① 栾轶玫:《从市场竞合到纳入国家治理体系——中国媒介融合研究 20 年之语境变迁》,《编辑之友》2021 年第 5 期。

合。"① 2009 年栾轶玫指出,融媒体带来的一个最重要的后果是媒介之间的边界由清晰变得模糊,因此"打通"是融媒体时代创新的关键。这一时期全媒体概念的兴盛也伴随着相应的反思。2011 年唐润华、陈国权在《新闻记者》第 4 期发表《走出"全媒体"的集体迷思》,认为"全媒体"是一个既涉及载体形式,又包括内容形式,还包括技术平台的集大成者,如此一个"大而全"的概念,显然无法给出一个内涵和外延都很清晰的定义。鉴于此,栾轶玫针对指出,"融媒体"这一概念除了包含媒体要"全"的要素以外,在概念的界定方面要更加强调各介质要融,应以"融媒体"代替"全媒体"。

二、融媒体概念普及阶段

从 2014 年至 2018 年融媒体概念受到广泛关注,2014 年 8 月 18 日,媒介融合上升为国家战略,中国进入媒介融合元年。2014 年 8 月 18 日,习近平总书记主持召开中央全面深化领导小组第四次会议,强调推动传统媒体和新兴媒体融合发展,通过《关于推动传统媒体和新兴媒体融合发展的指导意见》,融媒体的实践和理论研究成果快速增长,这一时期全媒体和融媒体的概念并行。

"融媒体"首先是个理念,这个理念以发展为前提,把传统媒体与新媒体的优势发挥到极致,使单一媒体的竞争力变为多媒体共同的竞争力。"融媒体"不是一个独立的实体媒体,而是一个把广播、电视、互联网的优势互为整合、互为利用,使其功能、手段、价值得以全面提升的一种运作模式,是一种实实在在的科学方法,是在办台实践中看得见摸得着的具体行为。

2018 年 8 月 22 日,习近平总书记在全国宣传思想工作会议上提出要扎实抓好县级融媒体中心建设,更好引导群众、服务群众。县级融媒体概念与"公共服务""社会治理"成为研究的热点。县级融媒体中心的建设体现出媒

---

① 王学成、来丰:《论跨媒体联合》,《新闻大学》2002 年第 1 期。

介融合发展战略已经被纳入国家治理体系,县级融媒体中心建设是媒介融合的深化,是在互联网传播环境下建设现代传播体系的一项基础工作。

三、"四全媒体"提升阶段

全媒体("四全媒体")提升阶段从 2019 年延续至今,随着信息传播技术与媒体应用的不断融合,媒体的传播形态、社会功能、服务的类型更加多样化。2020 年 9 月 26 日,中共中央办公厅、国务院办公厅印发《关于加快推进媒体深度融合发展的意见》,指出"与先进技术引领驱动融合发展,5G、人工智能等作为'四全媒体'时代的技术逻辑,媒介融合向智能媒体发展"。

需要指出的是,"2019 年 1 月 25 日之后出现的'全媒体'是全程媒体、全息媒体、全员媒体、全效媒体,这是融媒体发展的高级阶段,关注媒介融合的时空延展性、介质融通性、主体多元性、影响深广性。这一阶段媒介融合经历了'前全媒体'时代的介质之全与融媒体时代的介质相融之后,迈向以智能技术为底层支撑,与社会全方位互动,建构社会整体生态发展目标新图景,新一个阶段的'全媒体'不是历史的回溯,主要不是指媒体种类的'全',而是强调当前人类信息交互的'全程、全息、全员、全效'等特性,是媒介融合发展的新阶段"。[1]融媒体进入"四全媒体"提升阶段后,不再局限于介质相通,而是表现出跨界融、智能融、结构融的新方向。

所谓"全程",是指客观事物运动的整个过程都会被现代信息技术捕捉、记录并存储,一个事件从发生到结束,无时无刻不处在传播的链条中,属于对信息采集处理技术的时空维度的考察。

所谓"全息",一般的解释是"反映物体在空间存在时全部情况的信息"[2]。在数字化技术基础上,媒体信息来源和信息呈现形态的多样化,如文

---

① 栾轶玫:《从市场竞合到纳入国家治理体系——中国媒介融合研究 20 年之语境变迁》,《编辑之友》2021 年第 5 期。

② 宋建武:《全媒体传播体系的内涵与媒体融合趋势》,《青年记者》2020 年第 9 期下。

字、图片、音频、视频等。大数据时代,在物联网、人工智能、云计算等新技术的支持下,各种各样的传感器使得人类采集到的各种信息越来越"全息化",用户体验更加丰富。

所谓"全员",是指社会方方面面各种主体(个人、各类机构等)都通过网络进入社会信息交互的过程中。从社会发展角度看,"全员化"顺应了普通公众参与社会事务的需要,近年来短视频平台的兴起,就是公众参与度大大提升的体现。

所谓"全效","是指互联网时代全媒体传播体系效能的全面化"。①互联网技术的特点,使得互联网媒体具有明显的平台化趋势,各种各样的应用,汇聚在同一互联网媒体平台上,这样的媒体平台,功能空前丰富,远远突破传统媒体较为单一的信息传播功能,正在成为社会的数据总汇和运营枢纽,这属于媒体功能维度。

综上,从融媒体向全媒体概念的变迁,可以看出中国媒介融合 20 年发展之路,媒介融合最初是专业化媒体为迎接挑战的自我转型式融合,这一阶段出现了多媒体、全媒体、跨媒体等概念,之后在技术发展与国家政策双重的推动下,媒介融合由介质相加进入介质相融阶段,发展至今新型主流媒体更加深入参与社会治理与国家建设中,"全程、全息、全员、全效"的目标则体现了媒介融合这一阶段的具体目标。

四、完善全媒体主持的内涵

随着互联网的不断发展,网络直播技术也将日趋完善,用新阵地做好党和政府的喉舌,播出中国好声音,唱响时代主旋律。网络直播有别于传统的电视直播,因而对于全媒体主持融合互动能力提出了更加全面与严谨的要求。

---

① 宋建武:《全媒体传播体系的内涵与媒体融合趋势》,《青年记者》2020 年第 9 期下。

首先,直播环境实时变化,需要有各种应对,主播要坚持业务知识学习,提高政治素养,在遇到特殊紧急情况下才能迅速做出正确判断、准确把握。如在区域"两会"直播互动过程中,主持人对于国家发展方向、区域政策的解读、会议流程的熟悉、此类题材直播规范用语等方面应了然于胸,在观众互动环节才能准确把握,将"两会"精神宣传好。在这个话语多元化表达的时代,主播应深知个人语言和观点对于个体和社会的影响,要选择正面、积极、有正能量的宣传内容。传播过程中注重信息的筛选,结合传统媒体和新媒体的信息资源优势来组织传播内容。

其次,提高融合互动能力和临场应变能力。实时互动是新媒体网络直播的最大特色。在网络大环境下,受众的受教育水平参差不齐,直播和互动过程中,主持人应注意对专业术语予以解释,将复杂的问题简单化,访谈中尽量避免提问一些晦涩难懂的问题,同时应在单位时间内尽可能带给受众更多的信息量,以提高互动性和参与性。

网络直播是实时直播,其中可能出现一些突发事件,又因为直播具有互动性和公开性,受众会将事件进展中的问题实时留言评论。面对这种情况,主持人要具备良好的逻辑思维、口语表达和控场能力,有效掌控直播现场和节目进程,理顺主题脉络,表现出专业素养,做好宣传引导。

再次,关注社会民生,选取热点题材,强化舆论影响力。一名优秀的新媒体网络直播主持人要时刻关注当地的社会民生热点话题,选取热点题材,回应公众关切,为受众发布最关注、最新鲜、最有趣、最实用的各类信息。

总之,网络直播主持人还要依托播音主持语言进行个人主持风格的塑造,同时要注意播音主持语言与新媒体网络直播相结合的差异性,增加幽默风趣,营造良好和谐的环境氛围,让新媒体网络直播通过主播的语言变得更加多元化和层次化,为观众提供更好的视听体验,让网络直播节目更有感染力。网络直播普及的时间还不长,要注意在日常直播中积累经验,包括对时事和宣传政策的把握,关注新生事物与新媒体发展对播音主持的新要求,媒体发展的特性和趋势等,结合时代背景,提升自身创新意识。做好新时代的"话筒",促进新媒体健康发展。"中国的传统文化是中华民族五千年的文化根基。在媒体事业发展国际化的今天,主持人面对的综合挑战越来越大,作为一个出色的新媒体网络直播主持人,除了具备专业素养外,还要加强对中国传统文化的学习和吸收,通过网络直播宣传中国的传统文化,让传统文化浸润生活。"①

第二节　全媒体语境下重构内容生产

全媒体的发展业态可以概括为内部流程重构与外部系统融入两个方面,前者体现媒介结构从介质相加到介质相融,再到智融主导的转型,后则体现媒介从参与式场景和到融入国家治理体系的过程。

一、传播介质相加与信息汇流

介质相加阶段媒介融合体现出简单整合而非融合的特征,主要以报(台)网互动和台网联动为代表的介质相加阶段,在互动传播领域实现了创新与突破。

(一)报网互动

报网互动自 2000 年以来,传统报纸和所属的新闻网站为了扩大社会影响力,而采取的一系列新闻策划和营销活动,它所呈现的鲜明特色是,主流纸媒与网站开展互动,出现双赢局面。报纸刊登的重要新闻和评论,网站都会第一时间再转载到当天的新闻网页和手机报上。报网互动补充了传统纸媒投递速度较慢,覆盖区域受限等不足,实现"开门办报",利用网站的意见征询

---

① 王越:《新媒体直播"播"出中国好声音》,《中国广播电视学刊》2018 年第 6 期。

途径,充分了解社情民意和读者需求,采编更加具有针对性,具有充分的媒介竞争力。

报网互动进一步扩大了党报的宣传效应,党报选取人民群众普遍关心的,以及党和政府着力解决的热点问题进行报道,读者通过网上留言、电话、QQ、E-mail 等,针对相关问题进行持续互动。报网互动的格局进一步拓展了媒体互动,编者读者互动的效应,改变了传统媒体受众反馈滞后的不足,呈现互动工具现代化、方式多样化、时效即时化、内容更为丰富多元的传播业态。报网互动后报纸和网站成为主流媒体输出内容产品的不同平台,促进新闻资源得到最大限度开发,需要打通从管理体制到具体操作各个层面的互动通道,构建一种迅捷、高效的互动模式,在采编环节上要做一定流程的改革,组建报网互动新闻中心,统一采写、层级开发、集约化制作。

(二)台网联动

"台网联动是将传统媒体优势包括品牌资源、节目资源和营销资源在互联网上进行延伸,把优质的电视节目资源和广告资源延伸到网络平台,在一个新的传播平台上创建新的媒体形态和品牌。"[1]1996 年,中央电视台国际互联网站(CCTV.com)诞生,成为我国最早发布中文信息的网络媒体之一。2000年,CCTV.com 成为国家重点新闻网站,CCTV.com 充分利用互联网突破时空限制的特点,确立台网联动与网络联盟的传播战略。台网联动是内联,网络联盟是外合,通过这两个渠道,央视国际对内整合央视优质、海量的资源,对外整合商业门户网站及相关技术平台,利用外部的传播手段和优势,充分发掘自身的资源优势,扩大央视新媒体业务的影响力。

央视国际在实施台网联动时,以 CCTV 大型活动为龙头,在方案、队伍、平台以及广告等方面实施全方位联动。在台网联动中做到了既有电视报道

---

① 孙凤毅:《浅析央视新媒体发展创新模式》,《当代电视》2009 年第 8 期。

方案,也有网络可动方案;既有电视队伍前后方布阵,也有网络队伍前后方搭台。电视制作队伍和网络制作队伍密切配合,电视广告和网络广告捆绑销售等。央视国际台网联动的这一战略模式,使媒体报道从电视平台延伸 CCTV 的辐射力和影响力。

早期报(台)网的融合,更多体现在传播形式上的整合,包括各种媒体从业者以及不同媒体内容生产方式的整合,也就是说这一阶段消弭各种媒体从业者特定的传播途径,形成了新闻信息采集方式和信息传播的汇流。但是这一时期存在许多由于传播介质相加所带来的问题,比如报(台)网内容互动不足、资源有效整合效率不高、经营体制缺乏活力等。有学者认为报(台)网融合中存在不重视网络开发,仅仅将网络"视为电子版的误区",这方面曾经有研究者指出了"报纸恐网症"[①] "报纸倒挂症"[②] 的现实困境。传统媒体转型,如果只是在原有的发展理念上体现"改良式"拓展,那么距离打通与重构互联网信息传播真正的入口尚存在一定的差距。

二、传播介质相融与流程再造

实现一次信息采集,动态整合,依据不同的内容题材与报道体裁适配多形态多渠道传播,也就是说把广播、电视、报纸、网站记者采访回来的新闻素材,以及用户通过微信、微博、手机等提供的新闻线索,全部汇集到新闻"中央厨房",通过全媒体多渠道传播到不同需求的用户。

这一时期的新闻传播介质相融与流程再造初步具备"中央厨房"的雏形,但是传统媒体的转型仍然受制于观念创新的制约,行政条块的分割。2014 年 8 月 18 日,中央全面深化改革领导小组第四次会议通过的《关于推动传统媒体和新兴媒体融合发展的指导意见》提到强化互联网思维,加强内容建设,创新采编流程,实现内容、渠道、平台、经营、管理等深度融合,为流程再造提供

---

① 蔡礼章:《报台网互动融合的误区及其对策》,《视听纵横》2010 年第 2 期。

② 杨清波:《报网融合的现实瓶颈与模式建构》,《新闻界》2020 年第 1 期。

了明确政策指引,"中央厨房"才成为媒介融合的主流模式。

"中央厨房"的主要内涵,特指传统媒体转型过程中,通过内容的集约化制作实现信息的多级开发,以提高传播效果,节约传播成本。"中央厨房"具有两大优势:第一,它是融媒体内容生产的神经中枢。作为升级版的编辑部改造模式,"中央厨房"标志着媒体编辑指挥系统的重大转型。过去同一媒体集团的频道、频率、报、网、微、端各自为政,现在媒体负责人则可以依靠这个"超级枢纽",常态化地调控、指挥"媒体矩阵"。传统媒体和新兴媒体的工作人员在此协同作业,实现全媒体产品的采集、制作与发布。第二,它是一个实现内容创新的平台。媒介融合是一个通过重新配置媒体资源而实现颠覆性创新的媒体变革过程。它不仅是一个空间平台、业务平台、技术平台、资本运作平台,同时还是一个内容创新平台。"中央厨房"实现了中央和有关部门的政策创新、媒体集团的体制创新和业务创新的有机结合,推动一大批富有表现力的融媒体产品脱颖而出——H5页面(可视化移动端页面)、VR(虚拟现实)新闻、数据新闻以及重大活动的融合报道,不断地改变着主流媒体的形象,刷新着人们的阅读感受。

新闻"中央厨房"的理念一推出,就被媒体广泛接受。从中央到地方,各级广电媒体主动借助新媒体优势,不断加快与新兴媒体融合发展步伐,在变革中求突破,在创新中谋发展,新的传播平台和产业方阵正在形成,融合发展的成效已经凸显。

2016年,各级广电媒体在"云平台"的建设上表现出了极大的热情,中央人民广播电台采用云计算、大数据处理、智能检索等先进技术,形成了互联、互通、互用的全国性采编平台"中国广播云平台"。

江苏省广播电视总台以新技术、新应用为引领,全力打造了"云·组团·多终端"新型传播体系的"荔枝云"平台。广西电视台通过投融资渠道建立独立的门户网站,打造了"触手可及"的电视电商平台"新媒体电子商务平台"。山东广电传媒集团在媒体融合方面已经取得了一些进展,通过打破条块分割和频道界限,整合原新闻中心、公共频道、体育频道、国际频道、齐鲁网五大优势平台资源,成立了融媒体资讯中心,启动"中央厨房"项目。"中央厨房"是促进传统媒体和新媒体融合的切入口,它不仅是一个"一次采集、多种生成、多元传播"的全媒体发布平台,也是一个实现"一体化督导、全盘化掌控"的信息控制中心,为传媒集团各部门、下属各频率、频道、网站、报社搭建庞大的互联生态系统。

三、智能主导的深度融合阶段

人工智能技术赋能新闻生产,给传媒生态带来重要影响。"智能推荐、新闻写作、VR/AR 沉浸传播的智能应用不断革新着信息生产和传播流程",实现了"新闻采集从采集信息到采集数据,新闻生产从人工生产到机器生产,新闻分发从千人一面到千人千面"。传感器技术优化新闻信息源、智能机器人辅助新闻报道,给予感官系统和认知系统的双重体验,以及个性化内容推送。

沉浸式媒体能够提供真实与虚拟融合,主要基于 VR(虚拟现实)、AR(增强现实)、MR(混合现实)等技术实现,正在走向纵深场景化体验,依托三维重建、渲染处理、感知交互等技术的应用过程,将带来视觉的逼真性、交互的生动感升级。这项技术革新开始颠覆新闻媒体在视觉叙事方面的思维方式,把探索体验的主动权及对新闻事实了解的控制权交给了用户,对记者和主持人提出了更高的要求,迫使新闻从业者重新思考应该如何组织和构建故事。

2019 年 6 月 6 日,工信部正式向三大运营商以及中国广电发放 5G 商用牌照,我国正式进入 5G 商用元年,5G 技术使传播效果趋向超高清、沉浸感体验,传播终端互联互通,场景成为关键要素,自媒体平台获得更大发展。智慧全媒体将成为媒介融合深度发展的方向,技术推动融媒体的智能转向,从新闻生产到传播方式,在人工智能、物联网、VR/AR 等技术驱动下,人—人、人—机、人—物等多维连接等将全面影响下一阶段媒体的深度融合。中央广播电视总台正在向国际一流的原创视音频制作发布全媒体机构转变,从传统制播模式向深化内容生产供给侧结构性改革转变,从传统技术布局向"5G+4K/8K+AI"传播格局转变。2021 年中央广播电视总台开始超仿真主持人项目的研发,主要目标不仅仅是打造一名虚拟主播,而是建立一整套高度智能化的 AI 财经信息自动生产体系。

四、媒介融合纳入国家治理体系

21 世纪以来,中国媒介融合形成了包含"中央厨房"、省级融媒体中心、市级融媒体中心、县级融媒体中心在内,由中央统领、省市兼容、县域纵深的层级布局。2014 年至今,媒体融合经历了以《人民日报》"中央厨房"为代表的央媒层面的媒体融合,到以浙报传媒集团为代表的省级媒体层面的媒体融合,纵深发展进入县级媒体层面的媒体资源融合。2018 年中央提出建设县级融媒体中心,县级融媒体中心建设的政策出发点是延续传统"中央媒体、省级媒体、地市级媒体、县级融媒体"媒体框架的基础上,寻求基层媒体和有利于政策宣传的突破口,把政策话语与媒体融合的技术逻辑相嫁接,来实现国家整体传播战略的基层落地。融合媒介参与智慧城市建设。媒体的变迁反映了城市的变迁,媒体在智慧城市建设中起到主导作用,智慧城市建设需要传播技术支持,城市文明程度等也反映媒体变化特征。诸多地方也在探索新媒体在智慧城市中的定位和融合发展之道,试图开辟新闻＋政务＋服务与智慧城市的交叉领域。

媒介融合发展,一是平台化趋势,未来的媒体是综合性生态级互联网平台的组成部分,而"新型主流媒体"则将是一个以新闻传播为核心功能的生态级互联网平台。二是移动化趋势,基于各种移动通信网络的移动终端是当前新闻等各类信息抵达用户的主要端口。移动端以精准传播为主导的信息分发方式,高效率、低成本地解决海量信息供需匹配问题,所以"移动优先"必然成为我国主流媒体深度融合的关键切入口。三是智能化趋势,人工智能应用于新闻生产的全过程。移动端不断产生的海量用户数据,平台在运行中持续生成的多元海量数据,相应的处理工作量远超人类智力的极限,必须借助人工智能技术来解决。文字图像识别、自然语言处理、算法推荐等技术应用已显著推动了互联网新闻传播业的更新换代。媒体深度融合凸显出四个发展逻辑:"第一,技术逻辑:从数字化到数据化;第二,政治逻辑:从舆论阵地到治国平台;第三,传播逻辑:从用户需求驱动到用户参与驱动;第四,商业逻辑:从流量变现到用户变现。"①

2020 年 9 月 26 日"完善中央媒体、省级媒体、市级媒体和县级融媒体中心四级融合发展布局"的《关于加快推进媒体深度融合发展的意见》的颁布,媒介融合发展四级布局的政策指向更加清晰,融合媒介参与社会治理也成为媒介融合的发展趋势。媒介机构更多地参与社会治理、城市建设中来,开启了媒介融合从自身转型创新到纳入国家治理体系的深度融合进程。

(一)舆论导向的功能

全媒体的核心功能是提升及强化主流媒体在网络主阵地的舆论引导功能,融通网上网下多源传播诉求的新闻内容生产能力,凸显信息即时传递、权威解读、热点追踪、导向引领等功能,提升和强化社会主流价值的声量,形成主流媒体传播主流价值的主流舆论场,占据舆论传播的制高点,这是推进媒体融合的根本目的。

第三十届"中国新闻奖"名专栏《评新而论》,脱胎于江苏公共新闻频道《思辰有道》节目,自 2015 年以来不断升级改版,不断向媒体融合进一步推进,在国内知名新媒体平台上线音频产品,仅仅一年时间,收听量超 1000 万,全国同类新闻音频产品热度榜,稳居前 20 名,把传统新闻媒体的影响力进一步向新媒体端延伸。栏目一直尝试在更多的渠道发声,积极传递正能量和主流价值观,让更多的观众、听众,听到主流媒体的声音。栏目自创办以来,将个

---

① 宋建武:《全媒体传播体系的内涵与媒体融合趋势》,《青年记者》2020 年第 9 期下。

性讲述、深度评论巧妙融合,既增加了节目的可看性,又更好地承载起主流媒体的舆论和价值导向功能。同时在全媒体化渠道探索中先试先行,立足传统媒体平台,积极开拓新媒体平台,为媒体融合做了有益尝试。

(二)内容聚合的功能

全媒体的内容价值功能是遵循互联网思维,符合互联网传播规律、从用户消费体验出发、建立人和内容的连接以及生产与各平台终端相适配的多元化信息产品,通过版权机制聚合细分垂直类别产品,形成多样化、情景化、适配化、版权化的内容价值聚合平台。

(三)服务枢纽的功能

全媒体的基础服务功能,在于强化主流媒体在对接政府和社会资源,提升经济社会数字治理的能力。核心在于通过提升数字治理能力,增加与用户的深度连接能力,实现平台服务功能的用户价值。因此,全媒体应依托聚合政务资源、整合社会资源、深耕社群资源、连接用户资源,"以服务聚合用户,以新闻传播价值",建立借助政务入口、强化资源聚合、塑造特色服务、汇聚用户力量的智慧服务生态平台。

(四)技术支撑功能

打破传统媒体原有的路径依赖,按照互联网的传播特性和互联网的用户特点,以云计算、大数据、物联网、5G、网络化、数据化、智能化技术为基本架构,以云(数据中心)、管(融媒体中心)、端(传播矩阵)为媒体融合发展支撑体系,智能配置"云、网、边、端、业"要素,提升内容资源综合业务的承载能力,实现全媒体的移动优先和精准传播,占据主流价值全媒播的制高点。

总之,未来的新型主流媒体平台将会是一个综合性的平台,需要主流媒体在体制机制改革方面迈出更新、更大的改革步伐,让主流媒体能够具备与参与市场运营相匹配的体制和机制。这样既能保证主流媒体保持正确的方向，又有可靠的体制机制激发出活力，从而具备可持续发展的能力，进一步探索与建设主流媒体自主可控的基于互联网的新型媒体平台。

主持工作是国家形象、舆论引导和时代精神的鲜明体现者，"最后一棒"的说法形象概括了主持人在节目中的主导地位，守正创新是播音主持行业转型升级的关键。守正即弘扬专业主义，播音员主持人坚守正确的创作理想、态度、道路、方法，语言表达饱蕴人文关怀、思想情感、生命活力、艺术魅力。特殊的工作岗位要求主持人应当成为具有较高综合素质的复合型人才，具有较高的政治素质、较强的政策理论水平、良好的新闻素养、深厚的文化功底、扎实的语言功力，成为富于亲和力、影响力和公信力的传播人才，只有这样才能适应广泛连接、多元整合、持续发展的全媒体传播生态体系。媒介融合时代的流程优化、平台实现了各种媒介资源、生产要素的有效整合，为主持人参与节目的制作和生产提供了机会。主持人不仅仅是内容的呈现者，也是内容的把关人、流程的领航人，扎根于大屏、贴合于新媒体小屏传播的特点，这对全能型主持人的综合素质提出了更高的要求，从"声形俱佳、德才兼备"到"声形出众、德才超群"的综合素质升级，体现着对播音主持人才选拔的严要求与高标准。

五、MCN 与打造全媒体主播

在传统媒体与新兴媒体融合发展的过程中，广电主持人转型新媒体平台、打造全媒体主播是重要一环，国内多家广电机构纷纷立足各自资源优势，积极探索并尝试广电主持人转型新媒体主播之路。

MCN（Multi-Channel Network）是一个舶来的概念，字面的意思是多渠道内容网络，实际指的是数字内容生产和商业变现的一种中介组织。"在实际运作中，MCN 机构通过寻找和锁定具有流行潜质的个人内容生产者，对其内容生产过程进行专业化支持，以提升其内容产出的质量，并为其寻求平台型媒体的流量支持,之后再通过代理其流量的变现来获取收入。"[1] MCN 机构能够帮助内容生产者优化生产和培育流量,还能够帮助平台型媒体获得优质的创作者和内容资源。因此,MCN 机构对内容生产者和平台型媒体来说是一个具有撮合功能的中介。MCN 机构的出现标志着新媒体产业中分散的个人化内容生产者开始被专业机构整合,并入麾下。它是新媒体内容产业走向集约化的一个核心标志。在这股潮流下,不少的平台型媒体,比如微博、抖音、快手等投资入股 MCN 机构,深入分享这股再中介化所带来的红利。

MCN 作为一个内容生产的"再中介化",MCN 机构的价值还在于它的风险投资和风险管控能力。凭借专业眼光和趋势判断能力,MCN 机构通常提前以低价锁定一些比较有潜力的内容方向和内容生产者,并通过自己专业化的孵化和培育,比如专业化的内容生产辅导、内容运营支持,以及专门针对平台型新媒体进行资源谈判,以此促成内容生产者和内容的 IP 化之后,再进行专业化的商业变现。通过资源培育期的低价和资源成熟期的高价之间的价差,MCN 机构实现了其最大的商业价值。MCN 机构实际上和演艺圈的经纪公司非常相似,可以说是移植到互联网新媒体和流量经济里的经纪公司,其中主播人才的培育,最主要的发掘人群就是具备播报专业能力和素质的广电行业转型人群。好的平台、准确的定位、合理的宣推、抓人眼球的视频内容吸引了众多传统媒体主持人,也成就了传统媒体主持人的新媒体转型之路。为了补齐内容生态,引入更多主流正能量的内容,抖音和快手等短视频平台从内容、运营和变现等角度大力扶持媒体机构。快手平台将扶持重点放在优质广电主持人资源方面的挖掘上。快手平台还根据账号的质量、垂类、商业变现进行评估,根据结果再推出新的扶持政策。抖音平台也专门成立了针对媒体 MCN 机构的扶持政策和广电主持人账号的孵化计划,进一步加大对传统媒体转型新媒体平台的扶持。

---

① 高阳:《新媒体的逻辑——内容生产与商业变现》,社会科学文献出版社 2020 年版,第 78 页。

2019年11月,河北广播电视台(集团)正式组建河北广电MCN机构,集合全台之力形成头部平台,促进广电事业全方位转型升级,其中一项重要工作就是积极探索广电主持人转型全媒体主播的路径与策略。河北广电MCN机构已成功签约来自全国广电系统的近300位主持人、主播,其中河北广播电视台的占60%,其他40%为全国各级广播电视台的。河北广播电视台从2020年开始,每年组织一次优秀播音员主持人、网络主播评选活动,培养打造全媒型、专业型、复合型播音员主持人、网络主播队伍。参加评选的主持人必须在河北广播电视台"冀时"客户端或第三方平台认证注册,拥有网络主播的新媒体账号。每年举办一次年度"最佳播音员主持人""最具影响力网红主播"评选活动,旨在推动发现培养全媒型播音主持人才团队,通过给予奖励手段引导和激发全台(集团)播音主持和网络主播人才队伍提升综合素质、业务能力和创新能力。这些举措都为传统媒体主持人转型全媒体主播提供了强有力的政策支持。河北广电MCN机构将根据《网络直播带货主播考核激励办法》《公司和频率频道合作办法》,通过市场化方式不断激发转型内生动力,并充分挖掘具有网红"潜力"的台内现有主持人,组建专门团队进行重点打造,提升专业网上直播带货技能,充分开发播音主持人才资源,发挥新媒体平台聚合优势,打造以河北台播音员主持人为主的网络主播矩阵,提升其直播带货能力,助力广电主持人成功转型为全媒体主播。目前,河北广电已在母婴、教育、房产、汽车等不同领域推出自行孵化的垂类短视频账号,各账号粉丝增长情况良好,已经有部分4S店、房产项目、孕婴机构和美妆品牌对接相关账号,商业价值逐渐显现,已经成功入驻快手、抖音、今日头条、腾讯视频、拼多多等重点第三方平台。尤其是快手和抖音平台的签约账号总数已经达到210个,数量规模居全国媒体MCN机构之首。同时,通过与台内主持人、主播的签约尝试,以及机构和各大头部平台的良好合作,行业影响力和机构吸引力已拓展至全国。

此外,在广电主持人转型全媒体主播方面比较成功的是湖南娱乐频道。

2018 年 10 月,湖南娱乐频道孵化 MCN 机构,搭建了以达人运营中心、五大内容工作室、市场运营中心、"芒果公会"为主的运营机制。以家庭教育类账号"张丹丹的育儿经"为例,该账号依托于湖南广电知名主持人张丹丹的职业身份,目前在抖音短视频平台已经拥有近 500 万粉丝,通过短视频和直播方式搭建了教育系列产品的商业化平台,实现了较好的商业变现。

第三节　全媒体语境下主持人表达新语态

"语态"一词来自语言学,在新闻传播学中,"语态"被引申为对受众说话的态度、叙述的方式,有时直接体现为新闻报道的语体与文风。叙述的内容、态度,以及传播语言、语境、语气等诸多元素都与语态密切相关。2003 年,时任央视新闻中心主任的孙玉胜出版了《十年——从改变电视的语态开始》一书,首次提到电视新闻"语态"这一概念,他认为,"要降低电视媒体讲话的口气,尝试一种新的语态,也就是新的叙述方式。对于电视而言,新的叙述方式不仅仅是指电视节目解说词的写作文风,更重要的是如何用特有的语言吸引观众,而这些改变首先要从转变语态开始"。[①]

在中国广播电视史上,先后出现过"新华体"("联播体")语态、平民化语态、故事化语态等多种新闻语态。过去我们一直沿用的是强势语态"播音体",它作为特定历史语境下的产物有其存在的合理性。1993 年中央电视台《东方时空》开播,提出了"真诚面对观众"的口号。正是这个口号,开启了平民化语态的大门,平民化语态力求平实、亲切,贴近百姓生活。2003 年,以《南京零距离》为代表的电视民生新闻横空出世,平民化语态开始被电视新闻广泛采用。21 世纪以来面对媒体市场竞争,电视传播者也尝试运用一种激发和吸引受众注意力资源的传播策略,并逐渐形成了"故事化语态"。随

---

①　孙玉胜:《十年——从改变电视的语态开始》,生活·读书·新知三联书店 2003 年版,第 48 页。

着媒体融合时代的到来,新闻报道的基本模式已悄然发生变化,新闻的时新性、接近性、显著性、重要性、趣味性等特征的变化牵引着语态的变迁,信源大众化、新闻资源共享、对用户的重新认知等,也进一步改变了新闻传播的语态。

融媒体时代,节目主持人镜头前的即兴语言表达能力必须基于传播方式和平台需求内外兼修。"内"指语义内容,"外"指语言表达。语言是内容的载体,广博的知识储备加上创造性思维方式是即兴表达出彩的关键。同时,语言组织能力和语言风格塑造能力又决定了内容输出的质量与效果。

一、即兴节目主持的能力

综观各项大赛风格鲜明的赛制和内容,即兴考核贯穿其中。例如,央视主持人大赛"90秒即兴考核"要求选手根据相关图片和文字串联节目内容;央广主持人大赛"连线大来宾"环节以视频连线的方式呈现考核题目,要求选手根据"名嘴"主持们提出的与播音主持相关的业务问题进行现场回答。江苏广电主持人大赛"购物专家"环节在场上设置3个盲盒,选手上场后随机选择一个,根据盒内商品进行模拟购物主持,其间会有主持人举牌,进行即兴关键词的情节反转,选手需根据关键词作出临场反应;在爱奇艺《嗨到你红了》的一期节目中,选手变身为"杯缘子",在巨大的道具杯子上一边完成高难度指定动作,一边在特殊环境下播报娱乐新闻,并在空白处即兴补充完整内容。这些环节的设置,均需要综艺节目主持人具备对文艺话题的高度敏感性以及提炼、概括信息的强大思维能力。

值得注意的是,不同传播平台对于即兴主持能力的要求有所区别。传统媒体注重主持人的即兴控场能力,考查内容与实践中的主持场景有着高度相似性甚至直接还原节目现场。例如,央视主持人大赛文艺组即兴主持试题"家乡的歌声""假设在中国的传统节日中秋节这天,你将与海外华侨进行直播连线,请进行一段即兴主持"等,主要考验主持人在限定场景中引导流程、烘托气氛、升华主题的即兴主持能力。而新媒体更加注重主持人的即兴"救场"能力,如爱奇艺"直播过程中针对现场评委举牌的弹幕即兴互动",注重主持人实际抗干扰能力、"接梗"能力以及化解极端突发问题的能力。另外,不同传播平台也决定了主持人即兴语言表达的风格特点,如弘扬文化艺术精神、寓教于乐的大众传播类综艺节目,要求主持人语言表达具有极强的思辨力和逻辑性,即兴陈述完整且深入。娱乐至上、轻松活泼的新媒体平台更倾向于"短平快"的碎片化语言呈现,期待主持人以"跨次元"的语义创新、语法重构、逻辑颠覆带来"神来之笔"。即兴并非真的全靠现场发挥,而是依托于长期的"广义备稿"和实践积累,综艺节目主持人首先必须跟上时代节奏,基于不同平台需求熟悉社会娱乐焦点。其次,还应在实践中了解不同平台传播方式的话语体系,掌握言语活动在社会不同情境中的运用范式。

二、平台互动的交流感

随着传播技术的发展与传播平台的演变,主持人与观众的对话方式和话语体系出现变化,但交流反馈的本质却从未改变。1956年,心理学家霍尔顿和沃尔在《大众传播与准社会交往》一文中提出了"准社会交往"概念,用于描述受众对媒介人物产生的近似社会交往的依恋关系。新媒体技术下传播方式、传受关系的变化更是推进了媒体"准社交社会"的形成。对于主持人而言,掌握"准社交社会"的沟通方式,保证与受众的良性社交关系,是跨屏主持传播的基本准则。

首先,节目主持人应强调互动语态的交流感。口齿清晰、准确规范的播音发声是观众对于主持人的第一印象。气息吐纳的分寸之间彰显语言音韵之美,是主持人基本功的体现。但由于在全媒体语境下节目主持人的场景变化较多,基于不同语境下的心理体验和传受关系,主持人必须准确把握灵活多变的语言样态。综艺节目主持人如果太过注重修饰声音的美感同样会拉大与观众的心理距离。相较于过去"点对面"传播多以"调高身段"的仪式感,调动观众的感觉器官,吸引观众的注意力,新媒体平台则强调"点对点"的人际传播语境,"要求语言样态以讲述为主,用声自然,情感朴实且克制,强调点到即止、卸下架子,弱化仪式感、增加接近性"。①节目主持人互动内容应体现专业性,主持的核心在思维方式,并非几句网络语言主持就有了"网感",形式大于内容的投机取巧只能带来短暂的听觉刺激。在培养综艺感、喜剧感的同时,主持人更应坚守分寸感、专业性,不能在节目中本末倒置。

2019 年度山东省优秀广播电视播音作品评选活动中,《传家宝里的新中国——〈歌唱祖国〉的故事》是山东广播电视台首档融媒体"故事秀"。主持人李毅从著名作曲家冼星海的照片讲起,引出了《歌唱祖国》的作曲家王莘的故事,在现场和王莘的儿子王斌进行访谈。主持人李毅仪态端庄大方,富有热忱与亲和力,既有和场内观众的交流,又通过新媒体与场外观众的互动,这档节目充分体现了主持人对多元化的语言表达功力。

《评新而论》栏目是江苏省广播电视总台融媒体新闻中心打造的一档日播新闻脱口秀节目。2015 年 2 月 1 日正式开播,面向全省观众,每天 19:45—20:05 播出,共 20 分钟。栏目以"谁说新闻只有一种说法"为宗旨,重点关注当下发生的关注度高、争议大、具有突出典型意义的热点新闻,对纷繁复杂的新闻事实抽丝剥茧、个性讲述、深度评论。栏目改变严肃刻板的传统播报形式,主持人加入幽默风趣的脱口秀风格,把新闻语态年轻化,表现方式更接地气,观众也更易于接受;深度评论也是本节目一大特色,在严苛追求新闻真实性的前提下,改变传统"说教式"评论风格,用唠家常的方式,加入一些量身定制的趣事、段子,把栏目要表达的观点融入其中,真正做到动之以情、晓之以理。

①　薛丹:《融媒时代主持人"跨屏能力"的培养》,《传媒》2021 年第 7 期。

三、巧用"网感"接地气

由于新媒体的兴起和发展,每天面对着网络上纷繁复杂的信息,使得大众的视听习惯悄然发生了改变。网络受众们更喜欢看紧跟时下热点、金句频出的网络节目。《主播说联播》栏目,主播们巧妙运用网络热点词汇,紧跟当下时代潮流和热点,融入自己的评论中,节目说理精辟又有趣味儿,吸引更多网络用户。

巧用"谐音梗",汉语自身特点为谐音修辞提供了文化基础。谐音梗是谐音在网络上逐渐发展成为的一种网络文化,利用发音相似的词或字来代替原本不能够说出的词汇。在《主播说联播》节目中,主持人们很善于运用"谐音梗"来评论新闻事件,反映出节目组对于现代网络文化的认可和宽容的态度。例如,康辉有一次在节目中,一连运用了 16 个"xiù",他说道:"这里原来是老工业区,这里从'工业锈带'成了'生活秀带',擦去了工业之'锈',成就了生活之美,真的很优秀……"这里由生锈的"锈"谐音变成了优秀的"秀",既生动地体现了老工业区的变化,又赞扬了环境改善的好处,体现了主持人对于这则新闻的巧思,让受众在惊叹环境变化的同时也能惊喜地感受到主持人的良苦用心。海霞曾在一期节目中说道:"华为发布了一款最新处理器,名字叫作'昇腾'。面对美国的大棒和绞杀,华为依然在努力升腾着。"同样都是"shēng téng",第一个"昇腾"指的是处理器的名称,第二个"升腾"表示了华为在当下美国的打压下,依然努力钻研科技创新,体现出极强的民族责任感和自豪感。

活用方言接地气,传承了千年之久的方言具有丰厚的文化底蕴和特殊的民族色彩。在《新闻联播》中主播们用语都是非常规范标准的现代汉语普通话,而在《主播说联播》中恰到好处地运用这一部分方言,主播们能够加强在普通话当中可能表达不出的语气,从而使节目更加贴近人民群众、更加接地气。例如,海霞在 2020 年 9 月 24 日的节目中,形容庆祝中华人民共和国成立 70 周年大型成就展说:"这成就杠杠的。""杠杠的"是东北方言形容某事或某人特别好、没得说的意思。

总之,全媒体语境下播音员、主持人的语言表达呈现"简短化、现场感、对话共情"等趋势,全媒体的发展目标进一步推动网络语言和新闻语言融合,播音员、主持人简短的表达有利于凝聚语言的力量,生动鲜活的"现场感"报道留给用户深刻的记忆。"许多网络语言之所以成为'口头禅',一个重要的原因是其内涵的共情逻辑。"[①]播音员、主持人、公众人物、权威专家和普通民众,来自四方面的对话共情更容易取得良好的传播效果。

四、"音容同调"灵动特点

新闻传播是以信息传递为中心的,进行口语播报的时候,表情、手势等动作须坚持"简洁"的原则。务必要清除与信息内容无关的模棱两可的表情、动作,以免削弱信息内容的本意和分散受众对信息内容的注意。播音员、主持人在视屏上的个性形象应服从于传播目的与内容,个性形象应有机地融入整个信息传递之中。这就意味着播音员、主持人的个性形象,不再仅仅代表其本人,形象的展示不再是传播者个人的事,而是代表着国家、政府或地区的形象。因此,丰富和提高自身形象的品质,提高形象的社会性,是每一个播音员、主持人应努力争取的,这才能使自身的个性形象,成为促进传播活动的有益因素,为更好地履行传播者的职责增色。

"在视屏传播中,一方面有声语言的播报,另一方面运用形体语言进行无声有形的信息传递,这是完成视屏传播工作的两大支柱,播音员主持人的情感状态、视屏表达,同言语播报的表达技巧是紧密相连的。体态动作所传出的信息,不仅可以作为口头语言的补充,它更是表达情感态度和揭示信息内涵的重要手段。传播者的无声表现,对信息具有诠释作用。视屏表现是真诚

---

① 夏康健:《简短·现场·对话——融媒时代新闻语言的发展趋势》,《新闻战线》2022年第7期。

的还是虚假的,是热情的还是冷漠的,是善意的还是油滑的,甚至某些人所惯有的坚定性或软弱性、自信或怯懦都会从他们的神态举止中显现出来,并对播报的信息产生影响,严格地讲,在传播过程中,是不允许将播音员主持人生活中的、与传播不相干的情绪、态度和习惯任意地带到传播过程中去的,恰当而有分寸地运用好形体语言,声情并茂地完成每一条信息的传递,就成为直接关系到播出质量与效果的关键性因素。"[1]

"视屏表达中的'音容同调',所谓'音',是指包括语调、口气在内的有声信息的表达;'容',则是指包括面容表情在内的无声有形的信息传递。只有当'音''容'都紧紧地围绕信息这个中心进行协同一致的表达,才能使视屏传递的信息准确、鲜明、饱满、易于解读。"[2] 全媒体语境中栏目定位,决定了这个栏目信息表达时的总调式。例如,在经济类、服务性的栏目中,传播功能是为经济建设和亿万大众的生活服务的,主持人热情、诚恳、亲切理当是最基本的调子。在《主播说联播》节目中,主持人根据不同的内容做一些符合情境的手势、眼神等体态语言辅助他们的表达,使他们的所要表达的情感更加饱满,在镜头前的形象更加丰富。海霞在2021年9月9日教师节前一天的节目中祝福所有老师教师节快乐的时候,面带笑容并且做了一个比心的手势,让受众感到十分亲切与温暖。

全媒体语境下播音员、主持人为了使传播工作万无一失,需要在栏目定位、内容定调的基础上,充分调动自身的潜能,灵活运用好表达技巧,从调整呼吸、集中注意开始,调整好身心状态,让自己快速真实进入信息所规定的情态之中,使言语表述和形体表达"音容同调"地相辅而行,才能使视屏传播中的视听两方面达到有机协同,相映生辉。

---

① 吴郁、侯寄南:《广播电视新闻语言与形体传播教程》,中国人民大学出版社2001年版,第207页。

② 吴郁、侯寄南:《广播电视新闻语言与形体传播教程》,中国人民大学出版社2001年版,第273页。

　　总之,在媒体融合时代,主持人语言表达的趣味性越来越受到重视,现代社会生活节奏在逐步加快,人们感受到的压力也在逐渐加大,愉悦的体验变得越来越珍贵。趣味性的意义在于为用户提供轻松愉快的新闻收受体验,让生活变得更加轻松有趣,缓解人们的精神压力。相对传统媒体而言,主持人在短视频更容易展现趣味元素,更容易增强用户收受新闻的愉悦体验。

　　话语创新从表面上看是一个语言表述问题,实质上是一个涉及思维方式、思想认同、价值立场等多方面的重要问题。因为不同特色、不同风格、不同气魄的话语表达,形成的传播力、竞争力、吸引力、感染力、影响力是不一样的。主持人简单拼贴几句网言网语,并不是真的语态创新,效仿"标题党",则更是浮夸自大文风的表现,必将造成传播"失度",消解媒体公信力。主持人的语态要与时俱进,既要深度展示中国话语体系的大度与包容,彰显中国文化基因的自信,又要着力打造联通线上线下的共同意义空间,观点鲜明、指向性强,语言表达有温度、有态度、有力度。

⊃ 思考题

1. 全媒体语境下,主持人如何更好地适应媒介融合传播途径的变化?

2. 全媒体语境下,新闻传播"语态"改变的重要标志是什么?

⊃ 实践环节

案例分析,阅读中央广播电视总台《主播说联播》文本内容,分析该栏目如何巧用"网感"接地气?

　　拓展阅读:从央视频《康辉说》看主持人的"融合"之道①

　　最近一段时间,央视主持人康辉在央视频开设的《康辉说》账号火了,观

---

① 王禹:"从央视频《康辉说》看主持人的'融合'之道,"广电视界公众号,2022 年 3 月 27 日。

众惊奇地发现，从大屏走向小屏的康辉越发可爱，观众既能通过"咬文嚼字"系列品味中华优秀传统文化，又能在"城市有意思"系列短视频中，与康辉一起打卡各个城市，寻找城市有意思之处。今年观众更是在"光影·特写"系列节目中，感悟光影世界里的中国故事。

一、大屏小屏"不一样"的康辉

2021年底，央视频《康辉说》发布了视频，以康辉的视角回顾全年大事，"聊天式"的解读让观众感受到大屏与小屏之间康辉的不一样。"每一个巨浪都成就于微澜，每一个普通的灵魂里都有江河。2021，我们记得，你期待的国家，你向往的生活，你想要的自己，都在路上！#闪耀吧2022，12月31日，来#央视频一起跨年！"

脱离了"大屏"的康辉，摆脱了严肃而认真的播报状态，而是以贴近年轻人的语态积极拥抱受众，"网感"十足，以强互动和碎片化的呈现方式，迅速圈粉众多年轻受众。视频发布后，全网总播放量超过2300万，相关微博话题阅读量累计超5100万，其中话题#康辉说2021记得这些感动#登上微博热搜榜。说起来，康辉的"火"，源于由撒贝宁、朱广权、康辉三人（后加上尼格买提）组成的"央视boys"，央视一系列公益节目中通过"接地气"的语言，同时越来越结合时事热点，受到了当代年轻人的追捧和喜爱。与此同时，全新组建的中央广播电视总台成立后，不断在媒体深度融合上有新举措，鼓励央视主持人在新媒体有新突破。始于2019年11月20日的《康辉说》就是在此背景下诞生。"康辉说·咬文嚼字系列"还曾荣获国家广电总局评选的2019年度优秀网络视听作品奖。

观众眼中的《康辉说》，既能时时营造热点话题，又能常常玩起花式玩梗，《〈新闻联播〉单条口播超20分钟，快来"康康"康辉怎么说》《康辉"吐槽"央视频小编：又是白墙！》《可盐可甜的康辉，到底"粽"谁？》等短视频，不仅让观众看到康辉的另一面，同时以强大的互动性带动了央视频的热度不断攀升。今年以来，从《觉醒年代》到《长津湖》，从《功勋》到《山海情》，从《你好，李焕英》到《无尽攀登》，从家国故事到个体表达，《康辉说》每每因解读的独特性和对电影多视角的读解，不断被网友们"催更"。也许，正是因为变换视角后的网友，看到了不一样的康辉和《康辉说》，才会看到大屏背后的不一样，这也是实现媒体深度融合的深刻要义。

二、"不一样"的视角，呈现不一样的新闻

目前包括央视以及省市台都鼓励主持人能够以融合的态度不断创新，其一，可以充分释放主持人作为公众人物的有效能量，为新平台引流；其二，则是凭借主流平台的公信力和影响力，为大屏小屏充分融合打下良好基础。在融媒发展大趋势之下，广东广播电视台电视融媒中心《今日焦点》栏目主持人团队，主动参与变革转型，学习新媒体技能，共同开创了较有栏目特色的融媒产品——《焦点主播说》，主持人们在完成每日大屏"今日焦点"播报之后，还要在新媒体上运营《焦点主播说》短视频，以更"接地气"的形象与网友们聊起每日的热点话题。《焦点主播说》自 2021 年 6 月 30 日才开始创办，在广东广播电视台旗下触电新闻 App《今日焦点》触电号发布，在短短的不到一年的时间，收获了众多用户，其重要因素就在于"真实和实用"。

三、有效补充大屏新闻节目

从"湿！湿！湿！最高等级回南天何时离开？""过期药品及时清理，家庭注意用药安全"等生活常识，到"核酸检测到底怎么'啊'？""广州拟调整公办幼儿园保教费，涨！"等百姓关心的话题，还有"在温暖的爱意之下，疫情阴霾终将散去""感动！在 4 万多件快递中为'他'找寻'救命药'"等温暖瞬间……《焦点主播说》已然成为网友们的"百宝箱"。大屏上的《今日焦点》作为日播新闻，讲究的是时效性和新闻性；而《焦点主播说》则是通过对热点事件或民生政策的"轻评论"和"轻解读"，以时长不超过 2 分半的短平快评论，增加点评和观点的输出，对大屏新闻节目实现有效的弥补和平衡。"无论是从工作量，抑或是其中每一个环节，对于主持人而言，都是很大的锻炼和提高。"总之，全媒体语境下主持人语态创新，不仅是媒介融合的需要，也是时代发展的需要。增强与用户的互动性是主持人语态创新最显著的特点之一,也是全媒体语境下主持人区别于传统媒体的最大优势。主持人话语表达内容的趣味性,故事化的叙事思维,引入与用户情感体验的强关联角度,都能够让用户产生更多的认同。

第五章　新闻播读的原则与方式

知识目标:掌握全媒体语境下新闻播音的基本理念与要求。

能力目标:新闻播音中典型问题分析与训练,包括客观中显示出导向、态度感情的分寸控制、导语的处理、主体内部的层次和主次、数字的色彩、具体情节的处理、长句子的处理、专业技术性稿件处理、提速的技巧、一组新闻的内部配合。

知识导入:新闻主播传递信息,体现态度,揭示语义内涵,表明思想实质。播音主持创作不光是为了传达概念信息,更要传达情感信息。吸引感染受众,具有鼓舞、教育、激励作用。新闻消息播音的关键在于"求新",在比中求新,深中求新;把握好分寸感,处理好客观报道与表态性的关系。评论播音的关键在于"论理",语言表达要有穿透力和感召力,要逻辑严谨、态度鲜明。分寸得当、语气肯定,语音坚实、节奏稳健。

第一节　播音主持基本原则方法

新闻的根本属性决定了新闻稿件有声表达的基本要求,不论采取的是哪一种样式,宣读也好,播报也好,说新闻也好,都不能抛开新闻的本质特征。新闻稿件多年来已经形成一整套规范模式。当然随着时代和语言的变化,新闻体裁和新闻语言也在不断调整和适应,使规范的模式变成开放的体系,变得日益多样化了。值得注意的是,新闻稿件无论怎样多样化,绝不能改变它的本质特征和传播特点。

依据新闻播报的基本要求,在长期的播报实践中逐渐形成了它独特的语言特征。主要的语言特征与其相关的表达技巧原则是,朴实无华——以叙述尤其以概述为主,无拖腔甩调,语气平实,无浓墨重彩。准确清晰——语音规范、字正腔圆、语句规整、层次清晰、语意集中。简洁明快——"感而不入"概述为主,音色明亮,语式常扬,不悠荡、不拖腔。平稳顺畅——无大起大伏、无大停大连、重音少而精,少停多连。少吸勤补,换气无声。播音主持的创作原则是经过长期的实践所形成的一整套准则,坚持正确的播音主持创作道路,就要很好地把握创作原则的系统全面性和创作方法各组成要素的协同性。

一、系统和协同性的创造原则

(一)首先就要坚持播音主持创作的党性原则

新闻播音是大众传媒发布信息的重要方式之一,是正确进行舆论引导的主要途径,播音员主持人在思想上树立牢固的党性原则意识,在播音主持创作中,既要有自身感情的表达特点,又要遵循党的政策指引;既要有自己的形象特征,又要符合党的宣传员这一总体形象的准则。

(二)发挥播音员、主持人的主观创作能动性

"坚持播音主持的创造性原则,强调播音员主持人对创作活动的驾驭、对创作素材的把握,强调其对符号转换系统的操作,在转化过程中体现出主体的重要作用,充分体现播音员、主持人的创造性劳动。播音主持的创作过程是复杂的、艰苦的,既有脑力的,也有体力的,那种把播音主持看成是不动脑筋的'照本宣科',简单的'见字出声',机械的'传声筒'的认识,都是同播音主

持这一创造性活动格格不入的。"①

(三)坚持播音主持语言的规范化

坚持播音主持的创造性原则,承认播音主持是一门语言艺术。既要遵循传播的规律,又把握宣传属性;既注意其创作主体声音、形象的可听性和可视性,又重视其可信性;既研究受众的个性心理,又研究受众的社会心理。"播音主持创作系统的开放性、播音主持学科的边缘性、播音主持内容的多样性、播音主持对象的多重性,决定了在播音主持创作中必须广采博收,'汇天下之精华'才能适应不同创作内容、创作对象的需要和审美追求。"②

(四)"汇天下之精华"与"扬独家之优势"

中国特色广播电视的播音主持创作有着独特的优势,比如,"优美的民族语言,深挚的民族情感,丰厚的民族遗产,质朴的民族性格,凝聚的民族心理,坚韧的民族气质,高洁的民族品德,果敢的民族精神"③ 等等,面对在世界上多种电波纵横交织、国际各种传播观念相互冲突中,播音员、主持人必须坚守中国特色的创作优势和理念。

(五)真实性的原则

播音主持创作中的真实性,包括语言符号和非语言符号表达的各个方面,播音员、主持人不读错字音、不播错内容,播音主持恰当无误体现情感分寸,以及对党的宣传政策的全面准确把握。

---

① 姚喜双:《播音主持概论》,高等教育出版社 2012 年版,第 68 页。
② 姚喜双:《播音主持概论》,高等教育出版社 2012 年版,第 68 页。
③ 闫玉主编:《中国广播电视学》,中国广播电视出版社 1990 年版,第 535 页。

（六）时效性的原则

时效性的体现,一方面反映在播音主持创作活动的即时性上,即准备的时间很短,不像其他艺术创作活动那样有充分的准备时间。另一方面反映在播音主持的语势要充分体现出新鲜感和时代感。

（七）创作环节的有序性

"创作环节的有序性,就是指'深入理解—具体感受—形之于声—及于受众',这个过程不能颠倒,不能割断。比如,不去深入细致地分析理解稿件,不去具体感受,就形之于声,就上口去播,这样的播音主持创作肯定是不成功的。至于有些急稿或直播,尤其是一些有经验的老播音员、主持人,由于根底深厚,广义备稿基础好,这一过程在瞬间完成罢了,这也说明广义备稿对狭义备稿的基础和支撑的作用。"[①]

（八）创作要素的协同性

创作要素的协同性,就是指播音主持创作中各要素相互协调统一。比如,语言符号和非语言符号的统一,声音和画面的统一,还包括感受与理解的和谐一致,理解与表达的有机统一,传播内容与受众反馈的协调统一。

二、还原转化表达的基本方法

（一）还原文本等信息所反映的生活情景

稿件、资料、画面、音响、音乐等信息构成播音主持创作的素材基础,播音员主持人应充分理解、感受文字稿件和电视画面、音乐音响等表达的形式和

---

① 姚喜双:《播音主持概论》,高等教育出版社 2012 年版,第 71 页。

内容,透过文字、画面、音响,感受并想象现实生活的种种情境。在这样的感受中,对素材的背景主题,有针对性地进行充分的挖掘和深入的理解。

(二)转化文本等信息并纳入听觉视觉传播规律

"播音主持创作的转化,即按视听规律,对文字稿件和其他素材进行重新组织结构,使其纳入视听觉系统,符合视听规律的体现方式。比如文字的标记系统(包括标点符号的位置、自然段落的构成等),在转化为声音传达系统时,必须按听觉的规律对其进行重新组织结构。新组建的结构系统,才是供有声语言、副语言,传播表达的系统。其一是创作主体播音员、主持人对创作客体的素材进行认识、感受、理解、归纳、组织、结构的过程,其二也是创作主体自身思想感情发生和运动的过程。思想感情的运动状态,是理解的深化、感受的升华,是对创作素材进行组织和结构的动力。播音主持创作中思想感情的运动,不是主观随意的感情的波动,而是情感依据创作素材而发展变化。所以,还原、转化中的感情的运动,是创作主体与创作客体情感相互统一的过程。"[1]

(三)表达文字等信息蕴含的思想感情

播音主持创作的表达,即把转化过来的系统,把运动着的思想感情,通过有声语言和副语言体现出来,传达给听众、观众。这既是"还原""转化"的物化与实践,又是思想感情运动的外化、展现。这一传达活动,就其内容来看,是对创作素材的体现;究其本质来讲,又是对现实生活的反映。如播音主持中停连、重音、语气、节奏等技巧,往往同生活中人们语言活动的一些规律相对应,所以,无论是传达形式或内容,都受现实生活的制约,要求创作者把握现实生活的规律。与此同时,播音主持表达系统的运作不是封闭的,而是开放

---

① 　姚喜双:《播音主持概论》,高等教育出版社 2012 年版,第 71 页。

的,它需要传达者在传播的同时,又接受想象中听众、观众的反馈和刺激,在有声语言和副语言表达中同其创作素材协调一致。

第二节　新闻消息的播读训练

一、新闻类节目主播的职能

在市场化背景下争夺受众、服务受众的意识在新闻节目中的体现,新闻播报人的工作职能也随之得到拓展,播报人与节目内容形态联系得更加紧密,而且相对固定下来,于是出现了主播的称谓。这个称谓在港台地区及新加坡的华语电视台中用得更早,这与他们主持人工作状况紧密联系。近年来,我国内地对这一称谓逐渐接受,不是出于赶时髦,而是出于播报人职能上的发展和变化。

目前,国内称为"主播"的工作状况与以往播音员的工作状况已经有所不同。例如,播音员往往以"轮班"的方式工作,一般只对稿件负责,不参加前期的新闻选择与编辑工作,更不能从个人出发对新闻进行评价。而主播则是固定在一个新闻消息类栏目中的一对播音员,他们可以从个人的角度出发,成为节目专有的代言人和"品牌形象",比如,海霞曾经担任主播的《现在播报》等节目。

"主播"形式的意义:它能改变新闻播报的表现形式,增加传播的人及特性,使主持人串联演播室和新闻现场的不同时空、不同播报形式,以保证节目传播的整体性、灵活性及报道的真实感和权威感。"主播"应该是一个能对节目有深度参与的、对新闻背景有全面分析、对新闻信息有独到认识和组合角度、对叙事角度和方式有所思考的人。主持人建立起来的服务意识,落实到具体的工作中就是对新闻内容的深入掌控。要想做到准而快、全面地传达信息和体现深刻思想,就必须做到心中有数、熟悉新闻背景。

主播是一个节目中灵魂人物,所以优秀的主播也绝不是有一副好相貌、普通话标准就能胜任,重要的是他还要有思想、有创见、有决断能力。而只有进入采编环节,主持人才能将自己的感受、理解或者是编导的意图体现在播报中。长此以往,就自然能够在节目中游刃有余,使节目的组接和过渡似行云流水,真正成为节目的灵魂人物。

二、三种新闻稿件的播读技巧

新闻播音的语言样式目前有三种,分别是宣读式、播报式(播读式)和谈话式(说新闻),其中宣读式为非常态式,使用概率较小。宣读式是应一些必须郑重宣告的稿件需要而产生的,比如公告、通告、讣告、命令、通知、名单、简历等,不允许做口语化处理,必须一字不差照原样播出,带有很强的书面语印象,播报式和谈话式为常态式,使用概率较大。这三种样式的产生都源于不同内容和形式的需要,反过来又为新闻稿件特定的内容和形式服务。这三种样式尽管表现出各自特色,但都不背离新闻播音语言朴实无华、准确清晰、简洁明快、平稳顺畅的总体特征。

(一)宣读式

宣读式作为"规格最高"的"重量级",规整性要求最强、口腔控制力度最大、气息控制最沉、语流速度最慢,既有发布新闻的新鲜感,又有发布重要消息的严肃感和持重感,可以说是一种被加工美化了的宣读。由于宣读的内容都事关重大,首先要把握宣读者对自身宣读资格的自信。气息用得沉稳、匀畅,听不出换气的声音,也没有憋气的痕迹;气口的选择比较理性,决不破坏语法的规范和语句的规整。声音运用方面,不强调音色的多种变化,比较追求通畅、坚实和洪亮。讲究字正腔圆、语句的重音选择、停连的处理乃至变化分寸,都比较谨慎、规范,很少带有随意性。语速稍缓,通篇节奏平稳,节奏性比较单一。

宣读式新闻播报练习例稿

1. 杨家兴登上中国体操世界冠军榜

2022年中国体操新世界冠军登榜仪式于2023年1月7日在国家体育总局举行,杨家兴是此次唯一登榜的运动员。2022年11月2日,在第51届体操世界锦标赛男子团体决赛中,中国队力压日本队获得冠军,表现出色的杨家兴如愿以偿摘得世锦赛金牌,也因此获得了登榜的资格。

2. 2023国宇航发射首秀成功!

2023年1月9日6时00分,长征七号A运载火箭在中国文昌航天发射场点火试飞,托举实践二十三号卫星直冲云霄,随后卫星进入预定轨道,发射取得圆满成功,中国航天实现2023年宇航发射"开门红"。实践二十三号卫星由中国航天科技集团有限公司八院抓总研制,主要用于开展科学实践、技术验证等。

(二)播读式

1. 备稿和播音主持中,应注意寻找和把握新闻的新鲜点

注意体现新闻播报的新鲜感,尤其注意强调新闻稿件中的新闻事实及其具有现实意义的关键内容,也指重要的新闻要素。新鲜点着重体现在消息本身的新鲜之处,是播音员、主持人准备稿件时的工作重点。新闻播音的新鲜感可以说就是播音员在新闻播音中通过有声语言和副语言所表达出的稿件的新意和播音员新鲜的感受和态度。播音员可以从新闻事实的内容及发生时间上,从消息反映出来的思想观点及表现手段、手法上把握新闻稿件的新鲜点。

从宏观上讲,播音员、主持人的政策观念、新闻敏感、知识结构决定着新鲜点把握的程度。具体来讲,就是一事物区别于他事物的独特之处,这独特性正是在比较中显示出来的。如何对比? 同一时期的不同事件。把处在相同时间内的不同事件进行比较,便可以发现它们各自的不同特点。这是横向

比较。比如,在一次节目播出中有这样两条消息:一条是河南棉花丰收,另一个是山东棉花丰收。同一时间里,都是棉花丰收的消息,如果不认真进行分析,很容易播得雷同。但如果认真分析比较后就会发现,山东的棉花丰收,是在去年丰收的基础上,今年又获丰收,河南的棉花丰收是在大灾之年夺得的。这样一比,在感情态度上就会有所区别,这两条消息都是赞扬的感情,前一条要体现出连年夺丰收的语气,播音时节奏轻快,语势上扬;后一条要表达出抗灾夺丰收的情感,播音中节奏稳健,语气坚定。

2. 同一事件的不同时间特性

事物发展具有连续性,即使是同一事件,处在不同的时间也有发展变化,呈现出不同特点。把这一事件在不同阶段的发展变化加以比较,就会找到其新鲜之处,是纵向比较。比如,宣传我国空间技术的发展,卫星发射成功,每次报道都要力求找到这一事件的进展,寻找新的特色。例如:新华社消息,我国成功地发射了一组空间物理探测卫星。这是我国首次用一枚运载火箭发射三颗卫星。卫星准确入轨,各系统工作正常,正不断地向地面发送各种科学数据。这里面"一枚火箭发射三颗卫星",正是这条消息的新鲜点。它反映了我国卫星发射这一事件的新进展,播出时应将这一新鲜点作为重点突出,并充分体现自豪、兴奋、喜悦的情感。在比中求新时,还应注意深中求新。如有的消息只是数字或名字,但深入挖掘,就会发现其新意。如果单从数字和名字的表面去播,只能是把这些数字和名字平淡地念出来,很难体现出深意和新意。

3. 叙事要明确清晰

播音员怎样才能将心中理解的事实完全言表出来? 怎样才能使受众在快速行进的语流中"一耳朵"就能听清事实呢? 这需要在技巧上逐步解决。

第一,扎实的语言基本功。比如明亮、坚实的声音,标准清晰的字音,通畅自如的气息,灵活的口齿等。

第二,处理好句子。句子是新闻播报的最小表达单位,避免"字儿化",而后是语句重音准确、停连符合语法规范。尤其要注意长句的结构和语句目的,应避免因重音过多和停连无序,致使语意含混。

第三,组织好句子。句子与句子的关联要紧密,随内容变化语气,使小层次的内容集中、鲜明。避免每句的语式都是从"0"开始,再到"0"结束,全篇堆散句。避免语式雷同的唱调出现。

第四,注意层次的转换与呼应。新闻稿件的体裁,通常由导语、主体和结尾(有的还有背景材料)的三段式结构,播音员在较短的时间内迅速准确地把握新闻事实十分重要。

第五,分析确定导语的语句重心,避免语式平直架起。导语"纲举"鲜明,导向清晰,新闻事实本质便"一目了然",而后的新闻主体方可顺其势"目张"明了。主体部分是事实的展现部分,最忌讳的就是摆单句,摆成一片散沙或一团乱麻。应该由宏观入手,先确定重点和划分层次,通过语流曲线的对比变化将重点突出,将层次内部集中、将层次间的转换显露。层次和语句的主次之分,主要靠调整有声语言的疏密和语势来体现,重音和非重音的对比要靠音强和音长、音色的对比变化来体现。新闻播音最常犯的毛病就是处处着力,都是重点便无了重点,力度就变成了笨拙。

第六,明确背景材料的用途,充分发挥内在语的作用,避免直白肤浅和故弄玄虚,要不躁不饰地将背景材料交代透彻。

第七,结尾部分要注意与消息全篇的呼应,将语气自然过渡转换,自信平稳地将句尾"蹲住",给人以结束感,并将新闻内容引向深化。

练习例稿

最新数据显示,当前全国货运持续恢复,5 月,国家铁路累计发送货物 / 3.4 亿吨,同比增长 6.6%,铁路单月货运量再创历史新高。在终点物资保障方面尤为突出,累计发送粮食、化肥 502 万吨,同比增长达 28.2%。

高速公路货运量目前已恢复至 / 正常水平九成左右,与 4 月中旬相比,5

月 20 日以来,全国高速公路火车流量及货运量／日均增长 10%。

随着干线运输通道有效打通,全国物流分拨中心和基层服务网点也基本解封,全国邮政快递／日均业务量已基本恢复至／去年同期水平。仅 6 月 1 日当天,全国快递包裹揽收量达到 4.25 亿件,投递量 3.1 亿件,实现"揽派双增"。

4. 分寸感与鲜明的立场

新闻播音还要注意把握好分寸感。所谓分寸感,是指播音员在播新闻时通过语言所体现出来的态度、感情符合党的政策的尺度,既不能欠缺,也不能过火。这就要求播音员必须熟悉和领会党的路线、方针、政策,从整体全局的角度,用发展眼光观察报道各类新闻事件。

新闻播音还具有表态性。所谓表态性,就是播音员在报道新闻事实时,必须鲜明地表达出自己的态度。这一方面是由于新闻报道本身具有表态性,另一方面是由于有声语言本身具有表态性。如播音员在传达祖国建设捷报时面目应有喜悦之情,揭露社会上的丑恶现象时应体现出批评的态度。"即使播出一些已经发生的现在尚未得到解释的自然现象时,也不应采取所谓纯粹客观的态度,而应站在辩证唯物主义和历史唯物主义的立场,怀着探求自然奥秘的热情来播送。这些都说明新闻播音的表态性,不仅体现在表扬或批评性稿件中,而且贯穿于整个新闻播音的始终,其色彩是丰富的,其表达是多样的。"[①]

练习例稿

央视网消息(新闻联播):今天 9 月 7 日,中央宣传部、自然资源部联合发布"最美自然守护者"先进事迹。此次发布了马银国等 9 人和江苏省自然资

---

① 姚喜双:《播音主持概说》,高等教育出版社 2012 年版,第 80 页。

源厅自然资源确权登记局 1 个集体,他们都是长期奋战在自然资源工作一线的先进典型,用实际行动谱写了 / 生态文明建设的时代华章。

发布仪式通过视频展示和人物访谈等形式,从不同侧面讲述了"最美自然守护者"的先进事迹和工作生活感悟。首届"最美自然守护者"发布仪式将于今晚 19 时 41 分在中央广播电视总台央视科教频道播出。

5. 长句子的处理

处理好长句子是播报新闻的基本功。处理长句子,首先是在搞清语义和语法关系的基础上,安排停与连,即安排好气口,避免造成语意含混或错误。为了使语法关系明确,语意又能贯通,处理长句子时常常使用一种似停非停、似连非连的"挫"的方法。这种方法,是在很短的时间内声停气不停,或是用"抢气""就气""偷气"一类不明显的换气方式,并辅以语流曲线的细微变化来表现词语关系或语句关联。处理长句子,还要在明确语句目的的基础上,精选重音,避免因重音过多而使受众注意力分散。

需要注意的是,处理长句子,还要环顾语境,在承上启下的语势中,调整起伏、疏密,即加大语流曲线运动,自如地直奔语句目的。避免因紧张而使语流僵直,避免过于微观地理解和处理长句,忽略与上下关联的深层含义,死死地盯着这一句去患得患失,反而会适得其反。

长句子播读练习例稿

(1)一代人有一代人的际遇,一代人有一代人的使命。/ 新时代的中国青年把个人梦想融入民族复兴的伟大事业中,以实际行动肩负起时代重任,锲而不舍、接续奋斗,展现了新时代的青春担当。从今天(5 月 4 日)起,《新闻联播》推出系列报道《奋斗者正青春》,讲述在青春赛道上奋力奔跑的成长故事,展现新时代中国青年奋发进取的精神风貌。今天,我们首先来认识中国青年五四奖章获得者 / 黄震。

（2）国庆假期，各地用好红色资源开展党史学习教育，党员干部群众走进革命圣地，瞻仰革命旧址遗址，感受红色历史，汲取奋进力量。重温峥嵘岁月，这个假期，陕西延安宝塔山、枣园、杨家岭等革命旧址迎来许多游客，大家在这里追寻红色印记。在河北西柏坡革命圣地、抗日军政大学陈列馆、八路军一二九师纪念馆等地，大家寻访先辈足迹，感受红色历史。在苏北革命老区 / 江苏新沂淮海战役 / 窑湾战斗纪念馆，史实照片和陈列的实物详细讲述了发生在这里的英勇事迹。

6. 特稿具体情节的处理

特稿是一种与消息相对应的新闻文体，有时候特写也被列为"通讯"的一种，是一种专门描绘新闻事件或新闻人物的一个片段，特点是着力捕捉有意味的瞬间，着力展现精彩的现场画面，着力描写生动的细节。在播报时不要过分追求"身临其境"的感觉和绘声绘色的描述，语言把握住概述的格调，这样的播报才能和整组新闻播报语言统一协调。

新闻特稿播读练习

天南地北齐欢庆，人们在喜乐祥和的氛围中欢度元旦假期。

辞旧迎新，甘肃兰州老街 / 点亮3000多盏特色花灯，传统文化与现代科技巧妙结合，吸引市民驻足欣赏；在河北石家庄，各大楼宇建筑 / 上呈现出火箭腾空、"中国梦"等动感画面，人们在璀璨的灯火中 / 开启奋进的新一年。

在天寒地冻中戏雪观灯 / 别有一番韵味，在黑龙江哈尔滨，冰雪大世界各种造型的冰雕雪雕 / 让游客大饱眼福；在吉林梅河口，人们沉浸在关东乡土民俗中；而在海南三亚，丰富多彩的夜间游玩 / 和互动体验项目给节日增添了浓浓的滨海风情。

元旦假期，黄河壶口瀑布进入冬季最佳观赏期，景区在做好接待的同时，提醒游客注意个人防护。在云南怒江，来自全国各地的近百名选手挑战激流,感受竞技的快乐。这两天,成都大熊猫繁育研究基地扩建区开园了,43 只大熊猫入住新家,成为市民开展亲子活动、亲近自然的好去处。

7. 提速的技巧

打破标点符号的限制,区分层次是提速的有效技巧。在整体内容的宏观控制和驱动下少停多连,用语气的转折和错落(而不用停顿),来鲜明表现出语意的差别。

播报提速练习例稿

1. 近日,云南楚雄禄丰市发现多个因雨水冲刷显露出的 / 恐龙化石骨架,中科院联合当地恐龙化石保护中心对其展开科学考察。据科研人员判断,这些化石属于侏罗纪早期的 / 禄丰龙属。国庆期间,中央广播电视总台在前方搭建了 / 沉浸式虚拟现实演播系统,随这次科考进行追踪直播报道。

2. 记者从中央气象台获悉,未来三天,强降雨主要分布于黄淮、西南和华南区域,山西、河南、湖北、贵州、云南及广东等多省份受到影响,部分地区将有暴雨或大暴雨。中央气象台 19 日继续发布暴雨橙色预警。

气象专家提醒,近期华北、黄淮及贵州、云南等地降雨偏多、持续时间较长,需警惕因局部强降雨和持续降雨引发的山洪、中小河流洪水、滑坡、泥石流等 / 次生灾害。公众需密切关注临近预报预警信息,合理安排出行,切勿靠近灾害易发区。继今年第 6 号台风"烟花"生成后,南海热带低压于 19 日 8 时加强为今年第 7 号台风。(中文名称"查帕卡")。预计"查帕卡"强度将逐渐加强,受其影响,广东中南部及沿海一带 / 将有较强风雨。

三、一组新闻播报的整体播读技巧

(一)表现条序差异

广播、电视新闻节目的编排,一般是依先后次序论轻重,重要消息在前,次要的在后,因此有声表达一般表现出语气分量整体递减的趋势。注意:头条消息的分量不可不足,也不可过分冒出来。另外也有一些特殊的情况需要注意,比如遇到"本台刚刚收到的消息"尽管是在中间插播的,有时内容却非常重要,甚至超过头条或是与其并列。再比如,遇到一条配发评论的消息,尽管这条消息不是居于头条位置,但也因此提高了重要性,不能当作一般消息处理。

(二)向共同主题集中

非常态下围绕特殊节日或事件,表现一个集中的主题,这种新闻节目编排通常叫作"非常态编辑",这类新闻节目由于题材重大且各条消息主题同一、内容相近,容易引起播音员重视,做到主题集中并不难,只需留意感情分寸把握控制得当,注意各条消息间的流畅衔接。另一方面,"常态编辑"的新闻,由于其内容多样、信息量大、备稿时间紧,播音员的注意力往往集中在每一条稿件上。因此,既要注意稿件集群主题的相对独立性,也要兼顾集群间的关联与转换,避免匆忙间把若干条稿件机械拼凑起来,把一组新闻播成一盘散沙的现象。

(三)造就和谐的声音形式

造就和谐的声音形式,是指围绕稿件集群的主题,播报时候体现信息集中、叙述流畅,重点突出,形成一种环环紧扣,有张有弛的传播上的强势。所谓稿件集群,顾名思义就是几篇有关联的稿件组成的群体。稿件集群有的是以栏目设置归纳并分类的,每类都是一个有特色的单元,比如《新闻追踪》《大报摘要》《时事扫描》《国际动态》等,有的集群是按照信息内容意义归纳分类的。

(四)精心处理新闻提要和连接语

新闻提要是整组新闻节目给听众、观众的第一印象。但它并不是目录,条数一般只有新闻总条数的三分之一左右,却浓缩和概括了这一组新闻中最重要、最有价值的新闻事实,具有预告、吸引和提示的功能,历来被称为新闻节目的"眼睛"和"窗户"。播报要求总的来说"要准确、简洁、精巧、提神、有吸引力,"就每一条提要的播报要领来看,有些近似前面讲过的新闻导语的播报,只是更要有兴致,更要鲜明、准确、精练、明快。

提要表达的难点在于在快速的语流运动中,却要准确地表现出内容的纷繁变化和态度的迅速调整。注意在播报一组新闻播报的时候,要努力克服欠兴致、不精神、重音不准、语势雷同、提示性差、单条累积、集群关系不明等问题。

新闻播读分类练习

时政新闻:

央广网北京 6 月 11 日消息:在 10 日举行的"中国这十年"系列主题新闻发布会上,介绍了新时代加快建设交通强国的进展与成效。十年来,我国交通运输事业取得了历史性的成就、发生了历史性变革,迎来了由交通大国向交通强国的历史性跨越。

十年来我国综合立体交通网加速成型,有力促进了国内国际循环畅通。我国建成全球最大的高速铁路网、高速公路网、世界级港口群、中国高铁、中国路、中国桥、中国港、中国快递成为 / 亮丽的"中国名片"。

社会新闻:

2 月 4 日是立春节气,祖国大地,万物复苏,花木萌发,一幅色彩斑斓的生态画卷正徐徐展开。

在云南昆明滇池湖畔，捞鱼河湿地公园的/百万郁金香竞相开放。通过实施滇池生态修复工程，曾经杂乱的农业设施退耕还湿为五彩花海，为滇池系上了一条彩色丝带。

在浙江杭州建德的之江村，600多亩早熟油菜花相继盛开。近年来，当地种植油菜新品种，将油菜花的观赏期/从1个月延长到3个月，吸引了大批游客。

福建福州鼓山梅里景区的3000多株梅花迎来最佳观赏期，当地在原有梅树的基础上增种2000多株梅树新品种。

财经新闻：

2022年将是中国品牌出海的关键之年。随着"出海"常态化，越来越多的"中国智造"与"中国创造"将通过跨境电商的方式走向海外市场，在输出好产品的同时，将中国品牌的/价值观和生活方式传递给海外消费者。对于品牌来说，产品侧的创新固然重要，但还应精准理解用户侧需求，完善供应链管理，并在平台运营、品牌故事营销推广等方面发力，同时借助跨境电商平台的工具，不断反哺品牌自身的发展，最终构建出一个上下游高效联动的优质出海生态。

文体娱乐新闻：

北京冬奥会将于2月4日开幕，与中国农历虎年春节"完美邂逅"，纯洁的冰雪将与热烈的中国红/在这里"相遇"。北京冬奥会各个驻地和场馆洋溢浓浓春节氛围，喜迎来自各国的"冬奥客人"。

喜庆的春联、"福"字窗花、可爱的老虎装饰……热烈的中国红/点亮北京冬奥会的驻地和场馆。对于每一位冬奥会参与者来说，这个春节/注定格外不同。

在冰立方，来自世界冰壶联合会的代表们体验春节活动，也被中国传统文化所深深吸引。

远道而来的各国运动员感受中国年味儿,也为北京各项筹备工作点赞。

新闻播读示范一

中央经济工作会议指出,2022 年经济工作 / 要**稳字当头**、稳中求进。货币政策如何在"稳"字上 / 下功夫? 金融如何加大对实体经济支持力度? 来看记者对中国人民银行行长易纲的专访。易纲表示,今年以来,人民银行坚持 / **以我为主**、稳字当头,货币政策的前瞻性、有效性、精准性进一步提升,金融对实体经济支持力度 / 进一步加强。

易纲表示,2022 年,货币政策 / 将在三个方面下功夫:信贷总量要稳定增长、金融结构要稳步优化、综合融资成本要稳中有降。/ 为加大对实体经济融资支持力度,明年,人民银行将重点做好 / **普惠小微企业贷款延期还本付息** / 和普惠小微信用贷款两项直达工具的持续转换工作。

金融支持碳达峰碳中和 / 是人民银行的重要工作。11 月,人民银行推出了碳减排支持工具和支持煤炭清洁高效利用转向再贷款工作,人民银行对符合条件的贷款 / 按一定比例给予低成本资金。

跟读提示:"/"表示停顿,"加粗黑体"为重音。

新闻播读示范二

端午假期期间,中央广播电视总台 / 将推出丰富多彩的节目,陪您度过 / 端午小长假。

龙舟奋楫,粽叶飘香。/ 总台央视新闻频道将推出特出节目《**家国端午**》,多角度全景展现端午丰厚的民族传统 / 和文化内涵,讲述新时代奋斗者们 / 坚守拼搏、奋发有为的故事。

综合频道将在端午假期推出特别节目 /《**古韵新生·端午**》,推出古籍、古画、诗词、非遗等元素,全景式呈现端午 / 节民风民俗与历史文化。此外,端午假期,综艺频道特别节目 /《**最忆是端午**》、中文国际频道特别节目《传奇中国节·端午节》、财经频道《回家吃饭》栏目/特别策划/《粽子群英会》、科教频道《味道》栏目特别节目《味道》栏目特别节目《味之道·香飘端阳》、纪录频道《厨房里有哲学家》、央视新闻新媒体融合直播/《正是端午好风景　云游共安康》等节目/将集中展示源远流长的中华文明,祝福祖国繁荣昌盛、人民幸福安康。

跟读提示:"/"表示停顿,"加粗黑体"为重音。

四、"播说结合"与"说新闻"

"说新闻"在广播电视节目中经常出现,尤其在记者、主持人的现场采访报道中、在新闻节目的串联语中、在社会新闻和新闻综述的栏目中,表现出自己特有的优势。"轻松自如"是这种样式的显著特点,是三种新闻播音样式中的"轻量级"。它在不失去新闻语言的准确、简洁的前提下,尽可能多地保留了说话般的轻松和自然。它像说话,但比说话利索有力度;它像播报,但比播报轻松随和。"说新闻"并不是在原来的稿件中加些口语的"呢""了""嘛""的""那么""就是"等放松词,怎样做才能说出新闻呢?

(一)基本方法

主要的方法:其一,是需要将原来的新闻稿件按照口语化的一般要求重新改写,比如使用更多的简单句和短句,使用惯用词和听觉易分辨的词等,甚至还得按照某一个主持人的说话风格习惯重新改写。

其二,是在阅读分析了多份不同媒体来源的新闻后,另行确定自己的介绍内容和方法,这时主持人手中可能只有材料、卡片和提纲,一切都在腹稿中,而后随想随说,表面看起来轻松的语言,其背后却并不轻松,别有一番劳苦和功夫。

（二）"说新闻"的"备稿六步"

"划分层次、概括主题、联系背景、明确目的、分清主次、把握基调。"[①] 六步并作一步走的快速备稿完全可能,快速备稿,需要注意边理解边感受边说,着重于重点和基调的把握,大笔勾勒,舍轻微而取轮廓。

（三）各种类别的"说新闻"的基本原则

时政新闻:基本语言样式可采用"播说结合"的方式,语句工整、节奏明快、音色明亮、态度鲜明、分寸适度。对于具有法令、公告、章程、决议等文件性质的稿件可采用"宣读式",即语速较慢、节奏稳健、语句工整、语气庄重、力度较强。

社会新闻:在新闻报道中,社会新闻通常占很大比重,既严肃端庄又亲切自然,对于知识性、趣味性强的稿件,语势变化可丰富些,语速亦可快慢有致。

财经新闻:干脆利落、条理清晰、节奏明快、重音突出,尤其是此类消息多出现经济术语和数字,这些词语的处理更要清晰明了、准确无误。

文体娱乐新闻:由于内容的娱乐化、轻松化、趣味化的特点,要求语速较快,轻松自然,语言样式也灵活多样。

五、"说新闻"整合串联的做法

第一,适应听觉、突出重点。将原来导语中的长句分解成短句,适应听觉结构便于理解信息的需要;把重要信息点及观众关注的信息点在导语中予以突出,吸引观众的注意力,使导语听来十分明晰。

第二,扩大视野、补充信息。提供必要的新闻背景(如社会背景、历史背景、地理背景),或相关的知识性材料,帮助受众更轻松、更方便地透过新闻事

---

① 国家广播电影电视总局、广播影视从业人员资格管理领导小组办公室编:《播音主持专业理论与实践》,中国传媒大学出版社,2003 年版,第 103 页。

实的来龙去脉,扩大观众的视野,更好地理解新闻事实的本质及其对周围事物的影响。

第三,寻找切入点、吸引收视。应熟悉观众的需求,关注观众感情和期待,多从贴近观众生活、贴近受众心理的角度寻找那些"直接可感"的切入点,可用由近及远、由此及彼等方式导入一条新闻,或抓住消息的核心以设问方式提出悬念引发兴趣,或者用"讲故事"方式讲述新闻事实的个案或细节以吸引观众注意收视。

第四,稍加点评、意在沟通。主播以"朋友"式的个人身份和观众"一起"关注新闻,必要时把自己对新闻事件的感悟,讲究分寸地在导语或者串联词中与受众做简短交流。

第五,有机衔接、巧妙转换。可在相邻的消息之间发现正相关、负相关、对比、联想等可能有的逻辑联系,让观众更有兴趣、更关注接受新闻,增强传播的整体性。

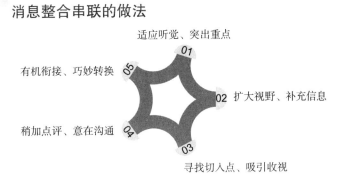

图 5-1　消息整合串联的做法

总之,新闻消息类的播报已经呈现出多样化的趋势和语言样态的融合趋势,播报多样化"融合"趋势:比如"播报"与"播说结合"两种方式的融合,"播说结合"与"说新闻"的融合,新闻杂志节目中,"播报"与"说新闻"及"点评"的融合,一档新闻节目中不同播报方式的转换,一定要自然、恰当地过渡,以保证整体节目的和谐。总之,播音艺术是一种熟练的创作状态,是下意识状态,这种状态必须在反反复复的训练与积累中才可能产生。这种感觉并非简单直觉,已经融合了理性的要求,综合了多方面的感受,是一种升华了的既具体又朦胧的高级模糊状态。

● 思考题

1. 新闻消息播音的语言特点是什么?

2. 评论播音主持的语言特点是什么?

● 实践环节

1. 选取近期新闻报道3—5条,整合串联新闻消息,口头练习一篇新闻评述。

2. 话题评述:我所理解的"中国制造"和"中国创造"。

3. 话题评述:环境保护我能做些啥?

第六章　新闻类节目主持

记者型主持人既要起到主持人在节目中的主导作用,又要承担起重要的采访任务,在主持中融入记者的报道观点,在采访中体现主持人的权威性。记者型主持人专访与现场报道宏观上具有全方位的节目编辑意识。

第一节　专访与现场报道

一、专访的概述与分类

专访是记者型主持人与专门的采访对象,就一定的主题在特定场景进行谈话的一种节目形态,是大众传播与人际传播相结合的产物,具有人际传播亲切可感、双向沟通、直接反馈的优势,广播和电视节目专访的节目形态,其采访过程不经过文字符号的转化加工,而直播的专访不同于文字采访,没有回旋余地,没有补救办法,不能更改,无法剪接,从某种程度上说,采访过程就是节目本身。

专访主要分为三类:事实性专访、意见性专访、人物专访。事实性专访目的在于详尽了解事实本身的来龙去脉、前因后果、认识事情的本质意义,具有时效性和说明性较为显著的特点。

意见性专访：就社会关注的某类现象、问题或政策，邀请具有代表性、权威性的人士做大跨度的、深入的采访，具有针对性和权威性较为鲜明的特点。

人物专访：重在对人物内心世界的关注，其精神品格、人生感悟、取得成就的心路历程、人物的独特风貌都将给受众生动感人的启迪。

"访谈"节目，其形式可简单理解为，由一人提出问题，另一人进行回答，两人就某个事实或观点实现你来我往的思想交锋。我国较早的访谈节目可追溯至 1993 年上海东方卫视推出的《东方直播室》。1998 年杨澜推出首档高端访谈节目《杨澜工作室》(后更名为《杨澜访谈录》)，专访经济、文化等领域国际国内社会名流。同年窦文涛主持的《锵锵三人行》面世，更明确地针对热门新闻事件或社会热点话题展开讨论，在嘉宾各抒己见、观点碰撞的过程中，引领观众产生多样化的思考。访谈节目走向普及化，是在 2000 年之后，以《超级访问》《鲁豫有约·说出你的故事》《天下女人》等为代表的各类访谈节目，且大部分节目坚持播出了十多年。

对于观众而言，访谈节目中主持人与知名人士的交谈过程，在某种程度上实现了他们与感兴趣的嘉宾面对面沟通、交流和表达的愿望。主持人怎样做好专访？第一，专访的信源和信誉，一方面来自专访对象，另一方面来自主持人。第二，营造轻松和谐的谈话氛围，激发采访对象的谈话愿望。第三，与准备工作同样重要的还有聆听艺术，既要有充分准备，又不局限于预先准备的问题，能够在认真投入地倾听的同时，随时发现可以深入开掘的问题和新鲜的信息，使专访内容有独到的深入价值。

二、现场报道主要流程

记者型主持人必须不断加强自己的政治修养，在深入现场面对突发事件时，始终能把握正确的舆论导向，能够迅速、准确地研判新闻事件将会产生什么样的社会效果，挖掘事实背后的背景，或者在貌似平常的表象中发现重大的新闻价值，这就要求记者型主持人积极培养并提升锻炼新闻敏感度。新闻敏感对于记者型主持人来说,就像色彩对于画家,音符对于音乐家一样重要,永恒追求并探寻的是事实客观真相,要临场应变和即兴发挥,要泰然自若地展现自己独特的屏幕形象,临危不乱保持镇定,聚精会神做好自己的报道,这些都需要过硬的心理素质。记者型主持人力图以新闻事件"见证人"的身份出现的,成为"现场"不可分割的一部分,在新闻现场的感受力非常敏锐,引领观众体会到一种"身临其境"的感觉。

央视记者蒋林曾在成都电视台做主持人,2014 年转型记者加入中央广播电视总台之后,逐渐成长为大家眼中的央视"连线哥",蒋林更在乎自己想要表达的东西有没有充分体现在工作现场,他时刻谨记自己是去采访的,而不是去"给人添麻烦"的,有一次在国家电网某重大工程海拔 3000 多米的施工现场,蒋林用近 5 个小时爬上了 700 米之上矗立在悬崖边的一座电力塔架,或许也可以找人借助工具把他弄上去,但他坚持自己爬了上去。

记者型主持人在现场报道对比室内播报有更高的要求。没有提词器,没有稿子,不是单向播报,需要与演播室的主持人保持互动,即时回答主持人询问,没有录播。以上这些都要求记者型主持人提前做好信息汇总和编排,在与主持人连线的时候,随时准备应对主持人的提问,兼顾内容的全面真实以及条理层次清晰。

(一)现场报道注意事项

报道人的视听形象——语言规范严谨、简洁明快,把握好语气、分寸;

态度自信、客观、冷静、果断;举止干练得体,眼神、表情符合身份和现场氛围;

化妆整洁大方,不露痕迹,着装简朴利落,与现场吻合,要符合社会规范,体现新闻工作者的气质风范;

积极与同仁默契合作,主动灵活地协调关系,解决现场难题。

（二）具体报道流程

开场语——说明时间、地点（可由典型音响或事发背景画面引入），简介报道由头、概述事实、报告采访目标，语言简练、明确。

现场感——边观察边叙述，运用听觉、视觉、嗅觉、触觉等，发现并展现说明与报道相关的细节，准备的报道方案要与现场实际情况结合，必要时迅速作出调整。

动态性——敏锐发现事件变化，不失时机、准确地做出口头报道。

现场采访——对当事人、目击者或政府有关人士做现场采访，通过他们了解、证实事实或核对事实，或提出细节、新线索等，提问以闭合型问题为主，具体、明确、针对性强，注意追问细节、事实，适当触发对方情感，引导对方思路。

现场的述与评——可先述后评，可边述边评，要求脉络清楚，判断正确。

结束语——对事件做出概括归纳，言简意赅、三言两语的评议，或对事态发展做出预测。

获得第 30 届中国新闻奖一等奖的广播消息，《5G 技术助力国产机器人完成全球首场骨科实时远程手术》，2019 年 6 月 27 日在 FM100.6 北京新闻广播《整点快报 22 点档》播出。记者首次尝试"现场实时解说+同期"的形式，还原了令人紧张的手术关键步骤、成功的历史时刻。为此记者提前与专家沟通手术方案，在实时解说中将复杂的医学技术、专有名词转化为通俗易懂的广播语言。特别是"这里既没有病人也没有病床、主刀医生今天不用手术刀"等描述留足了悬念。现场音响宝贵而丰富，作为少数能进入现场的人员，记者完整记录了 3 小时的手术音响。特别是手术成功的历史时刻，医生长舒一口气，继而全场爆发热烈掌声的同期声真实、激动人心。节目播出后获得听众和专家的好评。尤其是手术现场音响真实、可贵，避免了以往重大手术事后补采的遗憾。这使得整个报道更具广播特色、故事性强、可听性强。节目还同步在北京电台手机客户端"听听 FM"和北京广播网同步分发。报道生动、准确,中国电信以此为脚本制作了短片作为运营商5G官方宣传片,获得更广泛的传播。这期节目新闻价值高,所报道的新闻事件影响力可以波及全球医疗领域,从一个方面展现了中国科技发展的软实力。同时完成了科技转化最后一公里,体现了5G新技术未来在远程医疗的应用价值,成为实实在在的技术惠民,同时在多种媒体平台获得了良好的播出效果。"[①]

从2018年开始,第28届中国新闻奖首次设立媒介融合奖,媒介融合奖项首次设立了短视频新闻奖。"从第28届到第31届中国新闻奖,共有75件短视频作品获奖,这些作品反映出我国主流媒体短视频新闻生产成为趋势和独特实践方式。"[②]全媒体时代主持人现场报道更加应当把握好视频的"时长"关键要素,极速呈现新闻现场,内容呈现直观生动,引发受众情感共鸣,形成主流舆论较强的社会动员力。

三、现场新闻+Vlog

Vlog是博客的一种类型,全称是Video blog或Video log,意思是视频记录、视频博客、视频网络日志,源于blog的变体,Vlog作者以影像代替文字或相片,强调时效性并上传与网友分享。2018年之后Vlog逐步进入我国,主持人利用Vlog第一视角形式进行现场报道的作品逐渐增多,主持人只要身处新闻的第一现场,都可能成为Vlogger,记录自己、记录工作、记录历史的经典一瞬,以高度生活化、情景化、故事化的表达,成为现场报道的热门形式。青岛新闻综合广播#我的春节仪式#主播过年Vlog"愿烟火向星辰,所愿皆成真",跟随主播到山西千年文明圣地——五台山,许下新年心愿!央视军事视频号2022年11月12日,主持人林泉Vlog揭秘如何把"飞机""请进"演播室!虚拟视界超酷炫,主持人无实物解说非常精彩。2022年9月22日,电影频道融

---

① 中国记协网:《北京广播电视台:5G技术助力国产机器人完成全球首场骨科实时远程手术》,2021年5月20日,http://www.zgjx.cn/2021-05/20/c_139955555.htm。

② 杨生福:《短视频创作需把握的"三个关系"》,《中国记者》2022年第9期。

媒体中心发布主持人大学生电影节初体验全程 Vlog。

Vlog 视频博客是一种轻量化的内容输出形态,以较为平易、轻松的叙事方式,有效凝聚共识,引发共鸣。首先,这种轻量化的采访方式更容易让采访对象感到放松,有利于让他们自然地表达自己的观点。其次,轻量化的采访大大提高采访效率,手持采访设备的优势在于小巧轻便,随时随地使用,方便立即上传采访内容,无须大量的后期制作,快速剪辑、整理内容并即时发布。"相较于精心拍摄制作的演播室节目,轻量化视频具有粗糙感的画面更加真实和自然,让受众更好地体验新闻事件的现场感,粗糙感的画面增强新闻报道的真实性和沉浸感,也需要考虑到受众的观感和接受程度,需要权衡各种因素,以最大程度发挥其优势,避免其局限性。"[①]

现场新闻 +Vlog 在重大新闻事件报道中,碎片化的记录展现不同场景和角度,让受众身临其境地感受现场的氛围和情感,增强视频的感染力和吸引力。"小彭 2023 两会 Vlog"叙事方式呈现碎片化的特点。"比如通过中外记者'抢座'、排队领翻译器、会议现场布置等不同细节,向用户呈现了一些不常见的新闻现场,注重场景、细节和情感等特点,强调主题性和故事性,让用户更好地理解时间的意义和影响。"[②]

总之,全媒体语境下对主持人现场新闻报道的时新性要求更高,表达速度要求更快,所遴选的内容要求更新,播报语态要求更贴近社会动态。"以平视的镜头展现普通人的渴望与追求,以邻家大哥式的主持人和观众聊天,由高高在上的'播报'演变为'说新闻'、'拉家常'、'讲故事',传播内容更观照用户微观需求,在互动互联网时代,对新闻事件重要性内涵的理解变得宽泛起来,互联网增强了个人事务的重要性,凸显个体价值。新闻的重要性更强调对用户微观层面需求的关注,于是那些平民化的,甚至草根化的,与受众的利

---

① 彭译萱:《轻量化视频在重大主题报道中的运用》,《新闻战线》2023 年第 4 期(上)。

② 彭译萱:《轻量化视频在重大主题报道中的运用》,《新闻战线》2023 年第 4 期(上)。

益紧密衔接的内容广受关注。"① 现场新闻报道的趣味性被定位于更为重要的位置,相应的表达方式也随之变成寓教于乐、亦庄亦谐,意义在于为用户提供愉悦可信度高的传播情境。

第二节　主持人即兴评述训练

主持人即兴评述的训练重点有两方面:一是提高思维能力,二是把握主持人言论的特点。综合起来就是——拓宽思路"有话可说"、运用材料"言事见情"、分析说理"透彻易解"、语言表述"平易鲜活",区别于报刊社论、编辑部的"大块头"评论文章,紧扣新闻信息,三言两语的议论灵活、亲切,又极具"平等"色彩及交流意味,以受众易于接受的方式和平易的视角坚持正确的舆论导向。

一、即兴评述的优势

对人或事做出实事求是、合情合理的分析议论,是新闻评论类节目主持人应当具备的能力。主持人即兴评述有两种形式:一种是三言两语的"点评",在串联词或采访报道中,对新闻事实或社会现象所做的简短议论。另一种是独立成篇的短评,即主持人小言论,在节目中占有独立时段,辟有专门的栏目或子栏目。主持人言论的特色及优势,传播身份的平等性、议论话题的贴近性、谈话体的交流感及语言表述的个性化是主持人言论的特色。

二、即兴评述的特点

主持人即兴评述,作为媒介言论的一个分支,以其独特面貌,进行沟通、疏导、平衡、匡正,积极灵活发挥舆论引导作用。

---

① 阎安:《融媒体时代视听节目策划》,中国广播影视出版社 2021 年版,第 102 页。

其一,身份上的亲近感。主持人是与受众地位平等的传播者。"平等交谈",是主持人职业角色固有的特色。新闻评论类节目的主持人,在与受众朋友谈天说地时,以诚相见、真心实意、亲切平易地发表意见。

其二,内容上的贴近性。主持人的小言论多选取现实生活中老百姓所关心的各种问题,在贴近生活实际、贴近群众脉搏、贴近政策举措的热点、焦点上,以及存在的具有倾向性的社会现象上做文章。主持人小言论融事实性信息与意见性信息于一体,着眼于开阔的视野,可从百姓的视角入手,有着浓郁的生活气息,与实际生活紧密相关,正可谓"小角度,大视野"。

其三,方式上的谈话式。主持人小言论的叙述方式多为夹叙夹议的谈话式,具有朋友间平起平坐、促膝谈心的味道。其论题具体、单纯,议论集中,以身边事谈道理,形象、平易,听来轻松,便于带动受众能动地联想和思索,易于引起共鸣,具有较强的感染力和说服力。谈话式还有小型化的特点,灵活、便捷,不求面面俱到,既可一事一议,亦可突破此模式,或由点及面,或由此及彼,或由内到外,做一定的综合分析。主持人小言论取谈话体,注重"双向交流"的拟态,用语通俗、上口,比其他类型的评论更接近日常口语,注重思想情感的交流,不是自说自话,而是摸清受众可能应有的思想反应,讲究谈话的针对性和适应性,突出言论的商讨口吻,具有很强的交流感,是广播电视评论中的一支"轻骑兵"。

即兴评述:向校园暴力说"不"!

2019年电影《少年的你》上映,这部影片把校园暴力的话题带入公众视野。现实中假如您的孩子出现这些情况,他(她)可能正在遭受校园暴力,比如:突然不想上学,身上有被打的伤痕,接到电话或者信息后表现出悲伤、愤怒的情绪,有恐惧、失眠等其他异常症状。如果您的孩子不幸是被欺凌者,请您在这个难处的时期多陪伴孩子,让他(她)知道可以信任您,随时可以得到您的帮助。当孩子遭受欺凌向家长倾诉时,家长万万不可埋怨孩子,您的漠视比欺凌本身更加可怕,必要时家长可与学校共同解决。

校园暴力的类型,第一是语言暴力,指学生经常用污言秽语对其他学生进行攻击,从而产生矛盾;第二是身体暴力,指借助身体的优势打击比较弱小的同学;第三是心理暴力,指不断用语言、行为等给其他同学造成精神、心理上的压力。校园暴力的危害巨大,不仅关系到受害者的生命安危和心理成长,而且会影响一个家庭的幸福,影响学校的长远发展和整个社会的稳定。校园暴力事件产生的根源,既有家庭因素、学校因素,也有社会因素和学生自身因素。对此,需要从学校、家长、社会等多方面协同制定相应对策,坚决予以治理。

首先学校要加强对学生的综合教育。向学生宣讲基本法律知识,组织学生观看有关校园暴力引起犯罪的视频资料,让学生了解我国的基本法律制度,进一步增强学生的法律意识。加强校园内部安全管理,以及周边环境的综合治理,为学生提供良好的成长环境,建立健全各项校园安全保卫规章制度,为校园安全提供制度上的保障。

其次优化家庭教育。和谐良好的家庭氛围对孩子的教育至关重要,父母要采用科学理性的方式教育子女,尽量减少让孩子观看有暴力内容的视频画面,反思家庭成员间的相处方式,警惕自身行为可能会引起孩子的模仿,教育孩子遵纪守法与人友善相处,是作为家长义不容辞的责任。

最后社会应深入落实素质教育,构建良好师生关系,促进建立学校与家长的良好沟通机制,通过政府及相关部门与校方合作建立校园暴力防控系统,防范外界危险因素对校园的侵害。

关于校园暴力的话题,我们要坚持零容忍的态度,采取切实有力的行动。我们必须向校园暴力说"不",不做旁观者,不做施暴者,请大家别沉默!

其四,风格上的个性化。主持小言论将逻辑推理与感情传递结合起来,在心平气和的谈话氛围中,情理交融,侃侃而谈。个性化小言论可提供多个视角、多种见解,为观众提供一个参照系,有助于人们对新闻事件评价的主动参与和平等交流。此外,"透过言论的选题,主持人的关注层面、熟悉领域、眼界范围、思辨能力、性格特点、情感倾向、语言个性等反映人格内涵的东西,在一次次的言论中愈来愈清晰"。①

三、即兴评述的思维

认识"预有准备"与"即兴快评"之间的辩证关系。广义"预有准备"泛指平时的学习与积累、关注与思考。狭义的"预有准备"指自己事先撰写好的言论稿,重在思维与语言的锤炼。狭义"预有准备"重在思维快速的反应及语言准确快捷的组织,既需要平时思考及语言表述的锻炼与积累,还要求具有良好的心理素质。"预有准备"是主持人言论的重要形态,也是"即兴快评"必不可少的基础。

即兴评述:如何看待短视频审丑乱象 ②

短视频领域出现的"审丑"乱象,具有异化文化生态、误导社会风气等消极影响。

为什么卖丑主播会频频走红呢? 我认为主要有四个原因。

第一,平台逐利的外在环境。短视频平台的迅速崛起、大众文化的大量普及,为文化产业化的发展带来了契机。各大短视频平台为吸引受众注意力、获得流量效益而大开闸口、姑息纵容,导致各类短视频倾泻而下,恶化了平台文化的生态环境。

第二,网红卖丑的内在心理。近年来,众多"网红"卖丑成名,获取高额收入,终将沦为牟利的附庸、人设的傀儡。

---

① 吴郁:《当代广播电视播音主持》,复旦大学出版社 2005 年版,第 173 页。
② 董晓玉:《短视频"审丑"现象的迷思与祛魅》,"人民论坛网"2022 年 4 月 13 日,http://www.rmlt.com.cn/2022/0413/644633.shtml。

第三,用户麻木的认知模式。娱乐至死下的审美偏离,受众在短视频"审丑"热潮中逐渐丧失理性审视者的角色定位,在消遣娱乐的过程中不自觉地模糊了美丑边界,感官享乐的条件反射代替了对"丑"的理性批评和反思,进而导致审美偏离。

第四,相关部门监管失位。不良价值倾向尚未引起足够的重视。政府相关部门对短视频平台和自媒体创作的监管能力缺乏全面性、针对性的提升,少数主播以打"擦边球"方式,制作发布不实、恶俗,甚至违法信息,给社会带来了不良影响。

治理短视频审丑现象,需要政府部门健全制度机制,做好"把关人"和"引路人",其实离不开多元治理途径、平台+受众的协同配合,从而形成监管矩阵同向发力。最后,需要相关教育部门的助力,打造"短视频+美育"模式,形成健康理性的审美思维和能力。对此,应从政府主导、多元治理、教育助力三个维度作为整顿发力点,有效遏制短视频"审丑"的不良倾向,以实现"审丑"的祛魅与纠偏,营造风清气正的网络空间。

四、即兴评述的方法

这些方法首先表现在选题、选材、立论的构思与写作过程中。

第一,选题从近处和小处着手。

所谓"近处",在时间意义上可以是新近发生的国内外新闻事件,体现新闻性;在空间概念意义上可以是人们身边的大事小情,体现贴近性。所谓"小处",则是说选题的角度要小。因为主持人的身份不是"官方发言人",也不同于在国内外重大问题上发表权威性意见的专职评论员。主持人的选题应从人们的生存状态、心理状态、生活环境、自然环境着眼,其中既有柴米油盐的"生活琐事",也有关系到国家方针政策的大事。遇后者,主持人言论发挥"轻骑兵"优势,可化整为零,做系列评论,每次从一个小角度切入,结合群众的利益,提供各个相关方面的事实,条分缕析、掰开揉碎地把道理讲清楚。

即兴评述：与素颜和解 [①]

随着社交平台的发展，许多商家为了提升销售额，拓展潜在的消费群体，不断在网络上对女性的"容貌"下定义，人们对于女生容貌"完美"的要求似乎越来越高，导致一些女生对自己的容貌比较自卑。近日，"与素颜和解"这一话题登上了各个社交平台网站的热搜，不少博主关掉滤镜与美颜，卸下精致的妆容，以素颜出镜，直接面对最真实的自己。

"与素颜和解"，这个话题背后，隐藏着一些令人深思的社会现象。首先就是畸形的社会审美理念，一种以"精致外表"为美的审美理念，给很多人带来了精神困扰，还造成了社会对"外貌粗疏"的一种蔑视。

美的形态应该是各种各样的，卸下包袱与伪装，与自己和解，做真实自然的自己。"美"没有定义，多元审美才是时代发展的主流趋势，任何"美"的定义都是具有倾向性的，并不适合于每一个人。审美趋势随着时代不断在改变，每个人无须刻意地迎合某种外在的标准，多元审美才是时代发展的必然趋势。

不少网友认为美貌可以解决一切问题，但精致的外表只能为你锦上添花，并不能雪中送炭。美貌肯定不是人生赢家的通行证，被容貌焦虑的想法所包围，使我们过度沉浸于外表美丽与否，忽视了自身的全面发展。我们要树立正确的价值观，努力提升内在美。在容貌焦虑的时代，不妨我们开始"知识焦虑"，努力提升自己的内在涵养，增强自信心，提升自身内在的文化底气。

你不一定立志成为盛开的玫瑰，如果你情愿的话，可以选择做梅花、做茉莉，做默默无闻的小草……"与素颜和解"归根结底是社会对女性容貌标准的绑架，是社会为女性设置的苛刻的条条框框。其实每个人都是独一无二的，无须也不应为了素颜感到焦虑，漫漫人生路有许多更值得我们关注的问题。

①　本文的部分内容来源于 https://baijiahao.baidu.com，2022 年 6 月 30 日。

作为新时代女性,我们要勇于超脱世俗眼光的局限,自信大胆地否定世俗对女性容貌的"刻板成见",正视自己并努力提升真正的自我价值,这样才是新时代真正的"美"。

第二,选材突出典型性、形象性。

首先,主持人小言论在选材方面一定要精,突出典型性和形象性,这样才能使议论有个机缘,有个切入点,有引发议论的头绪和方向,才能理从事出,顺理成章;其次,具备典型意义的事实具有拓展性,易于让人举一反三,典型性、形象性的材料容易在瞬息即逝的口语中触动情感,引起共鸣,能增强议论的可听性和可视性。

即兴评述:电子读物是否能取代纸媒 ①

伴随互联网传媒技术的发展,有关"如何读书""读什么书"也一度成为热议话题。过去书店人头攒动、捧书阅读的场面正在消失,以电子阅读为代表的新兴阅读方式蓬勃兴起。人们穿梭于网站、微信公众号文章之间,浅阅读、碎片化的生活方式渐成气候。

我认为电子阅读和纸媒将是两个互补的载体:互相依存,互为补充,谁也替代不了谁! 读书人"一杯茶、一本书"的乐趣,是互联网时代电子阅读无法取代的。电子阅读随时随地阅读的优势也是纸媒替代不了的。

"电子阅读和纸媒阅读,正好像近视者所戴的实物眼镜和隐形眼镜,隐形眼镜,轻便但容易产生疲劳;而实物眼镜厚重却舒适。"清华大学美术学院艺术学专业硕士生刘晓伟昨天接受本报记者采访时指出。

首先电子阅读具有轻便、快捷的特点和优点,但是,电子阅读目前也有自身难以克服的缺点:注意力集中程度大大弱于纸媒。电子阅读界面会时不时

---

① 搜狐网:《即兴评述:电子读物是否能取代纸媒》,2020 年 1 月 2 日,https://www.sohu.com/a/364293490_99955982。

自动跳出游戏、广告等分散注意力的页面,是电子阅读自身很难克服的缺陷。相比之下,纸媒阅读时注意力更容易集中,眼睛不容易疲劳,不仅仅是舒适度强,也更容易找到思考的感觉。纸媒在中国延续了千百年,具有独特的魅力,掂在手上本身手感就好,又便于收藏与交流。

网络时代的电子阅读鱼目混珠,含有很多垃圾,堆积着太高的时间成本;同时,具有"快餐"特色的电子阅读,准确性和可靠性比起纸媒的差距还很大,纸媒相对规范,权威性可靠性强。

其实无论是"轻舟小船"的传统纸质阅读,还是"汽笛轰鸣"的新兴阅读方式,总体来说两者是互补的,缺一不可。总之,多样的阅读方式使人们的精神生活更丰富了而不是更贫瘠了,获取知识的途径更多元了而不是单一了,可供选择的内容更丰富了而不是缺乏了。但形式的多元必将导致选择的随机,在海量信息、鸡汤遍地甚至虚假消息大行其道的信息之海中,如何取舍,大家应保有"智者"的头脑。

第三,立论与论证微言大义,视野开阔。

"观众对主持人节目的接收心理要求平等、平和、亲切、轻松,这便规定了主持人小言论立论的角度要小些、集中些,能够微言大义,言简意赅。但是,必须强调的一点是,'微言'也好,'言简'也罢,并不是平庸、空洞、就事论事的同义语。所谓"微言大义"就是能把事情放在一定的社会环境、政治背景、法律道德规范的高度上来评价;所谓'言简意赅'就是避免长篇大论,说理要深入浅出,议论贵在简约精当,鞭辟入里,或升华主题,或启迪思考。论证与构思紧密相连,开阔的胸襟、宽广的视野、飞腾的思绪、独到的感触、深邃的哲理加上创造性的构思,能使主持人的言论插上个性的翅膀,引起受众的兴趣。"[1]

---

① 吴郁:《当代广播电视播音主持》,复旦大学出版社 2005 年版,第 177 页。

《主播说联播》中国航天：太空授课

今天下午，有上亿观众和我一样，通过中央广播电视总台的全程直播，收看了中国空间站的第一课。整体看下来，我想到了两个成语，一个是天壤之别。这堂课非常生动精彩，我也学到了很多知识，比如，航天员为什么在空间站显得胖胖的？王亚平老师给出了答案，就是在失重的环境下，人体下面的血液会往上涌。再比如水磨变成水球的实验，中间注入气泡之后双重成像，让人觉得特别奇妙。还有航天员在太空中如何转身，乒乓球放进水杯里会不会浮起来？水球中放入泡腾片会是什么结果？直播看下来，很多网友在给央视新闻留言时说的最多的就是太神奇啦，大家感觉受益匪浅，意犹未尽。所以没看的推荐看一遍，看过的也不妨再刷一刷，这份精彩值得。

天宫授课从来都不是简单的一堂课，从学生们的热烈反应、踊跃提问当中，我们也感觉到好奇心的种子已经在他们的心里种下了。其实，八年前的太空授课就激发了很多人的兴趣与梦想。这里我要说另一个成语，异想天开。对这个词我也有了全新的认识，很多在地面上的，一想在天上就能变成现实。科学探索也需要更多的异想天开，所以期待着同学们，也期待更多人上完这堂最高的课，能让梦想飞得更高。

见证一座未来之城从无到有，我是"雄一代"，在那个时候，他的眼睛就像夜空中最亮的星。科比说，你见过凌晨四点的洛杉矶吗，雄安人，一二三四五几点的雄安都见过，他们甚至会在早上睡早上起，简称"早睡早起"，因为他们的每一天都在书写着历史，这是千年大计，国家大事。在今年春节，我来到了冬奥会的建设场地，海拔两千米的张家口崇礼，冬奥气象服务队领队郭宏对我说，你们知道吗，赛场气温低于零下二十摄氏度就要终止比赛，缆车遇到六级大风就会停止运行，气象数据甚至会对裁判的最终结果起着决定性的因素，虽然现在科技的发展日新月异，但是精确的气象数据还是需要人工来测量，气温零下十七摄氏度，风速十米每秒，他们的脸被风雪吹得像圣诞老人。在坝上的制高点，飘扬着一面五星红旗，郭宏常常望着那一面国旗说，我们团队一定要拿下冬奥气象服务队这枚金牌。在 1 月 29 号,国际奥委会主席巴赫在张家口考察结束时对我们说,The preparation for the Olympics Winter Game for 2022 are really excellent in a Chinese way(你们用中国的方式为 2022 年冬奥会做出了非常出色的准备),他说中国正在完成着非常出色的工作,他为中国效率点赞。而我们每一个人都正在做好准备,向世界展现新时代中国的风采,在同一面国旗下,凝聚着近十四亿国人的梦想,而我愿在那些现场,在这方主播台守望你的梦想。

➲ 思考题

1. 主持人专访的具体要求是什么?

2. 即兴评述的特点和主要方法有哪些?

3. 主持人现场报道的流程有哪些?

➲ 实践环节

1. 有创意地设计并模拟一期主持人专访节目。

2. 以"打造精品乡村休闲旅游"为主题,策划并模拟一期现场报道。

第七章　全媒体新闻直播与短视频主持

知识目标:全媒体直播尤其是移动直播成为最能展示融媒体属性和优势的一种信息传播方式。网络直播的出现,打破传统媒体直播垄断权,过去只在电视上呈现的新闻节目能够以直播流方式进入网站、手机客户端等新媒体平台,实现多屏联动推送,立体多元传播,有利于节目扩大影响力。

能力目标:初步掌握全媒体直播主持人的职业要求。

知识导入:首先是沉浸式媒体技术的进化带来媒体叙事方式的变化,使播音员、主持人必须改变以往的叙事方式,适应新的媒体环境。其次,网络直播的兴起,对播音员、主持人提出了强化直播手段的技能要求。2016年是我国的"网络直播元年",网络直播带来了信息传播方式的变化,信息传播更加具备移动性、易操作性、便携性及交互性等特点。这样的信息传播方式,给播音员、主持人带来了极大的挑战。网络主播的出现,打破了以传统广播、电视主持人的主导格局,传统的播音主持风格也受到一定的冲击。新媒体环境下,网络主播的主持风格更加娱乐化、个性化,传统播音主持的端庄、大气、沉稳的主持风格受到冲击,如何改变自己的主持风格,以适应新媒体的变化,是播音员、主持人应该思考的问题。

第一节 全媒体新闻直播主持

全媒体新闻直播活动充分借助现代技术手段,利用传统报纸、广播、电视,以及网络视频、微博、微信、新闻客户端等多种新兴媒介进行全媒体新闻报道,形成立体、多维、动态的全景式播报、舆论声势和传播格局。2020 年 11 月 19 日至 20 日中国新媒体大会在长沙举行,以"守正聚力创新共融"为主题,"本次全媒体大直播可以说是长沙广电直播史上最丰富的一次,具体在长沙广电旗下新闻频道、政法频道、新闻广播、移动电视、地铁电视、智慧长沙 App、我的长沙 App、《长沙新闻》视频号,湖南省 14 个市州广电新媒体平台,以及央视频、央视频移动网、新华社现场云、今日头条、新浪微博等平台同步播出,直播平台涵盖广播、电视、'三微一端'(微博、微信、微视频、客户端)移动新媒体等多种类型,与湖南省 14 个市州广电新媒体平台联动直播,是充分运用互联网思维大胆创新传播手段的一次有益尝试。"①

播音员主持人应强化互联网思维,熟练掌握微信、微博等途径和受众进行交流,加强新闻事件报道的传播效果。

一、全媒体新闻直播即兴表达

"全媒体改变的不仅仅是媒介格局,更改变了人们的传播语境,进而改变了人们的生活环境。从语言学角度来说,语境的转换必将改变传受双方的传播活动,也对传播效果有了重新考量;而从社会学角度来说,社会环境的革新也将改变人们的生存状态,包括人们对于传播活动的认知。当传统媒体处于强势地位时,人们生存于传统媒体语境;而当全媒体构建成为当下媒体语境

---

① 朱麟、蒋希萍:《深度融合:媒体的力量——剖析长沙广电的中国新媒体大会全媒体直播》,《声屏世界》2021 年第 2 期(下)。

时,人们又生存于全媒体语境。"①音声化的传播内容,以及碎片化的海量信息构成了当下的传播图景,用户的选择关注、选择理解和选择记忆决定了最终传播效果。

2020 年 10 月 21 日,湖南广电新闻中心得知袁院士团队主导种植的第三代杂交稻当年将冲刺 1500 公斤的消息后,在短短的十天内,主创人员多次赴衡南县与袁院士及其科研团队深入交流,精准掌握杂交稻测产的科学知识。由于测产结果的宣布时间受多种不确定因素的影响,直播团队提前制订了处置意外情况的预案,确保大小屏两档,共 3 个多小时的直播节目安全顺畅。"2020 年 11 月 2 日中午,袁隆平院士团队第三代杂交水稻新组合试验示范衡南基地开展测产,取得双季亩产突破 1500 公斤的好成绩,创下双季杂交稻世界高产纪录。湖南广播电视台新闻中心提前统筹策划,坚持移动优先、融合传播,在湖南卫视和芒果云客户端大小屏联动,对测产过程进行现场直播,其中新媒体全网观看人数超 260 万。在这次直播的策划过程中,主创人员紧紧围绕习近平总书记'中国人的饭碗任何时候都要牢牢端在自己手上。我们的饭碗应该主要装中国粮'的重要指示精神确立节目主题。决定通过直播第三代杂交稻测产,冲刺世界高产纪录的过程,介绍杂交稻攻关成绩,展示湖南为国家粮食安全所做出的贡献,展示中国人将饭碗牢牢端在自己手上的实力和信心。这期节目紧紧围绕能否实现亩产 1500 公斤这一目标,从直播开始就提出,再到现场连线、嘉宾访谈等环节,根据测产的动态发展紧扣悬念,剖析难点及现场天气等因素,层层展示杂交稻的优势、杂交稻攻关的艰辛历程,让观众对测产结果形成期待,并持续观看,实现有效传播。"②这期节目获得第 31 届中国新闻奖电视新闻现场直播二等奖。

这期主持人的直播口语跳脱出了单调枯燥的"说教式"模式,具有很强

---

① 李洪岩:《语言传播的理念分析》,《传媒》2023 年第 3 期。

② 中国记协网:《冲刺 1500 公斤——袁隆平团队第三代杂交稻测产》,2021 年 10 月 29 日, http://www.zgjx.cn/2021-10/29/c_1310272548.htm。

"接地气"的即兴口语表达。记者在直播现场介绍:"你看,现在我手上有两个稻穗儿,长的这穗儿就是第三代杂交水稻,按照专家的测算有300粒左右,这就是我们冲刺1500公斤的一个奇迹……"记者在现场适时适意、适情适景地即兴表达,在极短时间内撷取并且直观呈现最关键的信息。将复杂深奥的信息用通俗易懂的方式表达出来,为受众对信息的理解扫除障碍。"在新媒体时代'高雅'应被赋予新的意义,不仅应该满足受众审美需求,更应该注重受众反馈和传播效果。对通俗语言的润色和加持可有效摒弃主持人'自说自话',受众接收到的内容是具有很高价值和深刻意义的通俗语言。"[①]

二、主播的备稿、控场和反应

(一)备稿能力

备稿有两方面的含义,一是广义备稿,二是狭义备稿。广义备稿是指播音创作的基础,狭义备稿则是指播出前具体一篇稿件的准备。广义备稿是狭义备稿的坚实基础。学习和积累越丰厚,狭义备稿的质量越高、速度越快,每一次具体的备稿都体现着广义备稿的成果,同时也在为广义备稿提供新的知识和体验。广义备稿和狭义备稿,二者互为因果、互相促进、互相补充,从而使播音的备稿能力得到全面提高。全媒体直播对主持人的备稿能力要求更加宽泛。直播即实战,虽然导演组会提供台本流程,但在真正的直播中,由于信号、人员等各种不确定因素的叠加,节目最终呈现往往和台本不同,甚至会临时出现大的变动。在这种情况下,主持人前期就必须做好充分的准备,以确保推进节目流程、引导谈话的顺利进行,因此,在收集材料时,主持人应提炼关键信息点,发现细节,尽可能将材料碎片化,尝试新媒体传播的表达方式。对于节目话题,主持人必须从策划开始全力以赴地介入,详细占有资料,

---

① 高杉:《新媒体语境下主持人即兴口语的时代特点》,《记者摇篮》2022年第2期。

确定核心,整理思路,梳理脉络,并设计出问题及提问方式、顺序、时机。谈话节目主持人没有这样的前期准备,是无法真正成为谈话现场的组织者、驾驭者的。

(二)控场能力

在全媒体新闻节目中,主持人如何在规定时间内完成背景叙述、话题导入、记者连线、嘉宾访谈、观众互动等规定动作,是对主持人控场能力的系统化考验。主持人应明确了解受众的信息需求,主动设置议题,加强信息采集、加工、制作和传播能力,对信息进行筛选整合,抓住重点、细节,对信息进行重新结构化的过程,使信息有序、有趣地呈现在受众面前。"在讲述中要充分运用图表、数字、故事、评论等要素,引入图片、音频、视频、VR、AI、H5 等多种技术形式,让有思想、有温度、有品质的内容有效传播、直抵人心,从而提升点击率、阅读率、点赞率和转发率。"[①] 主持人要具备声画协调意识,适时适度地将主持人身份隐于画面背后,用镜头语言说话,巧妙运用画面和现场声传播信息。

直播谈话的氛围需要主持人营造,嘉宾的情绪也需要由主持人来调动。因此,控场能力是主持人完成整场谈话,最终实现与受众交流沟通的有力保障,这是主持人一项重要的工作技能,也是衡量谈话节目主持人水平的重要指标。主持人要时刻明白自身在节目现场的作用,既要融于节目中,捕捉和挖掘现场中即时出现的亮点,又要能够跳出当下谈话场,更好地调整节目走向。"全媒体直播没有后期剪辑,整场直播都原生态地展现在受众面前。因为时间有限的原因,主持人与嘉宾就同一问题上论说清楚后,就要尽快切换谈话的角度,切换得太快或太慢都会影响谈话的进行。太快会使谈话内容不能充分展开,问题没有谈透,影响话题进一步展开;太慢则会凝滞气氛,使人

---

① 陈静梅:《全媒型主持人的培养路径》,《视听界》2021 年第 6 期。

产生厌倦感,进而影响嘉宾谈话和观众参与的积极性。如何既引导嘉宾打开'话匣子',又适时巧妙地打断和转换话题,且不扫嘉宾谈话的兴致,需要在实践中不断总结经验。"[①]

控场能力中的"场"不仅指现场的"场",还包括舆论场中的"场"。尤其是在全媒体时代,直播方式更加多元化,由过去的线性直播变成了可回看和即时互动。主持人要实现场内外立体互动,实现节目价值最大化,形成正确的舆论导向。

(三)应变能力

"直播无小事",对融媒体直播来说也是一样。当信号切入后,演播室主持人就成为现场流程的实际执行者,节目内容的呈现都需要靠主持人在现场承上启下完成衔接。任何一个环节出问题,都会影响直播效果,甚至造成直播事故。新媒体直播中随时可能出现各种突发情况,如前方连线信号中断、小片不能按时播出、嘉宾紧张导致词不达意、导播无法通过耳机传达信息等等。每一次直播都在考验主持人的应变能力和心理素质。良好的应变能力除了取决于个人充分的准备和对流程的熟悉之外,与团队特别是导播的默契配合也是重要因素。提前设置固定口令、固定手势和对于一些突发情况的应对策略,都需要主持人在直播过程中有所准备。当现场发生意外时,主持人可以通过与观众即时互动,挑选并发布一些网友留言等方式,给团队留出处理和调整问题的时间。

长沙电视台的全媒体大直播《安全让城市更美好》(李丹主持),在90分钟中贯穿了军民融合、军地联动、居民共享,通过对万人应急演练进行大直播,展示长沙水、陆、空一体强大的救援力量,普及了安全生产知识,展示了长沙安全生产的浓厚氛围,促进全民安全文明素质的提升。节目采取嘉宾访

---

① 张静:《融媒体时代直播节目主持人的应对策略与职业素养》,《当代电视》2020 年第 11 期。

谈＋直播连线＋新媒体互动的形式,把长沙市应急管理局应急指挥中心相关负责的同志请到了演播现场进行访谈,同时派出六路 4G 直播记者奔赴岳麓区、芙蓉区等演练现场和演播室连线互动,网友也参与了安全生产随手拍活动、微信话题互动等活动,实现了与网友实时互动。主持人大气稳重,思路清晰,反应快速,展现了较为全面的专业素养。

三、全媒体直播的人格魅力

传统的广播电视节目主持过程中,主持人往往是节目推动者,以内容为中心实现节目意图,但在"直播＋主持"模式下,摒弃了较为繁杂的前期和后期工种,主持人被推到了节目中心,成为整个直播过程的实现者,主持人是否有足够吸引受众的能力,甚至已经成了直播成功与否的标志之一。因此,网络直播语境中,主持人应该是一个人格魅力鲜明的"人"。

"2020 年 11 月 21 日,'中国一日·美好小康——随作家走进故事'全媒体直播活动举行。中国作协主席、中国文联主席铁凝,著名作家王蒙,著名作家莫言,中国作协副主席李敬泽,和 20 余位著名作家一起,以不同方式参与此次直播活动。"① 沈阳广电总台直播节目《"2020 中国一日·美好小康——随作家走进故事"全媒体直播》,获得第 30 届辽宁新闻奖特别奖。这次直播举办日与中国 832 个贫困县全部脱贫摘帽这个时间节点完全契合,历时 12 个小时,直播 3 天后,全网流量突破 4 亿。主持人佟鑫(大麦)以鲜明的性格特点、独特的话语表达、鲜活的身份魅力,塑造人格化的网络直播节目主持。

未来融媒体行业的竞争,本质上是各家媒体平台人格化产品的竞争。"网络直播中的主持方式,也应秉持人格化、典型化特点,形成不断圈粉的主持创作风格。"② 主流媒体的新闻主播具备较高知名度,在流量市场上找准定

---

① 光明网:《"随作家走进故事"全媒体直播活动举行》,2020 年 11 月 21 日,https://difang.gmw.cn/ln/2020−11/21/content_34388354.htm。

② 徐童:《"直播＋"模式下节目主持的演变及发展路径》,《青年记者》2020 年第 12 期。

位和人设,就可以打造自带流量的大 IP,比如央视康辉等知名主播,他们出镜或与之相关的短视频新闻能够获得更多的关注度。

四、真情实感的直播风格

当网络直播打破了私人领域与公共空间的界限,主持人得以借直播场域构建与受众之间的身份认同。拥有着传统媒介生产力和话语权的主持工作者要学会适当脱离僵化的"固有姿态",适应在互联网生态下成长起来的新一代网民的社交逻辑,用"出圈化"的主持身份,借平等、真实、舒适的主持风格拥抱网络直播受众。在"人人都是主播"的互联网环境下,化妆、穿衣、吃饭等个人隐私行为也成为一种网络社交方式。主持人不再是遥远神秘的人物,而是可以通过一部手机直接亲近的普通人,在镜头前展示着无异于常人的真情实感,讨论着妆容、饮食、交友等常态话题,身份构建、话语表达、性格展示、情绪宣泄都被网络直播场域放大,展现在受众面前,塑造有真情实感的直播风格,借助评论点赞等互动行为,带领受众引发一场情感宣泄的狂欢,提升网络社交文化下"直播 + 主持"的平等互动和情感贴近。

第二节　新闻类短视频主持

2023 年 3 月 2 日,中国互联网络信息中心(CNNIC)在北京发布,第 51 次《中国互联网络发展状况统计报告》,该报告显示:"截至 2022 年 12 月,我国网民规模高达 10.67 亿,互联网普及率达到 75.6%。"[①] 随着融媒体时代的迅速发展,手机端短视频平台成为了用户接收信息的主要途径之一。短视频带动用户规模的增长趋势明显,成为移动互联网用户使用时长,以及互联网平台流量增量的主要来源。近年来国家接连出台相关规范文件,短视频进入强

---

① 中国互联网络信息中心(CNNIC):第 51 次《中国互联网络发展状况统计报告》,2023 年 3 月 2 日,https://www.cnnic.net.cn/n4/2023/0303/c88-10757.html。

监管阶段。2021 年 10 月,国家广播电视总局编制的《广播电视和网络视听"十四五"发展规划》提出:"探索建立网络视听关键岗位从业人员管理机制和长期培养机制,加强对网络综艺节目、网络秀场直播和电商直播、短视频等新业态管理。""2021 年 12 月,中国网络视听节目服务协会发布《网络短视频内容审核标准细则》(2021),该《细则》共 100 条,是对 2019 版《细则》原有的 21 类 100 条标准进行的进一步修订,明确了短视频节目及其标题、名称、评论、弹幕、表情包等,其语言、表演、字幕、画面、音乐、音效中不得出现的具体内容。"①

主流媒体新闻短视频报道的优势在于,时效性强、叙事简洁、重点突出,相较于传统新闻产制,短视频新闻的生产流程更加扁平化,短视频新闻以秒计时重点突出,提升凝练了用户的观看体验。其次是叙事形式新颖,硬新闻软着陆,重大主题报道是主流媒体权威性和影响力的体现,如"神舟十二号飞船"发射期间,中央广播电视总台发布短视频新闻,长达 20 集揭秘航天员的衣食起居等活动。采用这种通俗易懂、贴近生活的叙事角度,小切口、大主题的报道方法,使主题宏大的新闻同时兼具了社会话题属性,拉动用户对国家大事,热点新闻的关注。短视频新闻主要集中于几种类型:第一,报道类短视频,比如,来自一线的采访和报道等。第二,以事件为主题,利用文字、图片、访谈等整合而成的整合类短视频。第三,以 Vlog 为代表的探访类视频。第四,以重大策划为主的 MV 类视频,如南方日报经济部推出的港珠澳大桥 MV。第五,以观点引导为主,突出个性化表达的评论类视频。

一、突出个性化思维的特点

"位于短视频实践层面的主播,是视听内容承载的主体,主播的发展直接关系着媒介价值的实现,所以认识主播的符号内涵与影响力触达的操作路径

---

① 广电独家:《广电总局加强短视频管理,短视频进入强监管阶段》,广电独家公众号,2023 年 2 月 28 日。

至关重要。在媒介化视域中,主播内涵所指的是在传播过程中具备人格化魅力、圈层化情感和多元化协同要素的媒介符号,其功能在于内容效果的实现以及社会与传播业态的连接与重塑。未来作为主播主体的不仅是自然人,也有可能是智能人或虚拟偶像,甚至只是具备主播要素和价值的表达符号。具体而言,主播可概括为擅长阐释信息的资讯型与擅长凝聚圈层的关系型,进而根据资讯型主播与关系型主播的价值属性的差异,从主播个体、场景需求、社交氛围等三个维度创建具体的操作路径。"①

短视频新闻主播主要体现于以观点引导为主,突出个性化表达的评论类视频,短视频新闻题材内容多样,呈现速度"短平快",以往主持人等待分配工作任务,如今短视频新闻主播必须更加有主动意识去寻找平台、联结用户,丰富用户的信息接触体验,正确引导舆论导向,更好地传播社会正能量。新闻主播在录制的过程中,没有充分的时间看稿件,没有机会看提词器,依靠几分钟的准备就要开始播报,这时候主播的思维就成为其语言是否"有料、有趣"的核心驱动力,思维是语言的内核,语言是思维的载体,决定短视频新闻主持人成败的最大利器就是"思维"。

首先,理应提倡主持人思维的朴实自然和生活化。短视频新闻主持人与用户始终是一种平等的关系,在主持人的形象设置上要突出主持人作为普通人的意识。主持人只有作为普通人置身于生活中,才能真正体会到老百姓的喜怒哀乐、酸甜苦辣,才能够洞悉人们普遍所经历的难题,由此才能够与用户产生真正的了解与沟通,双方的交流才能够产生情感的共鸣。其次,短视频新闻主持人不应当拘囿于普通人生活化的思维取向,超越"人云亦云、亦步亦趋"的固化思维,树立明确的传媒使命感和责任感意识,以更加高远、更加宽阔的视野来透视生活,反映纷繁复杂社会现象中的本质问题,为用户提供理性、富有建设性的观点见解,提供准确、有见地的价值判断,以思维的优势引

---

① 喻国明、张珂嘉:《重识主播:试论媒介化视域下主播符号内涵与影响力触达》,《中国出版》2021 年第 11 期。

领话语的精彩。

2022年中山市的《火炬视评》上线,内容聚焦火炬开发区的新闻事件,每期由不同的评论员对热点做本土化解读。相较于社交媒体的评论节目,记者长期深耕本地,形成较为独到的观察。又如,"《南方视评》'品质革命'系列,评论员在讲述企业故事中融入自己的观察和间接在轻松的氛围中宣传'品质革命'的中心工作,类似于长线栏目的连载呈现模式,也更加匹配年轻用户追更的信息接收习惯,赢得用户喜爱。"① 短视频新闻主播或者评论员的主体化思维集中体现于观点性、观察性、剖析化的特点,传统的新闻评论讲究"无我",追求客观冷静的表达风格,全媒体语境下的新闻短视频,骨干记者转型为评论员或者主播,突出了个人IP形象,强调"与众不同"的观察和思考,引领正向鲜明的观点。

二、短视频叙事视角运用

短视频具有实时性、互动性、沉浸感等特征,将信息空间延伸为日常行为的空间,融合了日常生活与媒介内容的边界,扩展了个体行动的场域互动,培养了用户新的习惯、需求与规范。短视频主播通过释放人格化的魅力,面对面的互动拉近了与用户之间的交往距离,实现了情感上的同频共振。视频化的表达已经成为主流传播及人们社会认知的重要媒介表达形式,对于主持人而言,把握短视频的叙事策略是一种非常重要的技能。主持人新闻短视频叙事一般分为短视频现场新闻、短视频专题报道,需要通过细化功能类型来确定主播的叙事视角。只有选择好新闻短视频的报道视角,才能够准确鲜明展现事实的新闻价值。

---

① 朱晓宇:《传统媒体如何在新赛道跑出"传播力"》,《南方传媒研究》2023年第2期。

（一）合理把握"全知视角"

视频的长短之分，不仅是时间长度的区隔，还包括内容的制作成本、用户规模等方面的差异。中长视频通常是较为完整详细的叙事，这对内容生产者的要求相对较高，经济成本投入较大、制作周期相对较长。一般而言，在短视频的场域中资讯型主播具有占据主体位置的优势，用专业的话语符号、权威的话语表达传递内容意义、引领主流价值、把控文化属性。

短视频叙事视角的选择，决定了如何组织情节，如何传达意义和如何安排叙事结构。"全知视角"的叙事者定位于无所不知、无处不在的"全知全能者"身份，可以从任何角度、任何时空进行叙事，主持人叙事以"全知视角"推动进程，是一种较为传统和自然的做法，包括介绍新闻背景、展现人物的心理状态、对主题的抒情等。抖音 @央视新闻 2023 年 4 月 10 日 #小撒小尼致敬中国第一部电影《定军山》，撒贝宁、尼格买提探访 300 年老戏楼，与谭派京剧传承人谭正岩共话京剧传承的故事，既讲述谭派京剧传承的故事，又突出 OPPO FindX6 手机的卖点，从某种意义来说两位主持人也参与了京剧的传承，文化的传承不是简单的记录，是科技与人文的结合，这当中有我们每一个人。

（二）VLOG"第一视角"拍摄记录

新闻短视频主持人作为"第一视角""第一时间"新闻事实的叙述者，比如 2022 年 9 月 14 日康辉在抖音 @《大国外交最前线》，该专题第一季收官之时，让观众认识了来自《人民日报》、新华社、中国新闻社、《中国日报》等媒体的同行，一起为日益走向世界舞台中央的中国点赞。

新闻短视频《大国外交最前线》主持人采用生活化的语言，以第一人称视角，在围绕报道主题和分享 Vlog 的同时，更加有亲和力地为观众讲述我国外交的政策和历史，"接地气"的新闻事实叙述，主持人更像是一位新闻事件的亲历者和分享者，能够建立起和观众之间更加紧密的认同感。

(三)有述有评的"复合视角"

新闻短视频选择某类叙述聚焦,是通过组合并简述、详述,或者综述某些新闻信息来实现的,特定的叙事聚焦角度只能让用户感觉到特定的信息。当主持人为了体现新闻评论的视角转换,使得叙述超越了某个单一视角所限定的信息时,这就是复合视角叙述文本。

《主播说联播》今天我来说。我国网民规模已达 10.51 亿,互联网如何影响我们的生活,如何助力经济发展? 主播刚强跟大家聊聊中国"网事"。

最新数据显示,到今年 6 月,我国网民规模为 10.51 亿,互联网普及率达到 74.4%。其中还有一个有意思的数据,就是短视频用户规模增长,目前已经超过 9.6 亿。正在观看这个视频的你,就是其中一位。这里要特别说明的是,我国现有行政村已经实现"村村通宽带"。村村联网,直播和短视频为美丽乡村带来更多游客,电商也让特色农产品的销路更广。村民触网,发展的路也越来越宽广。有一种跨越山海就叫村村通宽带,互联网,为老乡们连上了更美好的生活。

大家应该有切身感受,网速越来越快,上网越来越便宜,网上办事也越来越方便了。目前,全国一体化政务服务平台注册用户超过 10 亿人,"网上即办""异地即办"已经成为现实。有一种便利就叫"一网通办",互联网,为大家连上了更便捷的服务。

你知道吗,我国数字经济规模连续多年稳居世界第二,占 GDP 的比重已经接近四成。在互联网的带动下,生产效率在不断提高,传统产业也在不断升级,朝着高质量的方向迈进。有一种发展就叫插上互联网的翅膀,让科技赋能,互联网,为经济连上了更大的增长力。

成绩亮眼,但也别忘了短板,比如关键核心技术还有待突破,同时在网络安全、网络文明等方面还需要不断着力。补上数字短板,弥合"数字鸿沟",这样网络空间会更清朗,网络风景也会更美好。

以上举例《主播说联播》,主播刚强从我国网民规模 10.51 亿开始引入,概述我国现有行政村已经实现"村村通宽带",以及全国一体化政务服务平台注册用户超过 10 亿人的现实。主播有述有评形成了"点与面结合"的思路,在这种复合的新闻视角下,展望科技赋能与互联网经济的美好前景,针对"数字鸿沟"等问题,体现新闻舆论对社会舆论的影响和引导作用。

总之,当前的短视频场域是一个富有互动性、实时性、个性化与多样化的对话空间,在主播实践中要将用户的平台场域需求与主播的特征价值一一对应,以期构建较为理想的传播效果。主持人短视频叙事场景"现场化"带来话题的延伸,用户了解主持人在演播室之外的传播情境,由此带来了更高的话题量。短视频新闻的主持工作,应确保新闻内容的准确性,充分反映新闻内容的真实性、客观性和时效性,杜绝新闻娱乐化,防范个人思想认识的局限和对受众产生误导。

三、"短趣快新"的创新表达

新的媒体环境中,短视频构建了一种新型的"1+N"话语符号,文字、图片、声音、视频等多模态组合而成的短视频,更容易迎合受众深度体验和碎片接收的使用习惯。广播电视节目的主持人,必须有完整的开场白、结束语,在短视频的主持中,主持人只需直接切入最重要核心的内容,这就需要主持人不断锤炼语言的概括能力,在最短的时间内清晰无误传达信息,同时不能忽略生动鲜活的事实细节,培养自身在短暂的一分钟内讲清楚一件事情来龙去脉的能力。

短视频新闻主持要发挥"点睛之笔",必须摒弃长篇大论的说理,将移动变化的现场画面融入鲜活多元的短视频,用较为精练的语言方式进行传达,节约受众的信息解读成本,伴随着受众的随时离开和重新介入,短视频新闻面临着固定用户的瞬间流失以及潜在用户的重新加入。"在分散又聚合的直播过程中,主持人必须建立独具特色的语言特征,以短、趣、快、新的表达节奏,在有限时间内做到信息输出的最大化,用分块又集中的话语信息契合受众的观看需求,从而在轻快愉悦的直播体验中建立一种良好的网络社交关系。"① 从语言内容上来说,在《主播说联播》当中,在视频开头加入"主播说联播,今天我来说"这样标志性的开场白,以"我"为讲述的主体来呈现新闻,链接观众的角度报道新闻。《主播说联播》经常配合使用"您知道吗"这类生活用语,提醒观众从一种被动接受的状态,激活为主动接受的状态。

综上,短视频具有的特殊语境提供新闻主持人新的发展空间,主持人需要从新闻节目"播读"的话语模式,转型为述评结合的"说新闻"模式,这需要从新闻事实出发,发掘鲜活有趣的、赋能创新情感表达的独特视角,更多调动内心情感,依托内心情感表达真实自我,朝着多样化、人格化的方向转变。

⊃ 思考题

1. 如何理解主持人通过全媒体直播在不同平台的呈现特点?

2. 主持人临场策划的前期准备有哪些方面?

⊃ 实践环节

拓展阅读:一路奔冬奥　一起向未来——北京冬奥会开幕倒计时 100 天现场直播②

原创单位:北京广播电视台

播出栏目:北京交通广播《一路畅通》

内容简介:距北京 2022 冬奥会开幕 100 天之时,北京台策划推出 100 分钟时长的特别直播节目。以冬奥交通基础设施建设运营情况为明线,以冬奥建设带动区域发展惠及百姓为暗线,通过移动直播方式将冬奥交通建设、场馆建设、冬奥文化传播、冬奥遗产规划有机结合,既有大而厚的宏观叙事,也

---

① 徐童:《"直播+"模式下节目主持的演变及发展路径》,《青年记者》2020 年第 12 期。

② 中国记协网:《一路奔冬奥　一起向未来——北京冬奥会开幕倒计时 100 天现场直播》,2022 年 11 月 1 日,http://www.zgjx.cn/2022-11-01/c_1310668158.htm。

有小而美的百姓故事。

本期直播新闻性强、构思巧妙。在重要时间节点,以冬奥交通建设为切入口、以冬奥遗产利国利民为核心、以行进式讲述与体验方式、借助新技术和全媒体手段,诠释了北京冬奥会作为我国重要历史节点、重大标志性活动的意义和价值。直播内容编排精巧、内容丰富、节奏流畅、清晰生动,表现出较强的现场感与代入感,是一期发挥广播优势,充分体现主流媒体专业性和责任感的直播作品。另外,直播采用5G技术实现一个主直播间+4个移动直播间+多点注入的移动直播、行进式体验方式,以统一时间轴,展现了四条冬奥交通动线的空间变化。通过内容创新、技术创新,进一步扩大了收听的覆盖面,放大了传播优势,引发受众共鸣,取得良好传播效果。

本期节目收听率4.381%、市场份额41.7%,均为北京广播市场同时段收听率和市场份额第一,实现了较好的传播效果及社会影响力,节目设立了互动话题"冬奥会百日祝福"和"百字心愿"录音专栏,100分钟节目收到听众互动微信2300余条,很多参与北京冬奥会建设、保障任务的工作人员听到节目后,在微信中讲述了自己的冬奥情怀,引发受众共鸣,广大市民在留言中表达了对冬奥会的期盼并致敬冬奥建设者。本期节目在北京广播电视台音频客户端"听听FM"搭建专题页面,显示直播链接、百字心愿音频等内容,同时还在北京交通广播微信公众号、微博、抖音、快手等融媒体矩阵推送体验团队多点段视频,均取得了良好传播效果。据统计,官方微博话题#一路奔冬奥、#百字心愿迎冬奥#总阅读量接近1000万,登上微博热搜要闻榜;微信公众号发布图文总阅读量2万。微博、一直播、微信视频号、抖音等平台的视频直播总播放量超100万。本次特别直播还获得了北京市广播电视局2021年第四季度创新创优节目,获得业内专家学者的肯定。

第八章　综艺娱乐与少儿类节目主持

知识目标:随着媒体技术发展和平台融合的必然结果,广播电视文艺节目成为广播电视传播与艺术、科学技术与诸种艺术相结合的广播化、电视化的新的艺术形式。

少儿节目应传播有利于少年儿童成长和发展的各类知识及技能,并教会他们辨别善恶美丑,以健康、美好、向上的精神和情感,对孩子们的人格、品质塑造产生积极的影响,为他们树立正确的社会观、人生观。

能力目标:认识并把握综艺节目、少儿节目等主持的核心要求。

知识导入:主持人亲切而自然真实的形象,首先应该表现在对年龄感的处理,在建立了真实自然形象的前提下,儿童节目主持人还要摆正自己的位置,应该与儿童建立起平等的关系交流。

第一节　综艺娱乐节目主持

综艺节目的种类繁多,最初只是通过广播电视手段转播各类文艺节目的舞台演出或演播室节目,比如将各种艺术表演,如音乐歌舞、戏剧小品、戏曲片段、相声曲艺、魔术杂技等组合成一台完整的文艺表演节目。从播出时间来看,有周播和季播。从播出平台来看,分为电视综艺、网络综艺和台网联动。从嘉宾类型来看,分为明星、素人与星素结合。从节目叙事节奏来看,分为快综艺和慢综艺。从节目类型来看,分为文化类、美食类、音乐类、真人秀、喜剧类、竞技类、脱口秀等。近几年综艺节目的投资规模、生产模式、嘉宾阵容不断扩大和提升。

自 20 世纪 90 年代以来综艺节目的发展轨迹,"大致可以分为四个阶段,而每一个阶段中又有一个综艺节目类型占据着主导地位,这些主导类型背后分别体现着四种不同的'电视观念',即表演、游戏、益智、'真人秀',正是这四种'电视观念',分别引领了中国电视综艺发展的四个浪潮"。[①]

一、综艺主持人的演化

(一)表演类综艺形态:主持人"串联"角色

我国综艺节目的最早形态以"明星 + 表演"为典型特征,20 世纪 90 年代初开播的《综艺大观》和《曲苑杂坛》是作为表演类综艺代表性栏目。《综艺大观》和《曲苑杂坛》都提供艺术表演,目的是给观众带来审美的享受。在这种模式里,明星无疑是主角,舞台表演是构成节目的主要内容,而各个相对独立的节目之间的"串联"则由主持人完成。"与之相对应,传统表演美学和播音美学决定了表演类综艺节目的整体面貌与审美形态。在这种意义上说,表演类综艺节目与电视综艺晚会在内容和形式上有着天然的紧密联系。"[②]《综艺大观》无论在节目内容上还是结构形式,无论是主持人还是镜头语言,都与一年一度的"春节晚会"有异曲同工之妙,因此被认为是每周末的"小春节晚会"。

综艺节目主持人的功能绝不能像所谓的"报幕员"那样把节目名称和表演者进行简单交代,而是有机地串联起单个的节目或环节,最终使多个节目

---

① 张国涛:《中国电视综艺的四个浪潮极其思考》,《现代传播》2005 年第 9 期。

② 阎安:《融媒体时代视听节目策划》,中国广播影视出版社 2021 年版,第 165 页。

成为一个围绕主题的、有节奏和张力的,具有情感表达的整体。

(二)游戏类综艺形态:"主持群"聚合与分化

游戏类综艺形态以"明星＋游戏"为典型特征,早期代表栏目是湖南卫视 1997 年开播的《快乐大本营》,这个节目侧重的是明星参与游戏,节目不再单一呈现明星的表演内容,而是让明星在舞台上与主持人或者观众互动娱乐。《快乐大本营》主持人不再拘泥于预先设计好的台词,而是改为活泼生动的"即兴发挥",曾在第十六届、第十七届中国电视金鹰奖评选中连获头奖、大奖,成为"电视湘军"进军全国收视市场的标志,也为湖南卫视奠定在省级卫视格局中的领先地位立下了汗马功劳。游戏娱乐节目的兴起,谈笑风生、善于插科打诨的主持人,暗合当时"娱乐化"的社会心理,提升了节目的亲和感。随后一个时期,湖南台《快乐旋风》席卷全国,以"游戏"为内容的综艺节目,其中较为有影响的有央视《欢乐总动员》《开心 100》《超级大赢家》等等。

2002 年《快乐大本营》首次引入"主持群"概念,究竟该如何界定"主持群"这个概念呢?"所谓主持群,即由三个或三个以上特点鲜明的主持人按照特定规律组合在一起的一种主持形式。"《天天向上》这类既有比赛选秀性质又带脱口秀搞笑风格的综艺节目,多名主持人之间的互动、表演和配合在某种程度上会成为节目本身的一大卖点。进入 21 世纪,电视媒介之间的竞争日益激烈,综艺娱乐节目成为许多电视台的主打节目,综艺节目主要元素有"主持人＋嘉宾＋游戏＋访谈",其中嘉宾是一个变量,游戏和访谈的环节都必须有主持人。因此,主持人作为节目的重要组成部分,对于节目的成败起着至关重要的作用。为保持竞争优势,必须在节目主持形式上有所创新,"主持群"也应运而生。

从栏目化整体发展的角度而言,主持人管理制度推动"主持群"的发展,"主持群"的使用可以分担个别主持人的压力,从而避免对单个主持人的过度消耗。另外,有利于以老带新、以强带弱,优化主持人资源配置。深度参与主持群的出现,使得主持人和嘉宾融为一体,他们按照朋友的方式做游戏,有时候还会故意让某些嘉宾出丑。主持人参与节目的各个环节,和嘉宾一起跳舞、游戏、比赛,他们的表现往往比明星更具有吸引力,这也真正地体现出了他们是节目的主导。如改版后的《快乐大本营》,"快乐家族"在节目当中的参与度上升到了一个前所未有的高度。

研究"主持群"目的在于深度剖析与隶属节目的关联意义,"主持群"的设置只是服务节目内容的一种表现和存在方式,不同主持人由各自的角色设定向节目中心点聚合,烘托节目主旨和内蕴。2021 年 10 月 9 日,湖南卫视宣布《快乐大本营》升级改版、更新换代,打造价值导向积极健康,观众更加喜闻乐见的精品综艺节目。

(三)益智类综艺形态:主持人的"引导"角色

益智类综艺热潮最先由央视发起,1998 年 11 月,央视 2 套推出了由李咏担当主持的《幸运 52》。2000 年 7 月,央视 2 套又在周末黄金时间推出由王小丫、李佳明主持的另一档益智类综艺节目《开心辞典》。"益智类综艺节目的基本模式'知识并游戏着',这也是益智类节目能够超越游戏娱乐节目并掀起一股新的综艺热潮的高明之处。传统综艺一直强调'寓教于乐、雅俗共赏',但是这种传统的教化理论往往找不到合适的表达方式,通过主持人引导选手参与游戏的途径,将传播知识、寓教于乐的教化宗旨体现出来,这种形态具有较强的稳定性与相当的开放性。"[①] 益智类综艺在很长一段时间一直活跃于荧屏之上,其新近代表是央视的《中国诗词大会》、江苏卫视的《一站到底》等,始创于 2012 年的《一站到底》相继开发出轮答、竞速、人机大战、选择题等不同答题模式,并衍生出"英雄联盟""小学时代"等特别节目,受到观众

---

① 阎安:《融媒体时代视听节目策划》,中国广播影视出版社 2021 年版,第 166 页。

长期喜爱。

（四）真人秀综艺形态："去主持人"

1999 年，荷兰 Veronica 电视台《老大哥》第一季获得空前成功，随后迅速地成为风靡全球的热门电视真人秀节目，在数十个国家和地区播出几十种不同版本。真人秀的类型更加丰富，题材领域更为宽广，收视率持续保持强势，成为世界范围内最主流的综艺节目形态之一。作为舶来品的真人秀在进入中国之后，曾一度陷入水土不服的尴尬境地，直至 2004 年湖南卫视推出《超级女声》，真人秀才一改颓势，迅速发展壮大。近年来，国内节目在操作模式上延续打造素人选手，或展示明星的平民化的策略，实质是在"本土化"理念下对传统"综艺"模式与"真人秀"套路的改造与整合。

2010 年以后，国内一线卫视相继从海外引进了《中国达人秀》《中国好声音》《爸爸去哪儿》《最强大脑》《极速前进》等原版节目模式，并由传统的电视单一平台播出，向"台网合作""多屏联动"发展。2012 年《中国好声音》等"盲听选秀类"节目也挤占了这一时期的荧屏。在《中国好声音》中，四位导师担起了节目的"主持"任务，在"聊天式"的交谈中自由衔接各个环节，主持人华少却仅在开头播报广告，这一时期，主持人"缺位"现象已初见端倪。

网络综艺中"字幕""音调"的应景式搭配，削弱了主持人的主体地位，综艺娱乐节目主持人这一特殊的媒介角色也随之重构，出现此种现象的原因主要是由节目的"真实感"与拟态的拍摄环境之间的互动变化所导致的。首先，真人秀节目之"真"是相对虚构形态的影视剧而言的，但与强调"真实性"的纪录片有本质区别，真人秀节目是一种超越虚构与非虚构的综合性的娱乐节目，它将纪录片与戏剧化的情节、"肥皂剧叙事"模式，性格各异的明星、素人形象等紧密结合，由真实与虚拟两个层面的内涵构成，实质是真人参与的节目游戏。其次，由普通人而非专业扮演者，在可控的虚拟环境按照既定的游戏规则，为了一个明确目标做出自己的行动，同时被记录下来，这就是真人秀。真人秀节目大的框架是事先设定的,包括奖金的设定、环境的选择、参赛者的选取和游戏规则的制定等。真人秀节目的价值取向完全在于人造环境、人际环境和游戏规则,对于真人秀节目的策划与设计者而言,游戏中参与者的结局命运无形中成了观众的最大"看点"之一,设置固定的主持人形态,这样做既无必要,又会为创新带来束缚。

"去主持人化"是当下综艺娱乐节目显现的一种趋势,但这并不意味着"主持"功能可以在节目中被忽略。"一方面,面对众口难调、多元价值冲突碰撞的大综艺时代,任何一场游戏要继续进行都必须有'引导者'。另一方面,'个性''有趣'成为综艺娱乐节目吸引眼球的新亮点,综艺娱乐节目的创新使得主持人、嘉宾、观众之间的关系越发紧密,这更像是一种'脱口秀式'的自由对谈,用影像的手法再现真实生活,综艺娱乐节目的传播样态复杂多变,'去主持人化'现象突出显现,同时复合型角色的转换也在考验着主持人群体,倒逼着主持人群体角色的不断探索和重新定位。"[①]

二、热情机智幽默的个性

主持人的热情、个性、机智、幽默,在诸多主持人类型中,这些特质在综艺栏目主持人身上表现得最为充分。主持人只有充满激情、全身心投入、极富感染力才能调动观众。综艺节目主持人应该具备互动意识、主动创造交流契机,以互动性作为核心的。主持人必须站在全局的立场上,对节目的"高潮和低谷"予以主动设计,从而把观众的被动欣赏变为主动参与。2019 年《天天向上》,作为"青春唱响中国梦"献礼国庆特辑系列收官之作,这期请来了非常重磅的嘉宾——"共和国勋章"获得者袁隆平,他在被颁授"共和国勋章"后的第二天就回到长沙实验基地,与前去采访的主持人汪涵相谈甚欢,因同样与重庆有渊源,两人就水稻聊到了重庆方言和美食。本期节目,一群为了创业

---

① 王晓冬:《"去主持人化":综艺节目主持人的重构》,《青年记者》2016 年第 11 期。

理想而投身到农业之中的"新农人"也跟随袁隆平院士的步伐,来到《天天向上》分享自己的创业故事,节目主题鲜明,气氛轻松活跃,正能量满满。

综艺节目主持人幽默、诙谐也应注意分寸,若使用不当则会使观众感觉油腔滑调,甚至引人厌恶。同时,幽默的较高境界应该是发自内心的喜悦,源于活泼热情的个性、开放的头脑和松弛的主持状态,有时甚至是与生俱来的一种特质。江苏卫视综艺节目《非诚勿扰》的主持人孟非,在节目中,当嘉宾因为观点遭遇他人"围攻"时,他总会以其特有的幽默方式,或温和地打断,或进行解释性阐述,对嘉宾的表达进行正确引导,彰显出主持人的机敏、细心及智慧。

三、主持人即兴发挥的空间

即兴发挥不是弄巧卖乖、插科打诨,或者信马由缰的自鸣得意,应该在烘托主题的关键处,或需要向观众解释、交代的地方发挥。对于主持人来说,掌握即兴口语表达的技巧不仅是自身发展的需要,更是节目质量的保证,主持人的即兴口语表达技巧是衡量一个节目成功与否的重要指标。

(一)随机应变,出奇制胜

网络技术的推动下,综艺节目现在通常采用直播加录播的形式,既保证节目的即时互动性增强观众黏度,同时又可以巧妙精细地保证节目品质。在节目进行的过程中,往往会遇到技术故障、节目时长压缩、嘉宾出现意外状况、天气变化等突发性事件。这时就往往需要主持人能够随机应变,出奇制胜处理现场,保证节目的顺利进行。在央视《开讲啦》中,有一期邀请著名演员张嘉译为开讲嘉宾,张嘉译在演讲过程中由于过分紧张导致演讲突然中断,张嘉译这时向主持人撒贝宁求助道:"我一个人讲真的很难,小撒,真的不知道说什么,羞于表达自我,你给我段戏演算了!"这时撒贝宁走到舞台旁,对张嘉译说:"现在我们就给张老师一段戏演,现在这个戏您就饰演一个演说家。您饰演这个演说家人生中最后一场精彩的演讲,台词自己发挥!"在这之后张嘉译以演戏为话题讲了一个在片场有趣的故事,现场观众反应特别热烈,作为开讲嘉宾的张嘉译也放松下来,从而使整场演讲顺利进行。

(二)借题发挥,化险为夷

"主持人在节目现场,除了常规的作用,也需抓住现场的一些点进行即兴的发挥。尤其是在录制过程中出现状况时,主持人如果只是简单地说明原因,终止录制,显然无法安抚现场观众的情绪,从而破坏了节目的连贯性。如果主持人能够根据现场的突发状况给出得体却不失幽默的回应,不仅体现了主持人的现场把控能力,同时也能够让节目化险为夷,平稳进行。"① 在腾讯《脱口秀大会》第五期中,撒贝宁作为特邀嘉宾进行脱口秀表演,在他拿着话筒架走到舞台中央时,由于放话筒架时用力过猛导致话筒直接摔在地上,节目无法正常进行,现场工作人员迅速来到台上修话筒,场面十分混乱。这个时候主持人张绍刚急忙走上台救场:"大家稍等,理解一下撒老师,当撒老师意识到这根杆的高度对他是挑战的时候,难免会生气,撒老师我帮你降一下!"这不仅化解了撒贝宁的尴尬,同时在现场的哄笑声中保证了现场观众情绪的延续性。

(三)机智冷静,稳中求变

在节目进行过程尤其是直播过程中,节目主持人是对节目内容和话语尺度最了解的一个人。因此,主持人必须保持高度的敏感性,当遇到嘉宾话语尺度过大、谈话内容过于敏感时,主持人必须从容应对,在平稳过渡中寻求转机。主持人在现场必须保持冷静,在不动声色中力挽狂澜,用智慧化解节目危机。

---

① 毛雷:《综艺节目主持人的即兴口语表达技巧》,《青年记者》2021 年第 1 期(下)。

(四)打破常规,逆向思考

"在节目录制过程中经常会遇到一些刁难型问题来提高话题讨论度,同时增强节目的可看性。一个主持人如果不小心被刁难就会面临两难选择,如果搪塞过去显然不符合综艺节目的娱乐精神,可是一旦顺着节目编导的思路走很有可能会因小失大甚至得罪朋友。这个时候就要学会跳出惯性思维,反其道而行,争取成功突围,让观众感觉在意料之外,又在情理之中。"[1]

四、主持人"激情"与"控场"

"激情"与"控场",是综艺节目主持人必须处理好的一对矛盾,是主持人的基本功,也是综艺节目主持艺术中的关键核心。"激情,关系到主持人有没有真情实感;控制,关系到情感分寸尺度的把握。主持人缺乏激情,其表达会因'寡情'或'偏情'而与节目及受众心理不协调,使节目'色调'暗淡,不能满足受众的审美需求;但是,如果主持人失去控制,情感铺排过于浓烈,又会因为分寸不当导致色彩的差异,或恣意汪洋,使受众对主持人情感的真实性产生怀疑,认为主持人在'煽情',在'做戏',从而对主持人情感的表达和交流产生抵触心理。从激情与控制的相互关系看,激情好比是活水源头,控制好比是'闸',没有源头之活水,情感没有真实的依据;而没有艺术分寸之闸的控制,其水流会失去方向,到达不了该滋润的心田。"[2]

综艺节目主持人内心充满激情却在外部声音表达形式上加以"适度"的控制,是最具有打动人心的力量!主持人的声音形式透射出内心情感巨大的涌流,却不以激烈的外部形式出现,这就给受众一个理解,直至感动的心理参与空间,传受双方达到了情感的共鸣。对激情的控制是一种艺术观念,一种美学理念,也是一种表达技巧,它需要在实践中反复揣摩。

---

[1]　毛雷:《综艺节目主持人的即兴口语表达技巧》,《青年记者》2021年第1期(下)。
[2]　吴郁:《当代广播电视播音主持》,复旦大学出版社2005年版,第209页。

综艺节目为了获得逼真、热烈的艺术效果,大多采用录播加直播的形式,然而尽管经过事先多次的彩排,直播中也可能有突发"不确定风险"存在,比如技术方面的故障、表演的失误、忘词的窘迫、节目时间不够或超长等等,这时最需要的就是主持人的应急"控场"能力,表现为临场的随机应变,能够机智巧妙地"救场补台",使节目得以顺畅进行。应急控场中的临场应变虽然同属于"即兴发挥",不过它专指无法预料、紧急情况下的"语智"。

五、跨界主持的多元形态

以《中国好声音》《中国达人秀》《中国梦想秀》等娱乐节目加大使用明星担任节目嘉宾主持为例,传统综艺节目的主持模式被彻底打破。如浙江卫视的《中国好声音》在盲选阶段,主持人华少除了在节目开场播报一分钟左右的开场词和广告词之后,就彻底退到了舞台边缘甚至是幕后,完全将整个舞台及节目的掌控都交给了四个导师和选手。在节目的节奏和进程把握上,庾澄庆兼任了主持人的引导、采访、沟通、交流等任务。客观地说,庾澄庆在现场快速的应变能力、即兴发挥以及夸张略带嘻哈的种种表演,给观众带来了最大的娱乐效果,成为节目的一大亮点。除此之外,刘欢、那英、杨坤三个不同类型、不同风格特点的导师,也将嘉宾主持人的多样性进行了发挥,他们兼具专家型、情感型、点评型、娱乐型等多种、多类型主持人的功能特点,吸引了不同层面的受众,起到了推波助澜的作用。

跨界混搭等开放主持形态,综艺主持人应着力适应这种潮流,在角色转换和主持理念上有深层的认识及转变,《中国好声音》和《中国梦想秀》之所以很大程度地使用明星来兼任主持人,发挥主持人的串联功能,其优势就在于明星都有一定的影响力、知名度,可以迅速提升扩大节目的关注面和美誉度。以《中国梦想秀》为例,节目的核心不是才艺表演,也不是明星秀场,而是百姓表达理想观念、展示现实和生存状态的舞台,所以,作为"圆梦大使",毋庸置疑这种新型主持的配置方式是主持人多元化发展的直接产物,对电视综艺节目主持人的成长和质变提出了新要求,也使电视综艺节目主持人的发展进入一个全新的局面。

全媒体语境下的电视节目主持人需要摸索出一条既不同于在泛娱乐背景下,主持人被批量复制或风格同质化的"全产业模式",又不同于主持人被闲置化、边缘化的"好声音"模式,更不同于主持人被混合化、宽泛化的第三条道路。这就需要主持人快速调整状态,主动学习积极改进,迅速成长为有专业背景、具有多功能、复合型的"特色主持人"。2013年12月蒋昌建以主持人身份加盟江苏卫视科学竞技真人秀节目《最强大脑》。2017年担任安徽卫视国学益智节目《少年国学派》辩论环节的主持人。2018年1月主持江苏卫视科学竞技真人秀节目《最强大脑之燃烧吧大脑》。在《最强大脑》这样一档科学类节目中,蒋昌建的学者气质恰恰契合了节目的知识信息深度。作为辩手的睿智、机敏,作为学者的儒雅、从容,形成了在节目中语言表达逻辑严密的主持风格。专家型主持人对于节目来说,不单单是锦上添花的作用,更是一种两者相辅相成的关系,特别在科学类、访谈类、经济类等节目类型中,专家型主持人长期积累下来的知识经验为节目的内容深度提供了不可替代的保障。

从转型期开始主持模式由单一向多元转化的过程中,通常都有主持人从表象到内在、从局部到大局的模仿范例。在电视综艺节目多元化发展的趋势中,这种模仿不仅会扼杀主持人的艺术天分和创新能力,而且严重制约了主持人的个性、特色发展。事实上,这几年,人们越来越多地看到多种多样多形态的主持人的出现,主持人的话语权是电视节目赋予的,主持人在节目中怎样更好、更恰当、更适度地参与节目、体现自己的人文情怀和角色价值,都需要栏目在策划及实施的环节中彼此呼应。从这个层面上讲,主持人无论是以怎样的身份、怎样的方式参与节目,都是主持人多元化发展的多样形态体现。

总体来讲,综艺节目未来朝向多元化、规模化、精品化的发展趋势,观众呈现年轻化、圈层化、粉丝化的特征,"综艺节目主持人与栏目的捆绑日渐松动,主体化功能呈现泛化、淡化和隐匿化表征,多元叙事场景下的角色类型大致分化为传统专业型、参与引导型和跨界主持型"。[①]当前,综艺节目主持人发展进入"拐点期",如何既能发挥专业上不可替代的优势,又能借助新媒体的资源? 行业呼唤业务能力过硬、深谙媒体变革、适应娱乐潮流、把握价值主流的新型复合人才。

第二节　少儿节目主持

少儿节目的主持与节目形态发展紧密,1958 年,北京电视台在成立之初就有儿童专栏节目《小小俱乐部》,还有一个固定的报幕员——木偶王小毛。1984 年鞠萍作为第一位专职儿童电视节目主持人进入央视,并从 1985 年至 1995 年 9 月一直主持《七巧板》,甜美亲切的"鞠萍姐姐"成为我国早期最具代表性的儿童电视节目主持人。1989 年底"董浩叔叔"亮相荧屏。1991 年央视《大风车》又推出了七位角色化的主持人,如"金龟子"刘纯燕、"毛毛虫"何炅、"风车娃"洲洲、"花姐姐"曾媛,他们形态、风格各异,都受到少年儿童的喜爱。

2003 年 12 月 28 日,中央电视台少儿频道开播,标志着中国儿童电视已从栏目发展走向频道发展,截至 2005 年 9 月,全国已有 30 家少儿频道和 3 个卡通频道,节目数量的增加使少儿电视节目主持人的队伍迅速庞大起来。

一、少儿节目受众的范围细分

按照国际专业频道通行的做法,以央视少儿频道的目标受众为例,少儿节目的受众大概细分为三个年龄阶段(6 岁以下的学龄前儿童;6 岁至 12 岁的小学生;12 岁至 18 岁的中学生)以及这三个年龄阶段青少年的家长。有研

---

① 王欢:《融媒时代综艺节目主持人发展趋势》,《中国广播电视学刊》2021 年第 3 期。

究表明,目前青少年对于社会的基本认识,人生观、价值观的形成,有很大一部分的影响来自传播媒介。这个年龄阶段的人群是大众传媒最热忱的接受者,更加需要受到良好的社会教育和塑造的一个特殊群体。

"青少年的心智没有完全成熟,有其特殊的心理发展特征。比如,童年期(小学阶段),其心理发展是幼稚半幼稚交叉、不成熟到半成熟时期,依赖性大于独立性,自觉性小于盲目性,可塑性大,可变性突出。他们感知事物目的不明确,比较笼统,往往只注意到一些孤立的现象,看不出事物之间的联系和特点。形象思维占主导地位,凡是具体形象的东西,他们容易理解和记忆。而到了少年期(初中阶段),则表现为自我意识强烈,"成人感"较突出,求知欲强,但动机不一。富于幻想,兴趣广泛;情感强烈,重视友谊;少儿节目的定位和少儿节目主持人的形象定位必须符合、服务于这些少年儿童特定的心理特点和特征。"①

二、少儿节目主持人教化作用

少儿节目主持人的言行对孩子的认知起着十分重要的作用,因为主持人面对的是一群刚刚探索认识世界的孩子,他们的行为很容易被孩子模仿,成为孩子们心中的"偶像"。少儿电视节目传播的本质是优秀文化的传播,少儿节目以及节目主持人要正确认识自身对于少儿身心健康的引导作用,以及承担起肩负文化传播的使命。

首先,要引导少儿形成正确的价值观。少儿尚处在成长阶段,思想不成熟,喜欢模仿,很容易受到外部环境的影响。如何才能更好地引导少儿的行为规范,这就需要少儿电视节目自觉承担起少儿的社会教育职责,用文化的力量引导少儿形成正确的价值观。少儿电视节目主持人所进行的电视传播既是一个信息传递的过程,也是一个建构社会文化的过程。主持人要能够站

---

① 贾宁:《少儿节目主持人形象专业化定位思考》,《中国电视》2013 年第 2 期。

在时代的高度,善于分辨符合少儿成长需求的内容,用优良文化的力量培育少儿健康的精神家园。少儿电视节目的主持人尤其要利用好电视节目的特性与自身的优势,通过节目的宣传教育,传播人文关怀与科学精神,自觉抵御不良的社会现象,不断为节目注入积极健康的文化元素,以喜闻乐见的形式对少儿进行教育与正确引导。

2021 年是中国共产党成立 100 周年,由国家广播电视总局、中国关心下一代工作委员会主办,北京市广播电视局、北京市关心下一代工作委员会、北京广播电视台、阿里文娱优酷共同承办《花儿向阳　童心向党——庆祝中国共产党成立 100 周年全国少儿晚会》向建党百年献礼。这场晚会由全国各省(区、市)广播电视局、全国各省(区、市)广播电视台联合创作,于 2021 年 6 月 1 日 18:18 在北京广播电视台卡酷少儿卫视首播,优酷、北京时间和听听 FM 作为网络平台同步播出,之后在全国各省级少儿频道及相关卫视频道播出。作为国家广电总局 2021 年部署制作的唯一一档全国性的建党百年主题少儿节目,这场晚会以少年之声致敬伟大时代,为全国观众呈现一堂"有看点、有意义、有温度、有价值"的独特党史视听课。晚会通过"致敬经典、百年圆梦"两大部分聚焦百年党史,讲述党领导中华民族站起来、富起来、强起来实现"三次飞跃"的党史故事。整场晚会打破传统文艺会演式节目呈现,不设主持人,而是以一家四代人情景剧的形式串联。一家四口中的太奶奶由老艺术家谢芳扮演,她主演的电影《青春之歌》影响了整整一代人;爷爷由 94 版《三国演义》中赵云的饰演者张山扮演;爸爸由青年音乐剧演员李宸希扮演;小女儿由童星崔雅涵扮演。这样的设计既能引起代际共鸣,贴合晚会"大手牵小手　小手拉大手"的受众定位;又能体现儿童视角,以孩子们喜欢的讲故事的形式,串联起百年党史光辉历程。

其次,要培养少儿的审美情感。对少儿来说,审美就是其生命活动与审美对象相互之间的同行同构,培养少儿的审美情感有利于促进少儿健康和谐的人格形成。主持人是电视节目精心包装的文化形象,是拥有道德典范意义的存在,在电视节目中,主持人本身就是一个独立的审美客体,为受众带来美的享受。同时,主持人还以自己的人格魅力对受众的审美情感也产生着影响。作为成长路上的老师和朋友,少儿电视节目主持人的一颦一笑都在潜移默化中影响着少儿的审美情感,所以,主持人要能深刻意识到这一点,以身作则,给小朋友带来美的引导,这也是少儿电视节目主持人重要的文化传播职责。

2017 年山东卫视推出的一档国学益智竞赛节目《国学小名士》,旨在激励青少年学习国学的热情,弘扬优秀的中国传统文化。提升对国学的认知水平,全面展示青少年的精神风貌,节目模式不单纯以答题定胜负,将国学知识与竞技相结合的方式让青少年对国学产生更大的兴趣。

三、从模仿到多元的发展阶段

从 20 世纪 80 年代末期到 20 世纪 90 年代初期,中央台《七巧板》鞠萍姐姐广受认可,她的主持方式也成了当时所有少儿节目主持人学习的标榜,鞠萍姐姐成为全中国少年儿童的偶像,也成了所有少儿节目主持人模仿的对象。

《七彩路》是安徽省唯一一档省级专门针对少年儿童的栏目,至今已经有了近 30 多年的历史。多年来栏目不断改版、不断创新,开创了安徽台和全国少儿节目的知名品牌,陪伴了一代人的成长。"七彩路"这三个字已在安徽的少年朋友们心中扎下了根,成为同学们喜爱的"好朋友"。20 世纪 90 年代中期,《七彩路》进行了改版,由原来的每周一期调整为每周两期,在周六、周日的晚间 6 点播出。由于增加了节目的播出量,让节目有了更大的发展空间,节目内容大大增加,除了以前的少儿新闻、专题,又加入了许多新的板块内容。

从 20 世纪 90 年代初期到 21 世纪初期,从中央到地方的少儿频道像雨后春笋般地发展壮大起来,少儿节目对各种内容均有更加综合多元化拓展,比如动画、少儿新闻、婴幼儿、亲子家园、益智竞技、综艺娱乐、访谈等等。随着节目内容不断创新并愈加丰富,各种类型的主持人也不断地涌现,不再仅仅局限于"大哥哥、大姐姐"角色扮演型,新增加了"老师型、专家型、卡通型、朋友型"等等。安徽电视台虽然没有成立少儿频道,唯一的少儿节目依然是《七彩路》栏目,为了适应新的收视要求,栏目这些年不断地改版创新,制作播出了大量观众喜欢的节目,也多次获得了"金童奖"等全国少儿节目最高奖。2002 年《七彩路》第五次大改版,在节目的导向上,突出了节目"益智、益善、益美"的宗旨,鼓励少年儿童"创造、创新、创举",让少年儿童和关心少年儿童成长的人们能在优秀的电视节目中共同受益,一起进步。

"2006 年栏目组全体人员经过反复研究目标受众的兴趣、心理特征、收视习惯等诸多因素,最终确定了'娱乐先行、寓教于乐'的节目基调。《七彩路》的改版也已经成为常态,节目的总体风格相对固定,小板块依据观众的要求和收视情况经常变化,播出过的板块有《真真假假》《星星状元榜》《超级任务》《大小闯天关》《明星宝宝秀》等等。《真真假假》每期节目中都会邀请三位相同身份的人员,比如教师、消防员、交警、售货员、医生、发型师、厨师等,其中有一位是假的,请现场的选手根据他们的表现以及现场提问结合自己的知识进行判断,主持人在节目中通过三个环节的引导让选手做出判断,主持人的语言比较简洁明快,但也不乏诙谐。《星星状元榜》这个板块的优势是为喜欢艺术的小观众提供了一个展示才华的平台,节目采取互动、擂台赛的方式进行。开办以来分别进行了小歌手和小主持人的比拼。围绕才艺展示,采取适合儿童特点的表现形式,将电视与儿童艺术教育结合在一起,深受家长和老师的关注和喜爱。《校园总动员》每期节目,参赛学校中都会由同学们推荐出四位小选手参加挑战。他们要各自展示自己的拿手绝活,等待现场观众的评比,最后将有一名小选手会获得'校园小明星'的称号。在节目中,同学们不仅仅是作为一个观众来收看节目,而且能够作为小评委参与节目之中,调动了他们的参与积极性。主持人在节目中是积极主动的,充分调动选手的活力,增加了节目的竞争感。《真真假假》《明星插班生》等都可以说是少儿类的综艺节目,热烈、热闹、轻松、自然是许多节目主持人在节目气氛上的追求,但是少儿综艺节目与成人的综艺节目是有区别的,在这个过程中很重要的就是理性地把握尺度。"① 在演播厅的游戏竞技节目中,主持人是游戏穿针引线的人,是孩子们的朋友、老师、大哥哥、大姐姐,主持人的风格也较以往变得更加自然活泼、更富有生气和朝气。

四、少儿节目主持人的误区

少儿电视节目在儿童的成长过程中扮演着重要的引导者和教育补充者的角色,但是目前少儿电视节目主持人仍旧存在一些固化的误区:一方面,节目不能够表达儿童的真实所思所想,许多主持人仍在努力扮演儿童的角色,说话提高嗓门、声调起伏很大、语速变慢、表情动作都较夸张,甚至有一些主持人常常处在"装小""撒娇"的状态——这样的方式已经不适合当今儿童的收视需求。尤其是一些主持人已经当了十几年的"哥哥""姐姐"的固化角色,长此以往会给观众带来沉闷的感受。另一方面,主持人的知识结构仍然有待提升。知识结构是主持人文化素养的基本要素,当前,很多少儿电视节目的主持人知识面不够广泛,甚至有时出现了常识方面的错误。由于有些少儿节目的主持人知识结构不完善,内在修炼不足,导致主持方式流于表面,反复在表情、动作以及装扮等方面下功夫,无法站在更高的文化层面看问题,对事物的理解缺乏深度,一味迎合世俗社会中的庸俗与娱乐化的东西,缺乏必要的儿童心理学方面的素养,导致语言表达形式较为单调。

五、少儿节目主持艺术升华

(一)了解儿童的心理状态

少儿广播、电视节目应传播有利于少年儿童成长和发展的各类知识及技

---

① 李丽莉:《单一走向多元——从〈七彩路〉的发展看少儿电视节目主持人风格的变化》,《新闻世界》2011 年第 2 期。

能,并教会他们辨别善恶美丑,以健康、美好、向上的精神和情感对孩子的人格、品质塑造产生积极影响,帮助他们树立正确的社会观、人生观。所以主持人的定位也应基于这样的前提,要对儿童富于爱心、耐心,努力成为孩子们的良师益友。优秀的少儿节目主持人应该同时是一位少年儿童问题的专家,熟知孩子们的心理世界、理解他们的喜怒哀乐。

"知心姐姐"这个名字对于新中国成长起来的几代人来说并不陌生,20世纪60年代,"知心姐姐"和"小灵通、小虎子、动脑筋爷爷"一起出现在《中国少年报》上,知心姐姐和蔼可亲的大姐姐形象很快得到了孩子们的喜爱和信任,每天雪片式的信件塞满了知心姐姐信箱,孩子们通过各种方式向知心姐姐诉说自己的烦恼,当时12岁的卢勤就是这群孩子中一个。卢勤30岁调入中国少年报社,34岁起担任"知心姐姐"栏目第二代主持人,被广大少年儿童及父母称为"知心姐姐",二十多年来,她致力于对少年儿童及家长心理健康的研究。曾获中国新闻工作者最高奖"韬奋新闻奖""全国优秀少年儿童工作者""全国三八红旗手"等称号。她所著的《写给年轻妈妈》,发行量突破213万册并获得第六届"五个一工程奖";《做人与做事》发行量突破150万册,获得第八届"五个一工程奖";《写给世纪父母》获"中国图书奖";《告诉孩子,你真棒!》销售量突破50万册。第二代"知心姐姐"卢勤致力于对少年儿童及家长心理健康的研究,在全国各地巡回讲演数千场,是中央电视台、中国教育电视台、北京电视台等多家传媒名牌栏目的常邀嘉宾,深受亿万家长和孩子的爱戴。

(二)拓展儿童的想象空间

相比其他类型节目主持人,少儿节目主持人也许最不容易把握自己的受众,他们总是在面对与自己年龄差距很大的群体。少儿节目主持人尽量用生动、具体的语言,切忌讲空洞的大道理,有些孩子在参与节目时,容易紧张和自卑,所以主持人亲切的言行、期待的目光和赞许的笑脸,进行激励引导,注重从情感上打动小观众。注意开拓孩子的想象空间,不能用成人思维禁锢孩子的思想。主持人直接面对孩子,在和孩子对话沟通的时候一定要注意措辞,不能单纯地以对错来评价他们的回答,否则在不知不觉中就关闭了孩子的想象力,使得他们仅仅是重复、模仿大人的答案,从而缺乏了想象力。面对孩子们富有想象力的回答,主持人不要吝于肯定而只是想方设法绕到"标准答案"上去,不能用成人的思维去左右孩子的想象。在开拓孩子想象力的同时,要对孩子的想象加以正确的引导。这就要求节目主持人在工作中要有意识地扩大孩子的知识范围,引导他们的想象方向。

AI 技术迅速发展的信息时代,江苏卫视的《超脑少年团》并不是一档简单的沉浸式"烧脑"真人秀节目,参赛的青少年选手,根据抽象能力、逆行力、协作力、分解力、评估力进行项目设置,从 24 位参加节目的青少年中选拔出最具"未来力"的少年加入首届"AI 未来营"。注重青少年的脑智力开发,让人类与 AI 的交互碰撞出智慧的火花,由陈铭担任主持人,马伯骞、马清运、伊能静、杨芸晴担任"超脑护航员",魏坤琳担任"超脑舰长"的《超脑少年团》节目已然走出了一条颇具创意的新路。

(三)主持人学会和孩子交朋友

绝大多数的少儿节目主持人都是成年人,与节目的参与者、收视对象有很大的年龄差距,虽然每个成年人都是从少儿成长起来的,但是不同时期的孩子的想法、所受的教育都是有差异的,主持人用孩子的视角看世界,了解他们的内心。可以阅读有关孩子的书籍、交往几个孩子朋友,通过这些了解不同年龄段孩子的喜怒哀乐。

面对孩子们闪烁着智慧火花的问题,要勇于和孩子们一起研究、探讨、解决,少儿节目主持人在对孩子进行提问时要有更多的表扬和鼓励。鼓励、表扬是开拓孩子想象力的重要手段,所以作为一名少儿节目主持人要学会鼓励和表扬。在采访中主持人不能自顾自地夸夸其谈,提出一个问题,在孩子说话时尽量不要打断他,要学会倾听。"有的主持人急于在节目中表现自己,常常打断被采访者的话,结果在节目中就看不到孩子的真实想法。在少儿电视节目中孩子是主角,主持人一定要用心倾听小朋友的每一个看似'可笑'的幻想,不能嘲笑他们,因为每一个奇妙的想象在若干年后都有可能变成现实。"①

(四)如何持续吸引注意力

在提问中如何吸引孩子们的注意力,永远是少儿电视节目主持人需要面对的最大问题之一。只要拥有了孩子们的注意力,就可以按照节目的设计完成节目,但同时,注意力容易分散恰恰是少年儿童的一大特点,这和他们旺盛的好奇心有着很大的关系。所以,在节目主持中试着多使用"问句",更容易激发对象的好奇心,有助于集中孩子们的注意力,从而帮助节目达成预期效果。"一个好的少儿节目主持人应该尽量少说或者不说诸如'请安静''请听我说'之类的话。通常让一个主持人想要使用类似语言的情形,恰恰说明孩子们的注意力已经流失了,而类似的话很难起到积极的效果,而一个恰当、有趣的问题,则更可能在此时迅速帮主持人收拢孩子们的注意力。"②

(五)发挥语言艺术的亲和性

语言是文化的载体,是文化传播的第一要素,电视是视听媒体,语言是少儿电视主持人基本的交流工具。在主持的过程中,为了能更好地与少儿交流,主持人语言要尽量贴近孩子,并从孩子的立场与心理出发,这样才能对少儿产生吸引力和感染力。少儿电视节目的主持人在有声语言方面要尽量做到口语化、形象化和简单化,为少儿建立良好的语言模式,让孩子们听之悦耳,内化后悦心。

对此,著名的少儿节目主持人鞠萍姐姐是这样总结的,语言要具备节奏

---

① 李丽莉:《为孩子打开一扇窗——少儿电视节目的主持技巧》,《新闻世界》2010 年第 8 期。

② 方琼:《少儿节目主持人语言解析》,《中国广播电视学刊》2020 第 6 期。

感,根据所讲内容的不同,快而不乱,慢而不断,遇到需要停顿的地方,语气也不能断,要藕断丝连,语音和语调都要抑扬顿挫,使人听着感觉舒服,这样才能滋养孩子的心灵。在一期《智慧树》节目"智慧树乐园"环节中,为了让孩子懂得和动物和睦相处,主持人绿泡泡说道:"动物是人类的好朋友,在我们今天到场的三个家庭中,都有人扮演成非常可爱的小动物……"这段话中的"好朋友、非常、都"都被绿泡泡当作重音强调,明显上扬的语调让小朋友很快对节目产生了心理期待,节目获得了很好的传播效果。除了有声语言,形体语言在电视节目中也是重要的传播符号。少儿电视节目主持人在孩子进行交流的过程中,要学会使用丰富而有趣的形体语言,如真诚地拥抱、善意地点头、微笑地注视等,营造充满吸引力的情景,提升节目的文化传播力。

作为少儿电视节目的主体角色,主持人通过声音、画面、肢体等符号在电视媒介与少儿受众之间进行着人际传播,承担着重要职责。在泛娱乐背景下,少儿电视节目主持人要努力避免过度娱乐的误区,凭借电视媒体强大的传播力,以良好的文化修养、契合的角色定位以及高超的语言艺术,做好传播文化经典的代言人,成为少儿观众不可或缺的文化交流者、传播者与引导者。

《等待》　节选自《朗读者》①

等待是我们和时间之间的一场博弈。我们凭借着智慧和耐力,与未来做一个交换。等待的不可知性是一份考验——一天一天、一步一步走向希望或者失望。

安娜·卡列尼娜呼喊着:"我是人,我要生活,我要爱情!"于是她在等待当中燃烧了自己。《城南旧事》中的"长亭外,古道边……问君此去几时还",这是英子和她的同学们在伤感的歌声当中,等待成长。"慈母手中线,游子身上衣",这是五十岁的孟郊写下的诗句,恰恰在那一年,颠沛流离、居无定所的

---

① 董卿主编:《朗读者2》,人民文学出版社2019年版,第1页。

游子,等来了和母亲的团圆。

等待仿佛是生命当中的一个常态。我们经常会等一个电话,等一趟地铁,等着新年的愿望能够实现,等着和相爱的人久别重逢。世间很多美好的事物并非触手可及的,经过了时间的酝酿和打磨,等待的结果才会显得更加珍贵。当然也会有一些等待是在和幻灭苦苦做着抗争,经过漫长的等待,用时间等来光明。

除非到达终点,没有人能够评价等待的价值。人生的意义在于,因为希望,所以等待;更在于,因为选择了等待,所以看到了希望。

➲ 思考题

1. 如何理解综艺节目主持人演化的各个阶段?请概括每一阶段的综艺节目主持人总体特点。

2. 如何提升少儿节目主持的艺术水准?

➲ 实践环节

1. 练习《朗读者》等综艺类节目或者少儿类节目文稿播读。

2. 创意并设计综艺娱乐节目即兴主持环节。

3. 创意并设计少儿节目即兴主持环节。

第九章　纪录片解说与谈话类节目主持

知识目标: 画面与解说相互依存的关系,决定了在电视纪录片中的关系大约呈现三种状态:画面为主,解说为辅;解说为主,画面为辅;解说、画面互为依存。谈话节目不论是什么样的话题,严肃也好轻松也罢,公共话题也好个案也罢,讨论的氛围一定是亲切平等的、循循善诱的,话语风格排斥抽象枯燥沉闷空洞,提倡形象生动鲜活充实,推崇"雅为体,俗为用,雅俗共赏;庄为骨,谐为肉,庄谐并用"。

能力目标: 电视纪录片的特点解说三个方面,即整体把握与具体把握。循环过程,即看解说词(每段到整体)—观看画面—了解创意(形成全方位理解与把握)—再回到解说词(整体到每段)。谈话节目话轮的衔接与控制,谈话类节目主持人的基本素质和语言特征。

知识导入: 纪录片主持人多是出现在纪录片栏目中,基本是针对栏目纪录片的悬念叙事特点而设置的"故事讲述者"角色,他们基本上出现在栏目头尾以及片中段落章节分隔处,承上启下引领观众继续观看,如央视《走近科学》、北京卫视《档案》、云南卫视《经典人文地理》等。当然,在有些以"纪录片+访谈"形式出现的栏目或特别节目中,主持人还担任着"访谈者"的角色,如央视《世界遗产之中国档案》等。

第一节　纪录片中的主持人解说

"纪录片解说的声音价值,首要的一点就在于它依从人类感知觉器官的本能,给予受众感性的生存维度,既与画面贴合,完成解释、说明、衔接的任务,也在赋予人们更多想象空间的同时,起到了渲染、抒发、升华的效果,承担着'介绍信息''解释细节''衔接画面''渲染气氛''抒发感情'等重要职责。"[1] 如果在电视纪录片中的某些地方面出现解说词缺位,可能会导致受众对画面信息的解读歧义,所以解说词是电视纪录片必不可少的重要组成,画面与解说之间是相辅相成的关系。"纪录片的主持人与新闻、综艺等节目类型的共同之处,如对事实的报道与分析,对信息的整合与传播,对节目结构的组织与串联等。"[2]

不同于新闻、综艺等其他节目类型,主持人在纪录片中是以一种特定的形态呈现的。"纪录片主持人是一个广义概念,其含义是指纪录片中的记录主体主观介入的视觉体现。主持人可以是出镜报道者、记者、嘉宾,也可以是片中一个角色。纪录片主持人同新闻、综艺节目最大的区别在于,纪录片主持人不仅是新闻事实的播报者,而且是新闻事件的观察分析者、亲历体验者。他不仅要告诉观众看到了什么,而且要把如何看到的过程展示在屏幕上,他不仅关注事件本身,更关注当事人的心灵世界。纪录片主持人更加注重的是个体的观察与表述。在纪录片中,主持人和观众共同面对纷繁的世界,他和观众一同去观察、体验、感受,将客观事实和盘托出给观众。纪录片的功能体现为一种调查研究或记录的方法,以及在这种方法下主持人的观察之后所得

---

① 曾志华:《让声音发出声音——纪录片解说的价值审视与回归诉求》,《中国广播电视学刊》2020 年第 10 期。

② 金晓非:《纪录中的主持——论纪录片主持人的特征》,《当代电视》2004 年第 7 期。

出的结论。"①

一、多元的角色意识

由于不同的题材、风格,以及人们对于纪录片的不同观念和认识,主持人在纪录片中呈现出迥异的形态。

其一,播报者的角色。主持人在纪录片的开始、结尾、场景之间或重要的纪录现场适时出现,介绍事件的发生背景,明确时间和空间的变化,呈现纪录的现场感,强化纪录的纪实格调。

其二,主持人的角色。1983年在中央台首播的关于长江沿岸地理及人文的纪录片《话说长江》,在内容结构上采取分章回连续播出的形式,记录真实环境、真实时间里发生的人和故事,这部纪录片首次设置主持人的角色,在演播形式上,主持人陈铎、虹云的直接讲解与电视画面相互配合。总撰稿陈汉元给主持人的解说定了一个基调,尽量用亲切平易真挚的语言风格,避免空洞、说教式的语言。

其三,记者的角色,作为记者的主要使命是调查访问。主持人机智、敏捷的应变能力,在各种不同场合对不同人物进行即兴采访。通过记者的采访调查,揭示出历史和现实的真实面貌。比如央视曾经播出的《新闻调查》,后者有《东方时空·纪事》中讲述老百姓的故事。

其四,"引领者"和"解惑者"角色。电视纪录片的解说词从服务于电视画面的角度出发,或许有时候体现为一些"话语的片段",只有与电视画面相配合才会传达出完整的意义,因而,有时候纪录片的主持人对解说词的创作具备"不连贯"的特征。当解说出现时,必然是配合画面将观众应知,但画面无法完整传达的信息给予必要的补充,解说者在这个过程中就起到了"引领者"和"解惑者"的角色。

①　金晓非:《纪录中的主持——论纪录片主持人的特征》,《当代电视》2004年第7期。

以《地球脉动》一片为例,在第一集"两极之间"标题过后,镜头迅速掠过一片绿色池沼,之后是褐白相间的地表……这里究竟是什么地方? 画面要告诉我们什么? 就在受众心生疑惑之际,李易的解说适时出现了,随着他的指引和解释,我们顿时豁然开朗:"……这里则是另一个极端,全球地势最低、最炎热的地方之一,其海拔低于海平面一百多米,但是这里,却正孕育着一座高山,一个个的硫酸池表明,此处的地底正有剧烈的变动,这里就是埃塞俄比亚的达纳吉尔凹地……。"解说及时将受众的疑问全部解决,美丽的镜头背后是一连串不容置疑的科学的解释,主持人明确自己在纪录片解说中所充当的角色,并且在解说过程中对此角色有着较高程度的自觉了解与把握,必将有助于其在解说时既不越位于画面又能及时"发声",并与画面共同完成信息的准确传达。

解说者的情感与画面是相辅相成的,情感因画面而生成,画面因情感而更生动。在纪录片解说中,要避免容易出现的误区有两方面,一方面是过于平直寡淡,解说者的情感脱离于画面之外。另一方面是情感判断不准确,语势过于夸张,超出了画面的承载或违背片子本身的意境,在解说过程中出现了用声不通畅、语气不贴切、感情不真挚等问题。解说者在实践中应以真实情感为依托,充分理解文字与画面之间的关系,解说中准确地表达思想情感是解说者的功力所在。解说者对解说内容、解说技巧以及自我角色身份的自觉了解和把握程度愈高,解说就愈游刃有余,解说与画面的配合就愈严丝合缝,纪录片的整体传播效果就会愈加完善。

在电视纪录片中,多元复合的"角色意识"赋予主持人鲜明的探索精神和强烈的主体意识,主持人在具体的纪录情境中与纪录对象及其环境融为一体,融入所记录的现实情境中,通过亲身的观察、体验,以及与纪录对象的互动及自我思考,表达作为纪录者对现实和历史的追寻和探索。

二、复合叙事模式并存

主持人的活动线索决定了纪录片的叙事模式,主持人通过对事件的参与,提供了一种观察视角和纪录方式。无论是调查、探险,还是参观访问,主持人对事件的参与,对纪录片本身都是一种叙事的推进,决定情节的发展方向,确立了一种叙事模式。

纪录片所反映的事件,或是人物的时代背景、空间形态往往是松散的,主持人的设立使得叙事的模式"顺叙""插叙""倒叙",这几种叙事模式都有可能在纪录片中同时存在,形成一种多元复线结构。比如,北京广播电视总台的纪实栏目《档案》,主持人以掌握已经解密的高级别档案资料,利用特殊道具的"现代说书人"的形象出现,根据对内容设计的创意传播线索,以及多种节目元素的使用,探寻一个又一个惊人的事件和传奇背后的真相,形成独特的戏剧化的节目创新亮点。

纪录片具有多重价值,最突出的是社会文化传承价值、历史文献价值、艺术欣赏价值,对于纪录片的创作者而言,在建构这些价值的同时,纪录片主创者通过独一无二的解说风格表达自己的思想意图。"陈怡导演的《你好 AI》,历时一年半,跨越亚、美、非四大洲,采访 77 个人物、拍摄 43 个机构,拍摄过程经历四季,足迹遍布 30 多个国内外城市,展现了全球 AI 应用的风貌。《你好 AI》是一个硬科技题材的片子,却通篇洋溢着温暖的色彩,人文元素充分融入让人叹为观止的科技当中。最让人眼前一亮的是解说选用了女声,在男声几乎包揽大半壁江山的纪录片解说领地,这种'陌生化'的表现方式,实属难得,更何况是科技题材的纪录片。陈怡起用季冠霖担当《你好 AI》的解说配音,还有着身为导演在价值观、创作观上的考量,人工智能作为一种算法、程序,概念抽象又难以具化,科普式、讲解式的叙事手法很难与观众的生活产生联系,也难有令人亲近之感。陈怡决定采用更容易为年轻人接受的叙事方式,把硬科技拍出温暖的感觉。陈怡认为,女声尤其是在年轻人中享有较高知名度的季冠霖,可以完成她的创作意图。"①

李立宏在谈论《舌尖上的中国》的解说配音创作心得时说道:"我是把自己搁到作品里了。在介绍一碗面时,我就好像是从那碗面里跳出来的一样,保持着好奇的心态,迫不及待地想告诉大家,这碗面是怎么咕嘟咕嘟熬出来的,里面放了什么调料,面条是怎么做的……"除了通过情景再现的配音解说技巧带着观众实实在在地了解食物制作流程之外,还通过展现人们在对食材尽善尽美的追求中所体现的对美食的态度,表达了食物味道之外的文化味道。纪录片中主持人在现场叙事,是对传播主体在纪录现场的强调,赋能纪实性纪录片具有一种亲历感和现场感。因此,对于一些的重大新闻事件,主持人在现场正是对特定时间、空间的强调与确认。对于纪录片的观众来说,主持人所带来的现场感比直观的画面更具有视觉震撼力。

综上所述,主持人作为一个具有表意特征的视觉符号,体现着纪录片的风格特征。可以看出,主持人在纪录片中起着十分重要的作用。主持人代表了纪录者的思想倾向,决定了记录现实的方法,甚至决定了纪录片的基本形态。对于纪录片来说,主持人用得好,可能是点石成金;用不好,也可能画蛇添足。一位优秀的主持人未必就适合某一部纪录片,对于主持人的选择和使用,应该针对具体的题材和记录对象,慎之选用。

三、展现真实的人格力量

追溯至1922年纪录电影之父弗拉哈迪拍摄制作的《北方的那努克》,从一开始具有纪实美学风格特征,因其取材于现实,艺术性地再现历史和生活的影像作品,就受到观众的痴迷和追捧。

纪录片反映生活的真实形态,记录人间的悲欢离合,展现世间的美丑善恶,呈现普通人的真情实感,更代表了一种创作的艺术境界。纪录片是具有

---

① 曾志华:《让声音发出声音——纪录片解说的价值审视与回归诉求》,《中国广播电视学刊》2020年第10期。

纪实性的,真实性是其创作的基本理念特征,观众会运用真实性这一尺度去衡量纪录片的一切内容要素,诸如:人物、事件、情境、细节、情感等,其中当然也包括主持人自身。因而主持人的真情实感就显得尤为重要。

主持人的所谓真实,并不是纯自然主义的真实,任何一个主持人都不可能也不应该把生活中的自我形态,统统带到节目中去,总要根据节目的风格或拓展自己的某一部分个性,或是调整自身与节目内容某些不相协调的环节。纪录片主持人要把人格的力量渗透于节目之中,使观众切实感到"我"是现实生活中一个生动可信之人,作为纪录片主持人才可能走进观众的心里,真正实现朋友式的交流。香港电视广播公司(TVB)拍摄,陈贝儿主持的12集扶贫纪实纪录片《无穷之路》,关注我国四川、宁夏、贵州等多个省份,记录了我国在扶贫开发历史上的创举。"这部纪录片聚焦最具有典型性的十个深度贫困地区的真实生活,主持人陈贝儿以入乡随俗的穿着进入到访谈环境中,例如在第六集《宁夏西海固"吊庄移民"》中,主持人戴顶编织的骑士帽,身穿具有当地民族特色的短袖衫,与采访对象交谈时,尽量保持一种随意自然地体态,比如与丁真在草原席地而坐,以盘腿的姿态进行访谈,像熟悉的朋友一样交流。"①

《人生一串》作为国内首档呈现老百姓烧烤情怀的纪录片,以展现全国各地独具特色的烧烤文化为主题,涉及近30个城市和500多家传奇烧烤摊。"该片中的解说配音给人以利落且略带江湖气的洒脱感,更像是好客的主人在跟大家讲着一个个烧烤背后的生动故事和烧烤人的生活哲理,笃定而不迎合、热情但不矫情,平实中带着对生活极大的热情和耐心。"②

---

① 张娜:《扶贫纪录片〈无穷之路〉的陌生化手法应用》,《新闻世界》2022年第9期。
② 段蕾:《互联网纪录片的解说模态创新——以〈人生一串〉为例》,《电影评介》2021年第1期。

四、绚丽多彩的解说格调

在纪录片语言的传播过程中，"解说的主要功能是延伸画面信息量，挖掘画面内涵，渲染烘托气氛，提炼升华主题等"。[①]解说者在用气发声、情感表达、审美体验等方面的不同把握，使中国电视纪录片具有了多样化的美学格调。

(一)平实晓畅的风格

"平实晓畅是纪录片较为常见的解说风格，表现为声音的自然妥帖、亲和实在、朴质无华；语脉的连贯流畅，丝丝入扣，听上去娓娓道来、循循善诱；此处的'平'绝不是单调平缓，而是在解说中巧妙地展现情深而语淡、意真而声平。"[②]在电视纪录片创作中，编导通过撰写解说词将影片的思路、框架、线索呈现出来。解说员则根据解说词进行二度创作。这种再造性表现在两个基础环节方面。

第一，是对解说词及纪录片的整体风格的理解。解说者在广义备稿过程中，涵化了自身的生命体验、人生感悟及审美理想，在形成有声语言之时形成了自身的创作个性，这种个性就是区别于其他解说者的相对稳定的内涵特质。

纪录片解说词文本章节段落看似没有紧密关联，却形散神不散，内在的逻辑主线和精神主旨是和谐统一的，需要透过文章的字里行间去体会。如何抓住解说文本的内在精神灵魂，实现与创作者思想的同步升华，这要求解说者要深刻把握解说词所蕴含的精神实质和价值追求，这种理解必须依赖配音员自身对解说文本逻辑与实质的全面把握，"纪录片《人生一串》的解说者同时担任全片的总导演，他在对于文本的理解、风格的把握方面，微观处细腻、具体，宏观处则张弛有度、胸有成竹"。《人生一串》的解说亲切、自然，要求用

[①] 孙占山:《电视纪录片配音解说谈》,《当代电视》2011 年第 4 期。

[②] 刘兰:《浅析人文类纪录片解说的三种风格》,《新闻世界》2014 年第 6 期。

声适当、语言质朴、节奏平缓,需要耐心、热情,追求一种接地气、纯纪实的状态,这种语态表现出这部片由里及外、由眼到心的烟火气,这烟火气是人人心中割舍不下的热气腾腾的生活气息。

第二,对解说过程的把握,这种二度创作具有美学层面的"风格化"表征。不同解说者因其不同的生活阅历和对作品的理解程度的区别在情感的生成表达,以及用气发声时的音质、音强、音高、气息控制、语速等方面具有的独特性,这种独特的个性特征在形成语流时构成了艺术的律动,具有美感。英国BBC经典之作《地球脉动》(*Planet Earth*)是一部令人叹为观止的电视纪录片,精美的画面似乎天然地对解说提出了更高的要求。当经典的画面与李易高雅遒劲、沉稳大气的"时代之音"相碰撞时,两者首先在气质上就自然贴切地融为一体。李易在解说《地球脉动》时高超的吐字发声技巧、对解说与画面的准确把握、恰到好处的语气以及他对地球生物界深挚的情感,无不体现出他对该作品本身深刻的了解和把握。

"……不久之前,还有30万只蓝鲸在海洋上遨游,现在只剩下不到3%了,我们的地球仍然充满未知的奇迹,我们探索奇迹,不但获得了知识,还获得了力量,现在,不只是鲸鱼的未来掌握在我们的手上,每个地方每一种生物的生存,都与我们息息相关,我们可以继续破坏,也可以珍惜和保护,一切都由我们自己选择。"(《地球脉动》第十一集《无垠深海》结尾的解说词)。

当"现在只剩下不到3%了"这一句在解说时,画面中的两只蓝鲸向画面的右上角缓缓游去,李易的语势略微下降,语气中渗透着淡淡的忧伤和无奈,似乎蓝鲸的未来去向牵动着他的心;"我们探索奇迹,不但获得了知识,还获得了力量","李易对这一句解说词处理时语势呈波峰状,语句富有生气,似包含着他对地球的感恩,剩下语句的语势则较稳,没有生硬的说教,没有强烈的呼吁,有的只是对生物的浓浓情感,这是一种发自内心的情感呼唤,使观众听后容易引起情感和认知上的共鸣"①。

中央电视台国际频道《千秋史话》《到西部去》栏目主持人任志宏不管是主持节目还是单人配音,有声语言风格都显得平实自然、独树一帜。由他担任配音的获奖作品有很多,如获得"中国彩虹奖"一等奖的纪录片《交响》《春节的故事》《十一世班禅》,获得第六届中国电视纪录片学术委员会颁发的"最佳长片解说奖"的16集大型电视文献纪录片《新中国》,以及获得国家"五个一工程奖"的大型纪录片、专题片《新中国》《中国大西北》《张闻天》《中国特区》《伟大的创造》《歌声飘过80年》。这些作品题材不同,风格各异,任志宏的解说都呈现出一种稳定的风格,稳重质朴的声音中饱含着中华民族的文化内涵。他用深沉的气息,醇厚温润的嗓音为一部又一部影像作品增添诗韵美感。这种"平实"并非平淡无味的发音。在语言表达技巧上,他很讲究归音吐字,因为汉语是单音字,每个字不仅要发音清楚,而且要声音饱满而收放自如,每句话要说得疾徐有度,跌宕有致。这种语言的外在形态感,只有被对解说内容的深情感悟、饱满的激情所充实时,才会使每个字、每个词汇本身具有的意蕴都抒发得很到位。

(二)雄浑大气的风格

我国有许多优秀的播音艺术家的有声语言表达风格就具有这种"大气磅礴、浑然天成"之美。我国播音界老一辈艺术家、播音学科的主要创始人齐越在20世纪五六十年代以其扎实的语言功力和独特的播音风格赢得了千百万听众的赞誉和尊重,成为中国播音史上的一座丰碑。很多人回忆齐越的播音都会用"充满震撼""激动人心""感情充沛"等来概括他的有声语言表达风格。无论是播哪种体裁的文章,他都能饱含着激越、真挚之情,播出大气磅礴的语言形态。受齐越"爱憎分明"的播音风格的影响,著名播音员方明在为电视纪

①　彭晓燕:《试析电视纪录片解说的创作技巧——以〈〈地球脉动〉为例》,《当代电视》2015年第1期。

录片解说时往往呈现出一种恢宏的气势,给受众较大的心灵震撼。他在为纪录片《西藏的诱惑》解说时就体现出了澎湃的激情和恢宏的气势。

本片一开始的题记以字幕的形式出现:

西藏的诱惑,不仅因为它的历史,它的地理,更因为:西藏,是一种境界……

方明在配这句话时感情充沛,情绪饱满。从"西藏"二字开始便将每个字的字头、字腹、字尾拉开,气息低沉而饱满,似乎是深吸一口气后用较多的气声呼出了心中向往已久的圣地——西藏。紧跟着的两个关键词"历史""地理"方面都采用了重音的处理方式,在语气处理上体现为扬而又扬,将受众的心理情绪托向高处。最后点到题记灵魂之句:"西藏,是一种境界。"这样的解说对单纯以字幕形式出现的题记起到了很好补充画面未尽意蕴的作用。

(三)典雅婉约的风格

中国古代哲学经典《老子·道德经》中提到"大方无隅,大器晚成,大音希声,大象无形,道隐无名",蕴含着丰富的"内视反听""大智若愚"的向内生发出的含蓄之美。这种美在反复咀嚼后如余音绕梁、韵味深远。

纪录片《唐之韵》有这样一段解说词:

于是陈子昂来了,像巨人一样挺立在幽州台上,面对着无限的时间与无限的空间,如春雷乍响一样高唱着"前不见古人,后不见来者,念天地之悠悠,独怅然而涕下!"多么悲壮的歌声,像从历史的深处腾出,不仅一声就唤醒了永远辉煌的盛唐诗,而且直到今天仍然在中华大地产生审美的冲击波!

高峰在为这段解说词配音时,诗歌部分用声形式以虚为主,其余叙述部分用中实声,"将声音的叙事变化与解说词的意境叙事融合,产生与诗人心灵在宇宙生生不息、虚实相依的律动中对话,在感觉与想象交织的灵境中达到共鸣与默契。"[1]

---

[1]　肖俏:《"虚实相生":电视纪录片配音的审美特征》,《传媒》2012年第3期。

第二节　谈话类节目主持能力训练

一、谈话节目的理论概述

(一)界定谈话节目的内容

由主持人邀集有关人士及受众,围绕公众普遍关注的重要问题,在轻松和谐平等民主的氛围中展开讨论的群言式言论节目。谈话节目的人员构成:首先,主持人是谈话节目的具体组织者。如果没有主持人的现场组织协调,群龙无首、七嘴八舌、混乱无序的状态自然不称其为节目。其次,有关人士,是指与讨论话题相关的人士,或是有一定权威性的嘉宾,或是有某种典型意义的嘉宾。最后,演播室内的观众和电视机前的广大观众。

"谈话节目的内容分类,可以划分为新闻时事类、公共话题类、人际关系类、趣味娱乐类;从形式上可以划分为讨论谈话类、聊天谈话类、辩论谈话类、综合谈话类,以谈话为主和以谈话为主线的节目都可称之为谈话节目,因而可以这样概括谈话节目重在选题,而访谈节目重在人物。"[①]

(二)选择有意义的主题

选择有意义的主题,谈话节目选题正确就有了一半的成功。选题的原则为:重要性、普遍性、热点性、永恒性。可以概括为,群众关心、领导重视有普遍意义。一个有意义的选题通常具备 3 个条件:第一,表述的生活观点是重要的。第二,应对尽量多的人有意义。第三,人们能共同感悟的永恒的话题。《夜空不寂寞》曾作为深圳电台最具影响力的晚间谈话节目,自 1992 年创办

---

① 　阎安:《融媒体时代视听节目策划》,中国广播影视出版社 2019 年版,第 210 页。

至今保持较高的收听率。深圳毗邻港澳地区,近些年发展速度很快,吸引了全国各地的人们到这里来实现自己的人生梦想。"深漂"的听友们有不同的生活背景、有着不同的人生目标,在人生地不熟的异乡,他们举目无亲,又不愿让远方的亲人担忧,这是一个特殊的群体。《夜空不寂寞》为他们搭建了一个倾诉、沟通的平台,提供了一个思考与反省的空间。《夜空不寂寞》曾成为深圳的一个稳定的文化符号,体现了深圳广播媒体特有的优势和价值——以声音为形式,以人文关怀为内涵,关注深圳人内心生活的进程,见证着这座城市的成长历史。"2009 年是国内电视谈话节目发展的黄金时期,媒体机构 CSM 发布的数据显示,2009 年 1 月 1 日至 4 月 10 日,在全国 153 个城市市场上,在电视收视比较集中的晚间 18:00—24:00 时段,有 190 个左右的谈话节目在全国数百个频道播出。"[①]

如果说谈话节目的选题原则规定了选题方向、范围,那么选题支点的寻找,即选题的具体性贴近性和可操作性则是更为关键的一步。好的话题在可操作性上要同时具备两个特点,一是普通人能以自己的经验为基础发表见解,二是足以引起专家学者的参与兴趣。换句话,说就是浅易性与深刻性的巧妙结合。轻松和谐民主平等的谈话氛围是谈话节目的标志性特色。

谈话节目不论是什么样的话题,严肃也好轻松也罢,公共话题也好个案也罢,讨论的氛围一定是亲切平等的、循循善诱的,话语风格排斥抽象枯燥沉闷空洞,提倡形象生动鲜活充实,推崇"雅为体,俗为用,雅俗共赏;庄为骨,谐为肉,庄谐并用"。

谈话观点仁者见仁智者见智,并不强求有一个统一的观点,不同观点的阐发可以提供给思维以不同的角度、不同的层次、不同的判断标准、不同的侧重点、不同的价值取向,使人们以平和宽容的心态,以客观全面发展辩证的眼光看问题,以提供新的思考点。

---

① 张皓月:《内容扩展和形式深化——真人秀浪潮下谈话节目的创新思路》,《声屏世界》2020 年第 12 期(上)。

二、主持人的角色定位

如果按照传播学拉斯韦尔的"5W"模式对谈话节目主持人进行分析,就不难发现,谈话节目主持人显然是身兼三重身份的特殊角色。首先,谈话节目主持人是面对演播室观众和屏幕外大众传播活动的传播者。其次,谈话节目主持人与嘉宾、演播室观众面对面的谈话形式,说明谈话节目主持人本身处于人际传播活动的重要位置,与其他节目不同,谈话节目主持人在与嘉宾交谈的人际传播活动中,模糊了嘉宾与观众的界限,在平等、随意的交流氛围中,谈话的语气、方式都力求呈现生活的原生态,人与人之间产生了一种"个人化"关系。节目本身蕴含的这种"人际性"魅力激发了受众参与的动机。再次,节目主持人还是谈话现场的反馈者。确切地讲,第一,这种反馈是谈话节目主持人在输出与接收信息过程中产生的一种自身的心理反应,主持人可以利用这种反馈来预测谈话信息到达受众那里可能产生的效果,自己加以适当的调整,尽可能搭建一个最广阔的话语平台,包容和展现足够多的不同观点,在谈话中引进各方观点交锋争辩、交流沟通。第二,这种反馈是谈话节目主持人代表受众对信息做出的反应。在目前受众群体细分时代,主持人应仔细研究受众收听、收视心理,心中时刻装着听众、观众的影子,想观众、听众所想,这样的节目主持人更会受到欢迎。

(一)主持人是谈话现场的中心

主持人是谈话的实际组织者,谈话节目由主持人、打进热线的听众、现场观众、嘉宾及无数接收节目的受众,共同构成一个开放的、专注于说与听的言语场。从话题内容角度看,他是节目意图的贯彻者,应清醒地把握话题的方向范围层次,对说话人进行引导,对谈话内容迅速地取舍,要控制节奏掌握时间。从谈话节目参与者角度看,主持人是话语场中多向交流的协调调度者。一方面要充分发挥各位嘉宾的作用,不能厚此薄彼,注意意见相反或观点相近的嘉宾,使之相互补充配合;另一方面要在受众与嘉宾之间建立关系架设桥梁,不能让现场的观众当摆设,有时还要代表受众向嘉宾提出问题。从谈话氛围来看,主持人是激发情绪的调动者,要调动所有参与者的积极性,活跃气氛,保持参与者的谈话兴趣和合作关系,此外因观点的冲突、情绪的激动引起的对立、失控,要由主持人协调和扭转。由此可见,主持人在谈话节目中无可争议地处在主导地位,享有控制权、决定权、主动权,起着组织引导话题,穿针引线,承上启下,驾驭节目的灵魂作用。

另外,面对不可预知性的决断力,在谈话节目这个开放的话语场中,潜在的参与者不计其数,主持人对他们的观点态度不可能悉数尽知,而且说与听的位置是交替进行。因此,事先的充分准备是完全必要的,但并不排除出现料想不到的意外可能,在这个即兴开放而又公开的场合里,未知数的存在是必然的,而主持人要独立面对这个不测,所以,谈话节目是对主持人综合素质、心理素质、应变能力的考验。

(二)个人的风格魅力是谈话节目成功的决定性因素

主持人的个性魅力具体体现在待人接物、谈话方式、学识修养、性格能力上,这些因素渗透在主持人的谈话节目中,节目与主持人的互动关系极为紧密,常常是主持人水平决定了节目的水平,主持人的思想情感、个人志趣影响节目风格,主持人的知名度也与节目的知名度捆绑在一起,影响受众的审美接受过程。

三、把握聆听与和谐氛围

学会倾听,这是谈话类节目主持人的基本功,倾听有三点好处,传递出尊重对方、对他的谈话有兴趣的信息。听的心理活动并非被动地接收信息。在听的过程中要迅速对信息做出判断,要对话语内容的下一步走向做出预测,主持人在瞬间决定自己接应的语言对策。只有认真听,主持人才能准确理解对方的观点并迅速做出反应,不露痕迹地把主体步步引向深入。在电视谈话现场,主持人不仅要专注于说话人的谈话,还要分配出小部分注意力,耳听六路眼观八方,倾听观众的反应,这是组织控制现场气氛,使场上观众具有向心力的需要。

作为讨论组织者的"说",在谈话节目中,传达信息的主题是所有的参与者,是嘉宾和打进热线或主动发言的听观众,主持人自始至终都是谈话节目的绿叶配角,谈话节目主持人的水平绝不是把闪光点集中到自己身上,其水平恰恰在于自己不做观点的"轴心",而是应该成为组织谈话的"轴心",也就是说,主持人把握着话题的方向和层次,根据不同人的特点诱导对方谈话深入,最精彩的话让给参与者说,因此从这个角度可以说,谈话节目主持人的主导作用在"暗"处,绿叶作用在"明"处。

四、主持人构建"话轮"

(一)进入话题的方式

开门见山揭示题旨:一般用于近在眼前或众所周知的热门话题,单刀直入切进话题,简洁明了拉开大幕。

触景生情、借题发挥:援引眼前的景物,或环境因素(时间、节令、气候、地域、场合)发出感慨,诉诸情感,这种方式与现场气氛和谐入题自然。

议论导入、激发思考:常用于永恒的主题,即那些人生回避不了的,似有真理永存,却又总有千千万万不同情况的发生,人们总在议论的话题。一般从主持人的议论起,提问要具体,嘉宾和受众才能迅速进入情况。

新闻由头、以小见大:从新近发生的事件生发开来,或是个案,或是现象,由此引发事件背后意义的深入讨论。新闻由头的真实,人们对新闻的关注及不同的反应,是激发受众谈话兴趣的重要缘由。

侃谈聊天、兴趣盎然:多用于社会性的话题,由日常的身边事切入,看似信手拈来非常随意,实际要选择或常见或违反常规、有趣儿的现象或事儿做话头,使谈话的入题显得自然亲切、轻松幽默。

(二)话语的衔接与转换

适时小结、厘清思路:从各种不同的表达方式中拎出有代表性的观点,像竖立路标一样,厘清思路,避免原地打转,把讨论引向深入。

引用资料、转折推进:谈话前期准备时最好收集有关的统计资料,或调查研究的典型录音录像,以便为大家拓宽视野、开阔思路服务。典型材料的引用,常常能起到因势利导自然转折或顺势推进的作用。

提示对立、加温催化:讨论中,主持人要善于发现不同的观点,并把他们捉起对来,凸显矛盾使讨论升温,催化讨论的观点深入。

言简意赅、画龙点睛:主持人应有语言精辟和恰当的评议,或是对众人发言的概括,或是对某位发言者观点的补充引申和纠偏,言简意赅,耐人寻味。

巧用重复、突出重点:用重复的手法来突出重点,放大正确的观点或论据,从而把握控制话题走向、层次的主动权。重复是借用现场捕捉的来自群众的话语,它既表达了主持人的倾向,又不会给人强加于人的感觉。

选择时机、巧妙打断:注意两点,一是要谨慎从事,注意礼貌,选择时机。二要灵活巧妙,注意方法,让人接受。

(三)结尾的方式

"首尾呼应、议论收尾:主持人在众人讨论的基础上,对有明确结论的,宜提炼主题,或升华,或引申,或寄语,或祝愿,或警示,或激励,留下浓墨重彩的一笔,当然主持人最后的议论切忌居高临下、强加于人,而应情理交融,平易近人。

补充论据、加料收尾:主持人精心选择感人的事例或统计材料,用无可辩驳的或感人至深的事实论据,再起高潮,让结论更加可信有力。

创造意境、触动心灵:主持人事先有策划、设计和准备,运用不同的手段,既出人意料又切合题旨,使话题的立论和意义,意韵隽永,回味无穷。

安民告示、沟通传授:在结尾时主持人重申节目的宗旨、通报以后的选题、表示感谢等,在众人热情参与的气氛中进一步拉近传授双方的距离,吸引观众更多参与节目。"①

五、"真人秀"浪潮下常说常新

自 2000 年开始,"真人秀"的浪潮在全世界蔓延,"真人秀"节目是纪实类节目和虚构类节目的综合体,作为娱乐节目的新生力量,"真人秀"节目对电视业的影响前所未有,广东电视台首先制作了国内第一档"真人秀"节目《生存大挑战》。2005 年是国内"真人秀"节目快速发展的一年,"表演选秀类真人秀"成为最大赢家。经过十多年的发展,"真人秀"节目已经日趋成熟,节目题材从初期的野外生存、表演选秀到目前的职场挑战、生活服务、角色置换,各种类型的真人秀如雨后春笋、遍地开花。这些全新的"真人秀"节目掀起的收视狂潮,更为节目制作和播出机构创造了巨大的商业回报。

"真人秀"等综艺娱乐节目几乎抢占了大部分传统电视节目市场,传统的谈话节目的市场份额正在迅速减少。"截至 2020 年 10 月,通过对全国各大主流卫视同一时段(18:00—24:00 时段)节目单的整理,在同一时段电视谈话节目的数量仅仅不到 20 档。爱奇艺、腾讯、芒果 TV、优酷等四大网络平台中,爱奇艺、腾讯、优酷三大平台点击量前十的节目之中也并无一档节目为谈话节目,仅芒果 TV《朋友请听好》在 2020 年第一季度的点击量排行上占有一席之地。"② 传统访谈节目相对固定的内容与单一的传播途径,很难调动受众新的注意力,此外社交媒体日益支配着用户越来越多的闲暇时间,在媒介市场竞争和内容困境的双重压力下,很多访谈节目只得放弃了市场,2016 年开播十六年的《超级访问》宣布停播。不可否认,经典品牌的谈话节目至今仍有文

① 吴郁:《当代广播电视播音主持》,复旦大学出版社 2005 年版,第 260 页。
② 张皓月:《内容扩展和形式深化——真人秀浪潮下谈话节目的创新思路》,《声屏世界》2020 年第 12 期(上)。

化传播价值,经典与创新并存共促的形式与内涵,使得谈话节目演变成为一种新的视听结合内容产品,要求主持人在自发即兴的语境发挥更强的表现力和生动性。

(一)主持人坚定文化自信

传统谈话节目的形式相对单调,主要为嘉宾介绍、穿插于节目中的画外解说和嘉宾访谈三个部分,在嘉宾访谈上,也几乎都采用一问一答的固定形式,"司空见惯"的环节很难带来观赏乐趣。谈话节目要走出同质化、低收视的困境,首先必须在内容和形式创新上有所突破。

随着电视节目的类型化边界逐渐被拆解,节目类型跨界的内容越丰富,对节目制作的限制也就越少,节目的创新就越可能实施。央视主持人董卿主创的大型文化类电视谈话节目《朗读者》带动了诵读经典文学的热潮。与传统电视谈话不同的是,《朗读者》已经形成了一个醒目的文化地标,一道令人憧憬的文化景观,它向人们证明了诚挚、深沉、优美、健康的内容,在今天依然获得普遍的关注,好的文学永远拥有直指人心的伟大力量。"朗读,就是朗声诵读,是倾听自己的声音,也是倾听他人的声音。通过口的诵读与耳的倾听,汉语和它内在的气质、精神,以焕然一新的方式进入我们的心灵。古老而常新的汉语,具有抑扬顿挫的韵律,这韵律不仅是美德而且包含我们共同的文化记忆和我们共同的情感。正是在这个意义上,《朗读者》使阅读变成了认同的过程,一个人在朗读中寻求更为广大的联系——通过这美好的母语,我们不仅彼此看见,我们还得以彼此听见,我们得以完成彼此身份的响亮确证,由此形成血脉相生、情感相通的共同体。"[①]

坚定文化自信、坚持守正创新,坚守中华文化立场,让节目更加体现出思想之美、文化之美、艺术之美,"《朗读者》的成功启示我们,真正做到用心用情

---

① 董卿主编:《朗读者 2》,人民文学出版社 2019 年版,第 3 页。

用功,就能够用诚意和创意打动人心,就能够做出人民群众喜闻乐见的好作品,就能够跨越'高原'攀上'高峰'"。[①]2021 年《非常静距离》走出摄影棚,从明星访谈转型为明星、达人、素人的多方位访谈。《杨澜访谈录》则继续打造了诸多系列主题访谈,如《后疫情时代的中国经济》《疫情冲击下的中国经济》系列,还有目前在播的《逐风者》系列等。

(二)主持人真诚服务大众

《心理访谈》是 CCTV 社会与法频道的一档节目,该节目将自身定位于服务类节目,和其他节目不同的是,该节目被关注的视角从生活服务上升到心灵服务,是全国第一档电视心理访谈的节目。每期节目都有陷入情感困境的当事人到场,向专家和主持人倾诉在亲子教育、人际交往等方面的困惑,专家则从心理学、社会学等学科的不同角度,帮助人们认知、面对、调节好自己的情绪、心理和行为,作为中央广播电视总台第一档心理访谈栏目,为广大电视观众提供科学的引导和帮助。

所谓主持人"诚意"满满服务大众,就是要真正地接触百姓生活,话题选择贴近社会民生,反映普通民众的生活愿景,用百姓的语言去表达观点,话语表达应该适应受众的需求。如果主持人脱离生活的实际,无视百姓的真实诉求,那些浮于表面的谈资话题等,无论怎样都不会引起受众的共鸣。主持人在谈话过程中要真诚、坦率,既不要去刻意追求自身的高大完美而产生谈话的距离感,也不要去刻意模仿他人,而是让对方以平等心态和主持人自如交谈,这样才能取得理想的传播效果。

2022 年 2 月杨澜在江苏卫视推出的女性纪实访谈节目,这档不只是面对面的访谈节目,杨澜亲身融入各行各业女性奋斗者的生活场景,展示她们在各自境遇下的选择、坚守和超越。杨澜的访谈风格温和理性又不乏活泼

---

① 董卿主编:《朗读者 2》,人民文学出版社 2019 年版,第 283 页。

自然,展现了具有成熟的思想和优良素质的知识女性形象,她说:"我们要找的并不是完美女性榜样,我们就是要打破所谓的完美,接受不完美、接受真实的自己,扩展我们的可能性,所以这种采访方式首先应该是真的故事和真的话题。"

(三)突出个性、找准风格

谈话节目中每个主持人都会有自身的风格,就好像每个人都有不同的个性特点,谈话节目主持人贵在表现自我本色,注重对不同的嘉宾选用不同的谈话方式,得体到位、灵活应变。谈话节目主持人的个性风格主要可以分为严谨庄重、优雅知性、生动直白、机智幽默等多种类型,主持人的个性风格要与节目的格调相统一,严谨庄重型、优雅知性型的个性风格较为适宜新闻时事类、公共话题类等以讨论、辩论形式展开的节目。生动直白型、机智幽默型的个性风格较为适合人际关系类、趣味娱乐类等以轻松聊天形式展开的对谈节目。

⊃ 思考题

1. 课后观看央视《对话》《聚焦品牌》《中国匠心》等谈话类节目,分析谈话节目主持人如何深度介入话题?

2. 怎样确定谈话节目的选题?

3. 怎样理解电视谈话主持人在节目中的角色定位?

4. 撰写人物专访文稿:重点检查采访前准备,要求有选择该人物的理由,含简历、业绩、特点、表现特点的言或行的细节、性格、语言表达状况等,设计采访目的、采访重点、问题设计、联系途径等。

5. 通过阅读下列央视《对话》节目主持文案,分析优秀的节目主持人发挥串联和组织节目的作用?

拓展阅读:央视《对话》节目主持文案(节选)①

主持人陈伟鸿: 大家好,这里是《对话》节目的现场。就在刚刚过去的 4 月 28 号全国总工会在线上举办了庆祝五一国际劳动节大会。大会表彰了本年度的全国五一劳动奖章和工人先锋号的获得者。今天《对话》节目当中,我们为大家请到了三位刚刚获得表彰的最美劳动者。

解说旁白: 陈云霁,坚守国产处理器芯片研制第一线,"让电脑更像人脑"是他的追求,勇闯科研"无人区"。他被誉为全球深度学习处理器的先驱和引领者,数千个日夜无数次失败,他为 AI 装上中国芯;贾春成,从铸造工人到特级技师,二十六年如一日,奋战铝镁合金铸造最前沿,神舟、嫦娥、天宫、C919 大飞机,他为助力中国航空航天事业挺起银色脊梁,挥洒汗水,累计铸造高端合金上百万吨;沈飞,带领团队攻克国产时速 350 公里"复兴号"高铁车轮机加工难题。他在见证中国速度中助力国产化高铁车轮批量生产,打造中国第一个地铁弹性车轮,他为轨道交通行业践行绿色低噪研制"绿色跑鞋"。

主持人陈伟鸿: 在请到三位获奖者之前,我们给他们安排了一份小小的工作,请他们把自己劳动当中最美的瞬间带到今天的现场。我此刻和大家一样充满了期待,到底会是怎样一个瞬间被定格呢? 让我们一起看一下!

(展示照片)

主持人: 陈所长,这个瞬间是在做什么?

嘉宾陈云霁: 设计我们的芯片体系结构的框图,我们在设计计算机或者芯片的体系结构的时候,很多时候都是在黑板上面画出一个个的小方块,再把这些方块连起来,这些方块与它们之间的连线,就会变成晶体管,最后就成为我们实际看到的芯片了。

主持人陈伟鸿: 小黑板原来是个大世界。贾工,你看见我身后大屏幕上出现了你的最美劳动瞬间,也要请你给大家做一下介绍。

---

① 央视频:《致敬最美劳动者》,根据 2022 年 5 月 7 日内容整理。

嘉宾贾春成:这张照片是在我铸造开始之前做准备与检查工作时拍摄的。我们铸造的铝合金材料都是用于国防军工上的,都属于高强高韧的尖端的铝合金材料。我认为这张照片是我工作最真实的写照,也是我工作中最满意的一张照片。若是前期工作没有做好,就可能会造成上千万元乃至上亿元的经济损失。

主持人陈伟鸿:这是我们劳动者发自内心的那份骄傲和喜悦,接下来我们也请沈工来介绍一下。

嘉宾沈飞:这张照片拍摄在测量我们加工的车轮的尺寸是否符合工业要求的时候。大家看到的这个车轮是火车的车轮,主要应用在火车行驶当中。车轮的质量就是铁路安全的质量。

主持人陈伟鸿:我看见你在非常用心地测量,在前些天的表彰大会上,这样一份荣誉对于你来说,有什么样的分量?

嘉宾沈飞:在收获这份喜悦的时候,我内心中想得最多的还是要一如既往地坚守岗位。

主持人陈伟鸿:贾工,这份喜悦,你是如何同家里人分享的?

嘉宾贾春成:我认为这是我人生中最辉煌的时刻了,我作为一名基层的普通员工,从未想过有朝一日会站在这样一个领奖台上,"全国五一劳动奖章"是份荣耀但更是一份责任,我会呵护好这份荣誉。

主持人陈伟鸿:谢谢贾工。陈所长,你获奖的这份好消息,最先跟谁做的分享,能透露一下吗?

嘉宾陈云霁:是我的女儿。

主持人陈伟鸿:为什么第一个跟女儿分享呢?

嘉宾陈云霁:因为我的女儿说爸爸好像很少干家务,我对女儿说,虽然家务做得少但是我劳动做得还是不少的。

主持人陈伟鸿:好妙的一句话,当你这句话传递到女儿身旁的时候,她给你什么反馈了吗? 比如,好吧,爸爸以后不用干家务了。

　　嘉宾陈云霁:这倒是没有说,因为我自己从事科学研究工作是受到了父母的影响,他们总说从事科学研究是一项很伟大的职业,所以后来我也逐渐走上了这条道路,我也希望可以通过自己工作与生活的方式影响到我的孩子。

　　主持人陈伟鸿:我觉得这就是榜样的力量。虽然我们没有在获奖现场看到您的精彩发言,但是在我们此刻的现场,你真的足够精彩。冯院长,我们刚才感受了三位获得"全国五一劳动奖章"的最美劳动者们的风采,那么您觉得今年获得奖章的几位劳动者,有什么突出的印象让您记忆犹新呢?

　　嘉宾冯喜良:首先我在这里祝贺各位获奖的人员,他们真的为社会做出了很大的贡献。今年的"全国五一劳动奖章"的获奖者中,一是产业工人占比大,另外就是虽然大家都很年轻,但却从事了很久专业工作并做出了成绩。

　　主持人陈伟鸿:他们很平实的表述当中流露出的是对自己职业的热爱。对于劳动者而言,无论在什么岗位上,都只有热爱才可以抵达远方。但爱与爱不同,有的人是爱一行干一行,有的人是干一行爱一行。陈所长,您是哪一种爱呢?

　　嘉宾陈云霁:我是先爱上了科研并且有幸从事这个行业,所以工作的时候充满了动力。

　　主持人陈伟鸿:这份对于科研的爱,是从小的时候就开始了吗?

　　嘉宾陈云霁:是的,我父亲是一个电力系统的工程师,我母亲是一位中学教师。我作为一位80后,同很多人一样把科研作为自己想去从事的职业,并且我的父母也鼓励我。

　　主持人陈伟鸿:从一开始就是科研有一种深深的热爱啊。

　　嘉宾陈云霁:对,一开始我就受到了父母的影响,后来我在中国科大上大学,也受到了很多同学和老师的影响,后来又在科学研究院读研究生,我一直生活在一个重视科学研究的环境当中,所以就可以把从事科研这个理想信念坚持下去。

　　嘉宾冯喜良:他找到了自己的"真爱",并一直爱下去。

主持人陈伟鸿：那我也想看一看另外两位获奖者的经历。贾工，您对职业的热爱是打小就开始的吗？

嘉宾贾春成：我跟陈所长截然不同。我是被父亲逼迫选择铸造行业。

主持人陈伟鸿：怎么突然好像要听一部血泪史的感觉。

嘉宾贾春成：小的时候我的学习成绩还是比较不错的。初二的时候我父亲跟我说不要念高中，中学毕业就考专门技校，然后就进入工厂，一定要选择熔铸工这个岗位。那个时候我不太理解父亲，就一直和家里闹别扭。中考报志愿的时候，我瞒着父亲报了高中。中考结束成绩下来之后，我的父亲告诉我，你高中没考上，就去上技校吧，我就这样去技校学习了。开学之后，我才被同学告知，我被高中录取了，我当时非常气愤，回家跟父亲发生了争执，父亲当时什么也没说。直到我毕业了并且选择了熔铸工这个岗位，父亲才拍拍我的后背说："这回我放心了。"

主持人陈伟鸿：我们真的好像看到了一个很不情愿的儿子和一个用心良苦的父亲，他们之间的这种对话，您的入行跟父亲的强硬其实是有一定的关系的。当你获得了五一劳动奖章的时刻，你有没有把这个消息跟父亲分享。

嘉宾贾春成：当我把获得全国五一劳动奖章的消息告诉我父亲的时候，我父亲还是没有任何表情，就拍了拍我肩膀，说了一句："怎么样，当时我让你选择熔铸这个岗位没错吧。"

主持人陈伟鸿：你今天对父亲是一种什么样的感情？

嘉宾贾春成：感谢跟感激我的父亲，带领我选择了这个职业和这个岗位，让我在这个岗位上发挥了最大的价值。

主持人陈伟鸿：这样的一段经历放在陈所眼前，你可能很难理解，因为你跟自己的父母之间从来没有这方面的矛盾。父母对你的教育是有效地推动了你继续沿着自己的理想前行。那你这次受到了表彰，有没有跟父母亲分享这个喜悦？

嘉宾陈云霁：对，我也跟我父母说了我获得了五一劳动奖章，我的父母也非常地惊讶。

主持人陈伟鸿: 是因为你的语气太平静了,让他们很惊讶。

嘉宾陈云霁: 我们都觉得全国五一劳动奖章是一个非常光荣而神圣的称号。从来没有想过我这样的普通劳动者也会获得。老人家还是希望我继续努力工作,才能不辜负这样一份荣誉。

主持人陈伟鸿: 老人家有没有流露过这样的一个情感? 就是还好从小让你培养对科学的爱好,然后一路走到了今天,才把这个金灿灿的五一劳动奖章挂在了你的胸前。

嘉宾陈云霁: 虽然嘴上没说,但我觉得心里应该是这样想的。

主持人陈伟鸿: 有没有什么实际行动支持了你?

嘉宾陈云霁: 这个西装是我父亲借给我的。

主持人陈伟鸿: 我觉得这一刻很温馨,你和父亲一起在感受着我们所有人对于五一劳动奖章的敬重,对于劳动者对自己职业的这份热爱的敬重,一位显然就是属于爱一行干一行的,一位显然是属于干一行爱一行。沈工您是怎么入行的?

嘉宾沈飞: 这是我自己的选择。90年代初的时候,能进入到国企工作是我们那代人梦寐以求的。尤其是在马鞍山这样的一个城市。当时马钢是我们这个地方最大的一个企业,大家都很向往进入这样一个企业去工作。所以初中毕业我就选择了进入马钢技校。社会上流传了这样一句话:不做马钢工人,要做马钢夫人。

主持人陈伟鸿: 但随着时代的前行,我们可能面临着产业转型的需求,很多原本在这个岗位上的工人也不得不转向了其他岗位,为什么不利用这个机会转个岗去做一点别的事情。

嘉宾沈飞: 其实在这过程当中也动过这个念头,但后来我还是选择了留下来,我觉得产业工人是大有可为的。我们从事制造业,制造的产品在我看来就像培养学生。医生的产品是医治病人,我觉得做好我的本职工作,一样可以做一个对社会非常有贡献的人。

　　主持人陈伟鸿:三位获奖者跟我们分享了他们和职业的一场又一场火热的爱。而且你会发现这份爱的缘起是各不相同的。陈所您觉得用什么词来定义您和职业的这场恋爱更合适?

　　嘉宾陈云霁:那就是青梅竹马了。

　　主持人陈伟鸿:还真是。所以院长我们想问问,我们每个人都会在漫长的职业生涯当中,跟自己的角色不断地产生新的感情,您怎么看?

　　嘉宾冯喜良:陈所的青梅竹马,也包括贾工这样的父母包办,再包括沈工这样的自由恋爱。但不管怎样,他们最后都找到了真爱,爱一行干一行是非常好的,这是理想的状态。但是干一行爱一行,也是我们大多数人经历过的一个过程,就是我们的兴趣在发现当中成长。那么在成长过程当中,逐渐强化最后才能够找到自己的乐趣,职业兴趣与工作结合起来是最幸福的。

　　……

第十章　全媒体语境下打造主流媒体 主持人"IP"

知识目标:全媒体语境下主持人发展趋向,主持人语态特征更贴近社会实际,传播内容更观照用户微观需求,信息表达更全面贴近用户,趣味化风格更加显著。

能力目标:主持人语态与时俱进,深度展示中国话语体系的大度与包容,彰显中国文化基因的自信,打造连通线上线下的共同意义空间。

知识导入:融媒体时代的节目主持舞台,早已由传统电视荧幕拓展到"二次元"审美的网络平台。随着融媒体的转型与深化,节目主持人借助技术的东风实现多平台、跨媒介的主持传播将是必然趋势。面对不同层次的受众需求和多元的媒介文化土壤,主持人需要在夯实主持核心技能"本身"之外,完善符合新媒体平台定位的"IP"之道。

第一节　主持人输出个人原创内容

传统广播电视主持人积极向全媒体主持人转型,不是非此即彼的转型,而是在保留原有专业思维、能力的基础上,增加并且拓展应对其他媒介的能力,尤其是适应互联网媒介交流互动方式、特点与思维能力。全媒体语境的建立是媒体深度融合的必然产物,作为一种崭新的信息生产方式,全媒体具有全面性、开放性、服务性和融合性等四大特性,体现了全媒体体量庞大、内部系统开放灵活且注重信息互动与整合传播的特点。面对全新的传播语境,主持人的角色定位和职责功能也更加多元化,主持人早已不再是单一串联节目流程和服务,而是成为传达节目内在意蕴与价值的核心人物,这种转变是全媒体语境下传播理念和媒体运作方式更新的"风向标",播音员主持人不仅要完成传统播音主持的工作,如信息播报、现场报道、节目录制等,还要以新技术思维、新发展理念迎接全媒体信息时代的到来。

主流媒体主持人IP化角色转型是顺应新的传播环境所做出的必然选择,此举可以赋能主持人个体价值和话语权,扩大平台型媒体及节目品牌影响力。IP的英文全称为"Intellectual Property",其原意为"知识(财产)所有权",互联网的IP可以理解为所有的成名文创产品,比如文学、影视、动漫、游戏等作品,能够在多平台分发并获得流量和收益,是一种能够带来效应的产品。如何理解主持人IP的内涵?"通过挖掘个人自身特点,体现内容化和标签化个体的独特价值,利用多渠道多方式宣传放大这种价值,从而达到进入特定受众视野并锁定自己在这个人群精神引领或情感需求方面位置的目的。成功打造的个人IP会产生无限可能的边际效应,受众群体会对其形成信任感、共鸣感,实现个人IP的增值。"[①]

一、设置互动环节吸引力

媒体融合是主流媒体发展的必然趋势,要求融媒体主持人必须同时具备新闻报道的信息的采集、现场主持、编辑制作和多平台发布的能力,主流媒体主持人始终坚持"内容为王"的核心创作理念,努力让用户看到更多加强互动反馈,追求趣味化创新表达,注重生动故事化思维的优质内容。

---

① 罗令辉:《中央广播电视总台主持人记者IP化的探索与实践》,《视听界》2022年第1期。

短视频内容的竞争就是对用户注意力的激烈争夺,对用户注意力的拼抢往往从一条短视频的标题开始,标题是否有足够吸引力直接影响用户的选择与关注。"在'康辉说'的创作实践中,从标题部分就注重互动逻辑,煞费苦心、反复推敲。如《康辉问:中国古代四大美女谁的原名是姓"rén"?》《康辉说这个地方的酥梨很好吃,你知道是哪儿吗?》,几乎每条短视频的标题都追求有悬念感和互动感。在'康辉说'账号运营之初,就在每一条短视频内容的片尾或片头提前设置互动环节,并吸引网友在评论区留言讨论,这已经成为该账号最常用的互动方式。如《可盐可甜的康辉,到底"粽"意谁?》中,片尾互动问题是:'你是咸粽派还是甜粽派?';再如,《中国式浪漫,跟康辉一起嚼着月饼品中秋故事》的片头互动问题为:'您心中最想与之共婵娟的人是谁呢?'诸如这些精心巧设的互动环节都取得了很好的互动效果。"①

二、追求趣味化创新表达

什么样的内容才是创作者和用户都觉得有趣的? 该如何把趣味风格进行到极致? 这是主流媒体主持人 IP 创新表达的重点。除了 Vlog 形式,"康辉说"主创团队还借鉴电影中常用的片尾彩蛋的趣味形式,在短视频中加入彩蛋设计。比如,《世界读书日,康辉喊你一起来阅读》在短视频即将结束时出现彩蛋。康辉"一人分饰两角",一位纸质书爱好者,一位电子书爱好者,跟网友互动"你是喜欢纸质书还是喜欢电子书?"。"康辉说"不仅在形式上追求趣味风格,更在内容上用心深耕。比如尝试制造"反差"的做法,以《康辉咬文嚼字》为例,如何把"咬文嚼字"的内容"咬"出新意,"嚼"出趣味。在《康辉版〈舌尖上的中国〉,快来"康康"是什么画风?》中,康辉模仿《舌尖上的中国》的配音风格讲述豆瓣的制作工艺,呈现出主持人"反差"的趣味风格。"另外还有注重网感表达的策略,比如在《中国式浪漫,跟康辉一起嚼着月饼品中秋故

① 严晓冬:《主流媒体主持人 IP 的创新表达——以央视频账号"康辉说"为例》,《电视研究》2022 年第 12 期。

事》中,用当下的网感表达来讲述古人的故事,康辉引用网络化的表达:"苏轼被称为古往今来'文人坑弟第一名'"等。奇思妙想式的情景喜剧式表达,比如《当可爱"康康"遇到"较真"小编》创意短视频,以康辉直播刚结束走出演播室,小编"逮"康辉拍视频的情景展开,康辉化身"段子手"以碎碎念的状态"疯狂吐槽"小编,呈现出情景喜剧的效果。"[①]

三、讲述真情实感的故事

主流媒体主持人讲起自身的故事更有真情实感,可以从主持人的独家记忆讲起,在《乘着船唱着歌,康辉打卡无锡鼋头渚》中,康辉关于"我的无锡"的亲切表达令人印象深刻,也可以从主持人的趣味经历讲起,在《康辉温暖讲述他和他的"猫孩子们"》中,康辉真诚分享他和他的"猫孩子们"的"萌宠生活",让网友了解到康辉温情的一面。

故事更要与每一位用户,每一个个体的"我"相关,才能更好实现情感共鸣。如何去讲述大众可知可感的日常故事呢? 其一,精选与大众日常生活息息相关的故事。如每年的4月23日是"世界读书日",总台主持人史小诺#遇见小诺#大V说#世界读书日#抖音读书日,与大家分享了自己这些年的读书心得,向用户推荐如何挑选自己喜欢书籍的三个方法。其二,恰到好处地调动与大众体验相关联的节气仪式感。比如2022年9月7日抖音央视频账号#今日白露,播出总台主持人邹韵中央双语读刘禹锡的《秋词》。其三,提炼与中华优秀传统共振的故事,如在《勤俭节约,来听康辉怎么说》等社会热点系列中,康辉讲述勤俭节约的典故,号召大家"一粥一饭,当思来之不易"。其四,讲家国时代的动人故事,同样的故事,在新媒体和传统媒体的表达也必然不同,全媒体语境下更需要结合当下讲好家国时代的故事。2022年10月1日,央视频推出国庆特别节目《可爱的国美丽的家——央视频主持人带你

---

　　① 严晓冬:《主流媒体主持人IP的创新表达——以央视频账号"康辉说"为例》,《电视研究》2022年第12期。

看神州》,五十余位主播欢聚央视频,带领网友畅游大江南北,领略家国之美。10月2日,王冠、王端端等五位主持人带领用户"览,国色山河"。"秋天是一年中色彩最丰富的季节。秋天的每一种颜色,都是自然的馈赠,是和祖国山河碰撞而出的中国绝色。在中国传统色彩谱系中,更为这些美丽的颜色赋予的雅致而浪漫的名称:中国红、月白、苍绿、碧青、琉璃黄……每一个名字都令人神往。"[①]康辉、郭志坚、王世林等主持人参与录制《我的家乡我代言》系列短视频,为各自家乡代言,遍览神州,共话乡情。

第二节　主持人文化标签的辨识度

现今多种形态的媒体平台同场竞技,主流媒体的主持人、出镜记者不仅要面对来自传统领域同行的比较,还需应对网红、AI虚拟主播等新生业态的挑战。国内主流媒体积极探索主持人、记者 IP 化内容创新,在价值观引领、优质内容保证、人性化温度的杠杆作用下,实现了"粉丝流量"到"信任存量"的变现,有效反哺平台机构的可信度、品牌影响力及社会和经济收益。

一、培育主持人个性化 IP

主持人 IP 的核心要素是一种来自粉丝文化价值观层面上的认同,即来自用户认可、同意、接受的文化意涵。主持人个人形象的塑造基于个人内在素质的体现和文化价值观的传递。以撒贝宁为例,他能在《今日说法》中抽丝剥茧阐释法理,可以在《典籍里的中国》里做好寻访先贤的"当代读书人"、代言人,还能在《你好,生活》中插科打诨、冒着人间烟火气,他在严肃知性和活泼讨喜间自由切换。朱广权虽然与撒贝宁具有幽默的共性,但是差异化的形象打造让二者即便是同时出现,依然个人特色极其鲜明,且互为补充。"朱广

---

① 《可爱的国美丽的家——央视频主持人带你看神州　国庆特别节目"览,国色山河"》,澎湃新闻客户端 2022 年 10 月 2 日。

权的 IP 形象是从网络时代生活化的语言表达方式中找到切入口,充分运用网络语言生动新鲜、朗朗上口且具有极高传播力的特点。朱广权的幽默是一种文化内涵的审美体现,谐音、押韵等语言技巧的流畅运用来源于他扎实的基本功和有心积淀,也是他个人的独特资源。中央广播电视总台以与受众平视的视角,顺应市场需求,充分开发主持人、出镜记者资源,在传统媒体平台、新兴媒体平台和社交媒体平台的内容传播矩阵中孕育出"央视 boys"(康辉、撒贝宁、朱广权、尼格买提)等极具代表性的个人 IP 品牌,他们可以是单独的"流量密码"般的存在,也可以聚合成总台主持人、记者的超级 IP 集群。在总台塑造的主持人、记者 IP 既要抓住独特的原有平台优势,保有较高的品位调性;又要最大限度地放大吸引受众的自身特点,呈现可人格化的价值观,还要具有适应多类型平台的灵活性,形成独特且多层次的内涵,进而通过优质化、高辨识度、有独特吸引力和附加值破局,乃至成为超级 IP。"①

通过提升受众的参与感、代入感,逐步培育主持人、记者个性化的 IP。在当今万物互联、媒体融合的新应用场景下,用户接收到的不仅是一个主持人、记者带来的碎片化信息等,更多的是其所承载的文化价值观所带来的情感认同和认知提升,也就是说瞬时满足用户的人的精神与价值方面的需求。当此种需求得以满足或引起大规模共鸣,IP 的受众流量即粉丝群体就由此产生了。

二、整合主持人 IP 集群效力

"多个或众多主持人、记者 IP 聚合起来时,他们各自引领力与感召力的叠加会产生社会效应或经济效益的几何倍数增长。2021 年 8 月 21 日,总台的自创网综《央 young 之夏》公演直播在总台新媒体矩阵推出,网友好评如潮,实现'破圈'传播。该活动以'燃情盛夏夜,主播嘉年华'为主题,集结总台 40

---

①　罗令辉:《中央广播电视总台主持人记者 IP 化的探索与实践》,《视听界》2022 年第 1 期。

余位主持人、记者 IP,分组进行歌舞、戏曲、话剧等多样形式表演,打造主播'才艺嘉年华'。这个节目不仅在内容上别出心裁,也积极在形式和互动上增强'新媒体感',用年轻人喜闻乐见的方式记录主播们重新定义自我的过程,以精彩不断的 Vlog 和'特别彩蛋'为受众带来连连惊喜,通过多种互动方式让受众深度参与节目,打开与他们共通的话语空间。其次,创新与社交平台的合作模式,与微博、抖音、快手、B 站等平台的负责人组织多个看片会和讨论会,对节目宣传进行不断沟通、总结及优化。各大平台纷纷以流量支持和内容共创等方式进行宣传,公演直播获得全网热搜榜 177 个话题,涉及阅读及互动量逾 30 亿。再者,创新节目直播与直播带货结合方式,直播带货全网观看量超 1400 万,实现销售额 7700 余万元。"①

"城市台的发展受制于规模、资金、人才,节目的'本土化'是城市电视台最大的优势,特别是立足于本土的民生新闻、帮忙节目、法制节目和方言节目,与受众生活息息相关的话题,以及节目中萦绕的烟火气息,深受当地受众欢迎。主持人 IP,就是站在节目的肩膀上,节目影响力越大,主持人的热度越高。另一方面来,主持人 IP 也会反哺节目,吸引年轻粉丝关注大屏的节目,拉动节目的收视。以扬州台为例,《新闻女生帮你忙》是该台一档帮忙类民生新闻节目,在当地有很高的知名度,九位出镜的新闻女生每天穿梭于大街小巷,做公益、送温暖,为居民排忧解难,受到大家的喜爱和信任。她们是贫困学生眼中热心的大姐姐,是受助居民心中的好闺女。早在 2016 年,《新闻女生帮你忙》通过该台的扬帆手机客户端直播功能,推出'新闻女生直播秀',九位新闻女生分别担任主播,围绕各自擅长的话题与用户分享、互动,每晚 7 点扬帆直播,次日电视版节目精简播出,手机直播引流受众看电视,电视报道引流受众上扬帆,组合拳下,新闻女生们的形象得以全方位、立体化展示,每一位新闻女生都锁定一大批忠实的粉丝。遇到重大新闻、热点事件的动态直播,九

---

① 罗令辉:《中央广播电视总台主持人记者 IP 化的探索与实践》,《视听界》2022 年第 1 期。

位新闻女生合而为一,流量的叠加使传播更有力量。"[①]

三、PGC专业内容主持

短视频平台中内容生产种类繁多,在个人自娱自乐、知识传授下知识网红应运而生,以抖音短视频为例,5G时代的短视频主持,往往围绕专业内容生产(PGC——Professional Generated Content),以短视频为中心进行主持人化的节目制作。比如青少年类的节目主持人转型为亲子育儿类短视频主持,服务类节目主持人转型为生活各方面的"意见领袖",传统媒体的主持人引领短视频的内容主持化,在5G时代,短视频应该实现专业化量产、快速主持传播化的创新发展。例如,浙江交通之声的《小崔热线》节目开办至今15年,在行业内形成了较高的知名度,主持人小崔在节目中开展的"验车师"活动,帮助听众从看车试驾价格谈判、签订合同,到最后交车验货,实现了"一站式服务",主持人小崔在抖音账号"车圈崔哥"大约有160多万粉丝。

以抖音和小红书社交媒体平台为例,更需要主持传播化。首先,把短视频内容按照类型节目化区分。根据视频节目专业化特点,将短视频内容以类型化节目为内容的标准,用固定的节目元素,根据特点策划内容。其次,传播主体内容主持化。以自身主导视频内容,传播有价值的能够引起思考的信息。最后,声画合一的制作精美优化。符合视听语言规律是首要因素,摄录设备的支持以及后期专业软件的协助是呈现专业化声像的关键。从短视频内容的前期策划、有声语言表达的主持化到后期专业拍摄制作3个方面来做5G短视频的PGC,知识网红的主持化表达不仅能够有效地传播信息,更可以恰当地融合传统媒体的优质内容、多端口的发布。

---

① 杨华:《城市广电主持人IP化路径初探》,《中国广播电视学刊》2022年第3期。

四、掌握相关智能软件应用

经过"十三五""十四五"媒介融合发展,未来传统广播电视业态的发展趋势是建立起全媒体传播体系,"技术是基于互联网的,渠道是多平台的,内容是多形态的,应用是多场景的,业态是多样态的,形成非线性的、开放式的、新视听形态的大循环"。①"传统视听"与"智能视听"最本质的分野,就是从以传播者为中心的"独白"模式,转向以用户为中心的"对话"模式,从传受的二维世界转向多主体交互传播的更加高维世界。积极重视技术给播音主持业态所带来的冲击,转型并创新原有的制作播出模式,播音主持行业将会迎来更加富有潜力的发展机遇。

2023 年初,人工智能技术驱动的自然语言处理工具"ChatGPT"迅速"出圈",这款软件能够通过学习和理解人类的语言进行交谈,依据聊天的上下文进行互动。2023 年 2 月 13 日在北京师范大学计算传播学研究中心等机构举办的"新闻传播学如何认识 ChatGPT"主题沙龙上,有专家指出"人工智能进入'类人'交互的时代,生成的对话模型已经接近人类的水平。作为通用任务助理,ChatGPT 模型包含了一些而非传统的开放任务,高质量对话让人误以为 AI 有意识和人格觉醒,'AI—人'和谐共融成为社会必然。"②"以 OpenAI 的 ChatGPT 和 DALL–E 为代表的技术在创作文字、图像、视频等性能上表现出色,在对用户意图的理解和结果的准确性、完成度和易用性上都达到了前所未有的高度。虽然不能过度神化此次技术突破,但在增长范式上,与此前的模型确实拉开了巨大的代差。"③

ChatGPT 寻找答案、获取信息、提供有创意的内容生成,其效率已经超过

---

① 杨余:《胡正荣:从"跨屏"到"无屏",构建我国只能视听全媒体传播体系》,广电独家公众号,2023 年 2 月 20 日。

② 段丹洁:《学者聚焦 ChatGPT 带来的新课题》,中国社会科学网公众号,2023 年 2 月 19 日。

③ 陆小华:《智能传播内容生成在催生什么传播格局》,《青年记者》,2023 年第 2 期。

了现今的搜索引擎,在未来将极大改变新闻传播业态,尤其在每日天气预报、体育赛事或财经股市等播报领域,可以有效降低人力采集制作传播的成本,机器生产传播效果的考察将被纳入播音主持领域,在人机交往中如何顺势而为,让 ChatGPT 为播音员主持人所用? ChatGPT 可以为播音员主持人提供创意思路,协助检索和整理相关文献资料,轻松完成主持人的串联内容设计,在节目结束后设置用户分享平台,了解用户对节目反馈信息,同时很好地帮助主持人进行自主和个性化学习。

除此之外,Copy.ai(AI 写邮件)、Podcastle.ai(AI 生成音频)、Synthesia(文本生成视频)等智能传播软件,可以快速制作专业的音视频内容,包括商业广告、短片、邀请函等,具备丰富的模板和元素,轻松自定义视频内容,支持在线编辑和即时预览。从更加长远的角度看,无疑人工智能赋能快速提高传播效率,降低内容生产制作的成本,智能生成技术产生巨大的催化作用,对于播音员主持人这方面的技术使用能力,"人—机"交互与节目的协调共生方面提出有力的挑战。

"全媒型"传播人才跨界运用现有的智能前沿科技手段,可以起到出人预料的效果。另一方面,也要防范 ChatGPT"一本正经地胡说八道",警惕事实性偏差、知识局限和常识错误。总之,"全媒型"播音主持人才以创新思维体悟,理解智能科技发展的趋势,应用于节目的前期创意策划、中期的拍摄制作、后期的播出反馈等环节,进一步拉开与没有能够运用智能科技的媒体平台、主持人个体之间的效率差距与能力差距。

➲ 思考题

1. 如何以"主持人 IP 化"助力节目内容的品牌化?

2. 怎样破除主持人类型化掣肘,塑造主持人 IP 的多元化形象?

3. 如何促进"主持人 IP 化"的情感化传播?

⊃ 实践环节

创意地设计"主持人 IP 化"内容，以年轻化、青春态的视角，主题是讲好中国故事。

附录 1　中华经典诵读推荐篇目

《凉州词》

王之涣

黄河远上白云间，

一片孤城万仞山。

羌笛何须怨杨柳，

春风不度玉门关。

作者简介：王之涣（公元 688—公元 742 年），是盛唐时期的诗人，字季凌，汉族，并州（山西太原）人，以《登鹳雀楼》《凉州词》等最为出名。

《江　雪》

柳宗元

千山鸟飞绝，

万径人踪灭。

孤舟蓑笠翁，

独钓寒江雪。

作者简介:柳宗元(公元 773—公元 819 年),字子厚,汉族,河东(现在山西运城一带)人,唐宋八大家之一,唐代文学家、哲学家、散文家和思想家,世称"柳河东""河东先生",因官终柳州刺史,又称"柳柳州"。有《河东先生集》,代表作有《溪居》《江雪》《渔翁》。

《春江花月夜》

张若虚

春江潮水连海平,海上明月共潮生。

滟滟随波千万里,何处春江无月明!

江流宛转绕芳甸,月照花林皆似霰。

空里流霜不觉飞,汀上白沙看不见。

江天一色无纤尘,皎皎空中孤月轮。

江畔何人初见月?江月何年初照人?

人生代代无穷已,江月年年望相似。

不知江月待何人,但见长江送流水。

白云一片去悠悠,青枫浦上不胜愁。

谁家今夜扁舟子?何处相思明月楼?

可怜楼上月裴回,应照离人妆镜台。

玉户帘中卷不去,捣衣砧上拂还来。

此时相望不相闻,愿逐月华流照君。

鸿雁长飞光不度,鱼龙潜跃水成文。

昨夜闲潭梦落花,可怜春半不还家。

江水流春去欲尽,江潭落月复西斜。

斜月沉沉藏海雾,碣石潇湘无限路。

不知乘月几人归,落月摇情满江树。

读音注释:

滟(yàn)滟:波光荡漾的样子。

芳甸(diàn):芳草丰茂的原野。甸,郊外之地。

霰(xiàn):天空中降落的白色不透明的小冰粒。形容月光下春花晶莹洁白。

流霜:飞霜,古人以为霜和雪一样,是从空中落下来的,所以叫流霜。在这里比喻月光皎洁,月色朦胧、流荡,所以不觉得有霜霰飞扬。

汀(tīng):沙滩。

纤尘:微细的灰尘。

月轮:指月亮,因为月圆时像车轮,所以称为月轮。

穷已:穷尽。

扁舟子:飘荡江湖的游子。扁舟,小舟。

明月楼:月夜下的闺楼。这里指闺中思妇。

月裴回:指月光偏照闺楼,徘徊不去,令人不胜其相思之苦。

离人:此处指思妇。

妆镜台:梳妆台。

玉户:形容楼阁华丽,以玉石镶嵌。

捣衣砧(zhēn):捣衣石、捶布石。

相闻:互通音信。

逐:追随。

月华:月光。

文:同"纹"。

闲潭:幽静的水潭。

复西斜:此中"斜"应为押韵读作"xiá"(洛阳方言是当时的标准国语,斜在洛阳方言中就读作 xiá)。

碣(jié)石、潇湘:一南一北,暗指路途遥远,相聚无望。

无限路:极言离人相距之远。

乘月:趁着月光。

摇情:激荡情思,犹言牵情。

作者简介:张若虚(约 660—约 730),唐代诗人。扬州(今属江苏)人。曾任兖州兵曹。生卒年、字号均不详。事迹略见于《旧唐书·贺知章传》。中宗神龙(705—707 年)中,与贺知章、贺朝、万齐融、邢巨、包融俱以文词俊秀驰名于京都,玄宗开元时尚在世。张若虚的诗仅存二首于《全唐诗》中。《春江花月夜》为其代表作,被誉为唐诗开山之作,享有"一词压两宋,孤篇盖全唐"之名。

《山中问答》

李 白

问余何意栖碧山,

笑而不答心自闲。

桃花流水窅然去,

别有天地非人间。

《将进酒》

李 白

君不见,黄河之水天上来,奔流到海不复回。

君不见,高堂明镜悲白发,朝如青丝暮成雪。

人生得意须尽欢,莫使金樽空对月。

天生我材必有用,千金散尽还复来。

烹羊宰牛且为乐,会须一饮三百杯。

岑夫子,丹丘生,将进酒,杯莫停。

与君歌一曲,请君为我倾耳听。

钟鼓馔玉不足贵,但愿长醉不愿醒。

古来圣贤皆寂寞,惟有饮者留其名。

陈王昔时宴平乐,斗酒十千恣欢谑。

主人何为言少钱,径须沽取对君酌。

五花马,千金裘,呼儿将出换美酒,与尔同销万古愁。

读音注释:

将进酒:劝酒歌,属乐府旧题。

将(qiāng):请。

君不见:乐府中常用的一种夸语。

天上来:黄河发源于青海,因那里地势极高,故称。

高堂:房屋的正室厅堂。一说指父母。一作"床头"。

青丝:喻柔软的黑发。一作"青云"。

成雪:一作"如雪"。

得意:适意高兴的时候。

金樽(zūn):中国古代的盛酒器具。

会须:正应当。

岑夫子:岑勋。

丹丘生:元丹丘。二人均为李白的好友。

杯莫停:一作"君莫停"。

与君:给你们,为你们。君,指岑、元二人。

倾耳听:一作"侧耳听"。

钟鼓:富贵人家宴会中奏乐使用的乐器。

馔(zhuàn)玉:形容食物如玉一样精美。

不愿醒:也有版本为"不用醒"或"不复醒"。

陈王:指陈思王曹植。

平乐:观名。在洛阳西门外,为汉代富豪显贵的娱乐场所。

主人:指宴请李白的人,元丹丘。

恣(zì):纵情任意。

谑(xuè):戏。

言少钱:一作"言钱少"。

径须:干脆,只管。

沽:买。

五花马:指名贵的马。一说毛色作五花纹,一说颈上长毛修剪成五瓣。

裘(qiú):皮衣。

作者简介:李白(701—762年),字太白,号青莲居士,又号"谪仙人"。是唐代伟大的浪漫主义诗人,被后人誉为"诗仙"。与杜甫并称为"李杜",李白有《李太白集》传世,诗作中多以醉时写的,代表作有《望庐山瀑布》《行路难》《蜀道难》《将进酒》《越女词》《早发白帝城》等多首。李白所作辞赋,就其开创意义及艺术成就而言,"李白词"享有极为崇高的地位。

《念奴娇·赤壁怀古》

苏　轼

大江东去,浪淘尽,千古风流人物。故垒西边,人道是,三国周郎赤壁。乱石穿空,惊涛拍岸,卷起千堆雪。江山如画,一时多少豪杰。遥想公瑾当年,小乔初嫁了,雄姿英发。羽扇纶巾,谈笑间,樯橹灰飞烟灭。故国神游,多情应笑我,早生华发。人生如梦,一尊还酹江月。

读音注释:

小乔初嫁了(liǎo):《三国志·吴志·周瑜传》载,周瑜从孙策攻皖,"得桥公两女,皆国色也。策自纳大桥,瑜纳小桥"。乔,本作"桥"。其时距赤壁之战已经十年,此处言"初嫁",是言其少年得意,倜傥风流。

雄姿英发(fā):谓周瑜体貌不凡,言谈卓绝。英发,谈吐不凡,见识卓越。

羽扇纶(guān)巾:古代儒将的便装打扮。羽扇,羽毛制成的扇子。纶巾,青丝制成的头巾。

樯橹(qiáng lǔ)：这里代指曹操的水军战船。樯，挂帆的桅杆。橹，一种摇船的桨。

"多情"二句："应笑我多情，早生华发"的倒文。华发(fà)：花白的头发。

一尊还(huán)酹(lèi)江月：古人祭奠以酒浇在地上祭奠。这里指洒酒酹月，寄托自己的感情。尊：通"樽"，酒杯。

《定风波·莫听穿林打叶声》

苏　轼

三月七日，沙湖道中遇雨，雨具先去，同行皆狼狈，余独不觉。已而遂晴，故作此词。莫听穿林打叶声，何妨吟啸且徐行。竹杖芒鞋轻胜马，谁怕？一蓑烟雨任平生。料峭春风吹酒醒，微冷，山头斜照却相迎。回首向来萧瑟处，归去，也无风雨也无晴。

读音注释：

莫听：(mò tīng)

何妨吟啸且徐行：(hé fáng yín xiào qiě xú xíng)

竹杖芒鞋轻胜马：(zhú zhàng máng xié qīng shèng mǎ)

谁怕：(shuí pà?)

一蓑烟雨：(yī suō yān yǔ)

任平生：(rèn píng shēng)

萧瑟：(xiāo sè)

《水调歌头·明月几时有》

苏　轼

丙辰中秋，欢饮达旦，大醉，作此篇，兼怀子由。

明月几时有？把酒问青天。

不知天上宫阙,今夕是何年。

我欲乘风归去,又恐琼楼玉宇,高处不胜寒。

起舞弄清影,何似在人间。

转朱阁,低绮户,照无眠。

不应有恨,何事长向别时圆?人有悲欢离合,月有阴晴圆缺,此事古难全。

但愿人长久,千里共婵娟。

读音注释:

宫阙:gōng què

乘风:chéng fēng

清影:qīng yǐng

何似:hé sì

低绮户:dī qǐ hù

作者简介: 苏轼是北宋中期文坛领袖,在诗、词、散文、书、画等方面取得很高成就。文纵横恣肆;诗题材广阔,清新豪健,善用夸张比喻,独具风格,与黄庭坚并称"苏黄";词开豪放一派,与辛弃疾同是豪放派代表,并称"苏辛";散文著述宏富,豪放自如,与欧阳修并称"欧苏",为"唐宋八大家"之一。苏轼善书,"宋四家"之一;擅长文人画,尤擅墨竹、怪石、枯木等。作品有《东坡七集》《东坡易传》《东坡乐府》《潇湘竹石图》《枯木怪石图》等。

《满江红·写怀》

岳 飞

怒发冲冠,凭栏处,潇潇雨歇。抬望眼,仰天长啸,壮怀激烈。三十功名尘与土,八千里路云和月。莫等闲,白了少年头,空悲切!

靖康耻,犹未雪;臣子恨,何时灭。驾长车,踏破贺兰山缺。壮志饥餐胡虏肉,笑谈渴饮匈奴血。待从头,收拾旧山河,朝天阙!

读音注释:

冲冠:(chōng guàn)

潇潇:(xiāo xiāo)

仰天长啸:(yǎng tiān cháng xiào)

血:(xuè)

朝天阙:(cháo tiān què)

作者简介:岳飞(1103—1142 年),字鹏举,宋相州汤阴县(今河南安阳汤阴县)人,南宋抗金名将,中国历史上著名军事家、战略家,民族英雄,位列南宋中兴四将之一。

《声声慢·寻寻觅觅》

李清照

寻寻觅觅,冷冷清清,凄凄惨惨戚戚。乍暖还寒时候,最难将息。三杯两盏淡酒,怎敌他、晚来风急! 雁过也,正伤心,却是旧时相识。

满地黄花堆积,憔悴损,如今有谁堪摘? 守着窗儿,独自怎生得黑! 梧桐更兼细雨,到黄昏、点点滴滴。这次第,怎一个愁字了得!

读音注释:

寻寻觅觅:(xún xún mì mì)

冷冷清清:(lěng lěng qīng qīng)

戚戚:(qī qī)

乍暖还寒时候:(zhà nuǎn huán hán)

最难将息:(zuì nán jiāng xī)

旧时相识:(jiù shí xiāng shí)

憔悴损:(qiáo cuì sǔn)

如今有谁堪摘:(rú jīn yǒu shuí kān zhāi)

梧桐更兼细雨:(wú tóng gèng jiān xì yǔ)

这次第:(zhè cì dì)

《如梦令·常记溪亭日暮》

李清照

常记溪亭日暮,沉醉不知归路。

兴尽晚回舟,误入藕花深处。

争渡,争渡,惊起一滩鸥鹭。

读音注释:

兴尽晚回舟:(xìng jìn wǎn huí zhōu)

误入藕花深处:(wù rù ǒu huā shēn chù)

惊起一滩鸥鹭:(jīng qǐ yī tān ōu lù)

作者简介:李清照(1084年3月13日—1155年),号易安居士,汉族,齐州章丘(今山东章丘)人。宋代女词人,婉约词派代表,有"千古第一才女"之称。前期多写其悠闲生活,后期多悲叹身世,情调感伤。形式上善用白描手法,自辟途径,语言清丽。论词强调协律,崇尚典雅。

附录 2　中国广播电视播音员主持人职业道德准则 [①]

国家广播电视总局　发布

（2004 年 12 月 7 日）

广播电视是当今最具影响力的大众传媒之一,是党、政府和人民的喉舌。为加强广播电视队伍建设,倡导良好的职业精神和职业道德,规范广播电视播音员主持人的职业行为,特制定本准则。

一、责任

第一条　广播电视播音员主持人所从事的事业,担负着传播先进文化,弘扬民族精神,维护国家利益,促进经济社会发展,推动人类文明的崇高使命和社会责任。

第二条　热爱祖国和人民,珍视国家和人民赋予的权利,全心全意为人民服务,为社会主义服务,为党和国家工作的大局服务。

第三条　忠诚党的新闻事业,坚持党性原则,坚定执行党的路线、方针、政策。

[①]　国家广播电视总局, 2004 年 12 月 7 日, http://fgcx.bjcourt.gov.cn:4601/law?fn=chl311s109.txt。

第四条 自觉遵守宪法和法律、法规。

第五条 保守国家秘密。

第六条 真实报道新闻,正确引导舆论,努力传播知识,热情提供服务,不断满足广大人民群众的精神和文化需要。

二、品格

第七条 广播电视播音员主持人应恪守敬业奉献、诚实公正、团结协作、遵纪守法的职业道德,谦虚谨慎,追求德艺双馨。

第八条 坚持播出内容与播出形式的高品质、高品位,不迎合低级趣味,拒绝有害于民族文化、社会公德的庸俗报道。

第九条 努力营造有利于未成年人健康成长的文化环境。不动员未成年人参与可能损害他们性格和感情的节目;对有可能被未成年人模仿而导致不良后果的播出内容和播出形式要加以防范。

第十条 采访意外事件,应顾及受害人及亲属的感受,在提问和录音、录像时应避免对其心理造成伤害。

第十一条 尊重公民和法人的名誉权、荣誉权,尊重个人隐私权、肖像权。不揭人隐私,避免损害他人名誉的报道。

第十二条 尊重和保护未成年人、妇女、老人和残疾人的合法权益。报道违法犯罪的未成年人和性侵犯的受害者时,录音、图像应经过特殊处理,使之不可辨认;不公布其真实姓名,不描述犯罪过程。

第十三条 同行之间互相尊重,互相学习,互相支持,开展正当的业务竞争。

三、形象

第十四条 广播电视播音员主持人直接代表广播电台、电视台的形象,言谈举止有着广泛的社会影响和示范效应,应自觉树立良好形象,维护媒体公信力。

第十五条　树立良好的声屏形象,尊重大众审美情趣和欣赏习惯。服饰、发型、化妆、声音、举止等要与节目(栏目)定位相协调,大方、得体,避免媚俗。

第十六条　形象设计要符合中华民族的文化传统,不盲目模仿境外和外国人的形象,不用外国人的名字作艺名。

第十七条　少儿节目主持人的服饰、发型、化妆、声音、举止要充分考虑到对未成年人的影响,展示积极健康向上的形象和精神风貌。

第十八条　严格约束日常行为。在工作和生活中要保持良好仪表和文明举止;自尊自爱,不参加任何有损于媒体形象、自身形象的组织和活动;要有公众人物的自觉意识,接受社会、公众和媒体较常人更为严格的监督。

第十九条　确立正确的公众人物观念。尊重观众、听众,热情礼貌地对待观众、听众;不以个人知名度和社会影响寻求利益,谋求优惠、照顾和方便;在涉及个人的纠纷中,不以强调个人工作身份和个人知名度影响、干扰和破坏法律、法规的实施。

第二十条　努力提高政治素养、文化内涵、语言能力、心理素质,保持外在形象和内在素质的和谐统一。

四、语言

第二十一条　广播电视播音员主持人要积极推广、普及普通话,规范使用通用语言文字,维护祖国语言和文字的纯洁,发挥示范作用。

第二十二条　除特殊需要,一律使用普通话。不模仿有地域特点的发音和表达方式,不使用对规范语言有损害的口音、语调、粗俗语言、俚语、行话,不在普通话中夹杂不必要的外文。

第二十三条　用词造句要遵守现代汉语的语法规则,语序合理,修辞恰当,层次清楚。避免滥用方言词语、文言词语、简称略语或生造词语。

第二十四条　表达要通俗易懂、准确生动、富有内涵、朴素大方。避免艰涩、易生歧义的语言和煽情、夸张的表达。

第二十五条 不追求低俗的主持风格和极端个人化的主持方式。

第二十六条 与受众和嘉宾平等交流、沟通,做到相互尊重、理解、通达、友善,赢得公众信赖。

五、廉洁

第二十七条 广播电视播音员主持人应该清正廉洁,自觉抵制拜金主义、享乐主义、个人主义的侵蚀,反对任何形式的"有偿新闻"。

第二十八条 不利用工作、身份之便,直接或间接地为本人、亲属及其他人谋取私利。

第二十九条 不以任何名义索要、接受和借用采访对象的任何钱物,采访活动中不提出与工作无关的个人要求。

第三十条 严格区分新闻报道与广告。不以新闻报道形式为企业或产品做变相广告或形象宣传。

第三十一条 不从事广告和其他经营活动。不将自己的名字、声音、形象用于任何带有商业目的的文章、图片及音像制品中。

第三十二条 不私自从事未经本单位批准的节目主持、录音、录像、配音工作及以个人赢利为目的的社会活动。

第三十三条 自觉遵守有关廉政的规章制度和财经纪律,自觉接受人民群众的监督。

六、附则

第三十四条 全国各广播电视制作、播出机构的播音员主持人遵守本准则。

第三十五条 违犯本准则的播音员主持人,将在行业内通报批评;触犯党纪政纪的,给予党纪政纪处分;触犯法律的,移送司法机关处理。

附录3 国家广电总局关于批转中国广播电视协会《中国广播电视播音员主持人自律公约》的通知 ①

各省、自治区、直辖市广播影视局(厅),新疆生产建设兵团广播电视局,中央人民广播电台、中国国际广播电台、中央电视台:

按照《广播电视加强和改进未成年人思想道德工作实施方案》和《中国广播电视播音员主持人职业道德准则》的要求,中国广播电视协会对目前我国广播电视播音员主持人的实际情况进行了认真研究,制定了《中国广播电视播音员主持人自律公约》,这将为进一步提高播音员主持人队伍职业素质,规范播音员主持人队伍职业行为发挥积极作用。现将《中国广播电视播音员主持人自律公约》批转给你们,请组织播音员、主持人认真学习、贯彻落实。各广播电视媒体和网站要对《公约》作全面、充分的报道。

国家广电总局

二〇〇五年九月十日

---

① 中国广播电视社会组织联合会,2015 年 8 月 17 日,http://www.carft.cn/2015-8-17/e345921a-21b2-4eae-6c09-f7834a029cf4.html。

中国广播电视播音员主持人自律公约

广播电视播音员主持人是广播电视的形象代表,在传播先进文化,弘扬民族精神,维护国家利益,促进社会进步方面担负着不可推卸的责任。

为了更好地贯彻执行国家广播电影电视总局制定的《中国广播电视播音员主持人职业道德准则》,提高职业素养,规范职业行为,制定本自律公约。

一

第一条 自觉遵守《中国广播电视播音员主持人职业道德准则》。

第二条 加强政治理论学习,不断提高政治素养和政策水平,认真落实"以科学的理论武装人,以正确的舆论引导人,以高尚的精神塑造人,以优秀的作品鼓舞人"的要求。

第三条 热爱祖国,热爱人民,全心全意为人民服务,为社会主义服务,为党和国家工作大局服务。

第四条 认真贯彻执行党的路线、方针、政策。自觉遵守宪法和法律、法规,严守国家机密。

第五条 发扬敬业奉献、诚实公正、团结协作的精神,努力做有责任、有道德、有专长的德艺双馨的播音员主持人。

二

第六条 努力钻研业务,更新知识,不断提高业务理论水平和专业素质,努力追求艺术创作的高品位,自觉抵制危害民族精神,损害社会公德的庸俗思想和文化糟粕。

第七条 自觉抵制低级趣味,拒绝可能被青少年模仿造成身心伤害的内容和形式,营造有利于未成年人健康成长的文化环境。

第八条 尊重公民的名誉权、隐私权,尊重和保护未成年人、妇女、老人、残疾人的合法权益。

第九条 以推广普及普通话、规范使用通用语言文字、维护祖国语言和文字的纯洁性为己任,自觉发挥示范作用。

第十条 除特殊需要外,一律使用普通话,不模仿地域音及其表达方式,不使用对规范语言有损害的口音、语调、粗俗语言、俚语、行话,不在普通话中夹杂不必要的外语,不模仿港台话及其表达方式。

第十一条 不断加强语文修养,用词造句要遵守现代汉语的语法规则,语序合理,修辞恰当,不溢用方言词语、文言词语、简称略语或生造词语。

第十二条 力求语言、语调、语音的表达形式与表达内容的一致性。表达要通俗易懂、准确生动、富有内涵、朴素大方,避免艰涩、易生歧义的语言和刻意煽情夸张的表达方式。

第十三条 树立健康向上的声屏形象,尊重大众审美情趣和欣赏习惯。服饰、发型、化妆、声音、举止要与节目(栏目)定位相协调,大方得体,拒绝媚俗。

第十四条 言谈举止要得体,活泼而不轻浮,亲和而不失礼仪,感情真挚而不煽情挑逗。反对扭怩作态、矫揉造作,拒绝粗俗。

三

第十五条 自觉维护广播电视媒体的公信力和播音员主持人的公众形象。自觉约束日常行为,自尊自爱,洁身自好。

第十六条 自觉抵制拜金主义、享乐主义、个人主义的侵蚀,坚决抵制任何形式的有偿新闻。

第十七条 不利用工作、身份之便,直接或间接地为本人、亲属及他人谋取私利。不接受和借用采访对象的钱物。

第十八条 不从事广告和其他经营活动,不从事未经本单位批准的节目主持、录音、录像、配音及以个人赢利为目的的社会活动。

  第十九条 各级、各地广播电视制作、播出机构的播音员主持人均应遵守本自律公约。

  第二十条 遵守本自律公约方能取得《中国广播电视播音主持作品奖暨"金话筒奖"》参评资格。

  第二十一条 违犯本自律公约的,将由中国广播电视协会予以通报,并终止其《中国广播电视播音主持作品奖暨"金话筒奖"》入选资格;情节严重者,协会将建议行政主管部门取消其播音主持岗位资格。

  第二十二条 本公约解释权属于中国广播电视协会。自颁布之日起执行。

附录4 广播电视编辑记者、播音员主持人资格考试办法(试行)^①

国家广播电视总局　发布

（2005 年 8 月 3 日）

　　为贯彻落实《广播电视编辑记者、播音员主持人资格管理暂行规定》(广电总局令第 26 号)，做好广播电视编辑记者、播音员主持人资格考试工作，2005 年 8 月 3 日，国家广播电影电视总局向各省、自治区、直辖市广播影视局(厅)，新疆生产建设兵团广播电视局印发《广播电视编辑记者、播音员主持人资格考试办法(试行)》，请各单位遵照执行。

第一章　总　则

　　第一条　为规范全国广播电视编辑记者、播音员主持人资格考试(以下简称资格考试)，根据《国务院对确需保留的行政审批项目设定行政许可的决定》(国务院令第 412 号)和国家广播电影电视总局(以下简称广电总局)《广播电视编辑记者、播音员主持人资格管理暂行规定》(广电总局令第 26 号)等规定，制定本办法。

---

　　①　国家广播电视总局，2021 年 6 月 27 日，http://zgks.nrta.gov.cn/EXAMGD/notice/public/noticeFileList3.html。

第二条 凡从事广播电视编辑记者、播音员主持人工作的人员必须依法取得广播电视编辑记者、播音员主持人执业资格。通过资格考试取得《广播电视编辑记者资格考试合格证》或《广播电视播音员主持人资格考试合格证》,是申请执业资格的必备条件。

第三条 资格考试由广电总局组织实施,实行全国统一大纲、统一命题、统一组织、统一标准的制度,原则上每年上半年举行一次。

第四条 资格考试遵循合法规范、公平公正、方便应考的原则。

第二章 组织机构

第五条 广电总局设立资格考试委员会,下设办公室(设在人事教育司),负责全国资格考试工作。省级广播电视行政部门设立相应资格考试办公室(设在人事教育部门),负责本行政区域资格考试考务管理工作。

第六条 广电总局资格考试委员会履行以下职责:

(一)确定资格考试科目,发布考试大纲和公告;

(二)组建资格考试专家委员会并指导其工作;

(三)监督、指导省级广播电视行政部门资格考试办公室工作;

(四)审定年度资格考试试卷,组织阅卷;

(五)公布资格考试成绩;

(六)确定资格考试合格标准;

(七)其他有关工作。

第七条 资格考试专家委员会履行以下职责:

(一)编写考试大纲;

(二)为资格考试题库提供试题;

(三)拟制年度资格考试试卷及其标准答案;

(四)其他有关工作。

第八条 省级广播电视行政部门资格考试办公室履行以下职责:

（一）制定本行政区域资格考试考务管理工作方案；

（二）组织报名，审核考生报名资格，发放准考证；

（三）负责本行政区域资格考试的考点、考场设置等工作；

（四）发放资格考试成绩单和合格证书，接受考生查询；

（五）其他有关工作。

第三章　报名及考试

第九条　凡遵守宪法、法律、广播电视相关法规、规章，坚持四项基本原则，拥护中国共产党的基本理论、基本路线和方针政策，具有完全民事行为能力，具有大学专科及以上学历（含应届毕业生）的人员，均可报名参加资格考试。

因故意犯罪受过刑事处罚，受过党纪、政纪开除处分的人员，不能报名参加考试。已经办理报名手续的，报名无效。

第十条　参加资格考试的人员现场报名时，应提交符合本办法第九条规定条件的身份、学历等证件的原件和复印件，填写报名表、交纳考试费。

参加资格考试的人员应对其提供的证件和材料的真实性、准确性、完整性、合法性负责。

第十一条　资格考试依据国家和省级有关部门规定收取考试费。

第十二条　参加资格考试的人员可以不受地域限制，就近办理报名手续。

第十三条　经审查合格的人员，由省级广播电视行政部门资格考试办公室发给准考证。

第十四条　应考人员凭准考证和有效身份证件，按规定时间，到指定考场参加考试。

第十五条　资格考试由公共科目和专业科目组成。

第十六条　资格考试采取闭卷笔试、计算机考试或口试等方式进行。

第十七条　各科考试成绩合格的，可获得《广播电视编辑记者资格考试合格证》或《广播电视播音员主持人资格考试合格证》。

第十八条　单科考试合格的成绩,可保留至下一考试年度。

第四章　试　卷

第十九条　资格考试命题应遵循专业化、标准化、规范化的原则。

第二十条　资格考试试卷从资格考试试题库中随机抽取生成。

第二十一条　资格考试试卷与试卷答案、评分标准同时确定。

第二十二条　资格考试应严格遵守国家有关保密规定,试卷应在符合国家保密标准的定点单位印制,按照国家保密规定运送、保管。

第二十三条　资格考试试卷、试题、答案及评分标准在启用前均属国家秘密。

第二十四条　参加命题的人员应履行保密义务,签署保密承诺书,不得从事妨碍其履行保密义务的活动

第五章　考　务

第二十五条　资格考试的考试时间、考试科目、考试方式在受理报名前三个月向社会公告。

第二十六条　资格考试成绩和合格标准在考试结束之日起六十个工作日内公布,应考人员可以通过广电总局网站或指定的其他方式查询。

第二十七条　应考人员对资格考试成绩有异议的,应当在成绩公布之日起十五个工作日内向当地省级广播电视行政部门资格考试办公室提出,省级广播电视行政部门资格考试办公室自受理之日起十五个工作日内予以答复。

第二十八条　因特殊原因取消或延期举行资格考试,应向社会公告。

第六章　纪　律

第二十九条　应考人员应遵守资格考试规定和考场规则,有违反考试规定和考场规则的,视情节轻重,给予取消相关科目成绩、取消本次考试成绩、

取消下一年度考试资格等处理。

第三十条　应考人员违反考场规则的,由监考人员当场记录其姓名、准考证号、情节,并告知当事人;监考人员应将违反考场规则的情况及时上报所在地省级广播电视行政部门资格考试办公室。

第三十一条　对违反考试规定和考场规则的应考人员给予取消相关考试科目成绩处理的,由省级广播电视行政部门资格考试办公室依据相关规定做出处理决定。

第三十二条　对违反考试规定和考场规则的应考人员给予取消本次考试成绩、取消下一年度考试资格处理的,由省级广播电视行政部门资格考试办公室提出处理意见,报广电总局资格考试委员会办公室做出处理决定。

第三十三条　应考人员对处理结果有异议的,可在知道或应当知道处理结果之日起十五日内,以书面形式向考场所在地省级广播电视行政部门资格考试办公室提出,省级广播电视行政部门资格考试办公室应自受理之日起十五个工作日内予以答复。

第三十四条　任何行政机关或行业组织不得组织强制性的资格考试考前培训,不得指定教材或者其他助考材料。

第三十五条　在组织实施资格考试中出现严重违纪违规行为,造成恶劣影响的,视情节轻重对直接主管人员和直接责任人员依法给予处分;构成犯罪的,依法追究刑事责任。

第七章　附　则

第三十六条　因工作需要,经广电总局同意,可以使用少数民族语言文字进行考试。

第三十七条　本办法自 2005 年 9 月 3 日起施行。

附录 5　国家广播电视总局、文化和旅游部关于印发《网络主播行为规范》的通知 [①]

各省、自治区、直辖市文化和旅游厅(局)、广播电视局,新疆生产建设兵团文化体育广电和旅游局:

为进一步规范网络主播从业行为,加强职业道德建设,促进行业健康有序发展,国家广播电视总局、文化和旅游部共同制定了《网络主播行为规范》。现印发给你们,请结合实际认真贯彻执行。

国家广播电视总局　文化和旅游部

2022 年 6 月 8 日

网络主播行为规范

网络主播在传播科学文化知识、丰富精神文化生活、促进经济社会发展等方面,肩负重要职责、发挥重要作用。为进一步加强网络主播职业道德建设,规范从业行为,强化社会责任,树立良好形象,共同营造积极向上、健康有序、和谐清朗的网络空间,制定本行为规范。

第一条　通过互联网提供网络表演、视听节目服务的主播人员,包括在

---

①　国家广播电视总局,2022 年 6 月 22 日,http://www.nrta.gov.cn/art/2022/6/22/art_113_60757.html。

网络平台直播、与用户进行实时交流互动、以上传音视频节目形式发声出镜的人员,应当遵照本行为规范。利用人工智能技术合成的虚拟主播及内容,参照本行为规范。

第二条　网络主播应当自觉遵守中华人民共和国宪法和法律法规规范,维护国家利益、公共利益和他人合法权益,自觉履行社会责任,自觉接受行业主管部门监管和社会监督。

第三条　网络主播应当遵守网络实名制注册账号的有关规定,配合平台提供真实有效的身份信息进行实名注册并规范使用账号名称。

第四条　网络主播应当坚持正确政治方向、舆论导向和价值取向,树立正确的世界观、人生观、价值观,积极践行社会主义核心价值观,崇尚社会公德、恪守职业道德、修养个人品德。

第五条　网络主播应当坚持以人民为中心的创作导向,传播的网络表演、视听节目内容应当反映时代新气象、讴歌人民新创造,弘扬中华优秀传统文化,传播正能量,展现真善美,满足人民群众美好生活新需要。

第六条　网络主播应当坚持健康的格调品位,自觉摒弃低俗、庸俗、媚俗等低级趣味,自觉反对流量至上、畸形审美、“饭圈”乱象、拜金主义等不良现象,自觉抵制违反法律法规、有损网络文明、有悖网络道德、有害网络和谐的行为。

第七条　网络主播应当引导用户文明互动、理性表达、合理消费,共建文明健康的网络表演、网络视听生态环境。

第八条　网络主播应当保持良好声屏形象,表演、服饰、妆容、语言、行为、肢体动作及画面展示等要文明得体,符合大众审美情趣和欣赏习惯。

第九条　网络主播应当尊重公民和法人的名誉权、荣誉权,尊重个人隐私权、肖像权,尊重和保护未成年人、老年人、残疾人的合法权益。

第十条　网络主播应当遵守知识产权相关法律法规,自觉尊重他人知识产权。

第十一条　网络主播应当如实申报收入,依法履行纳税义务。

第十二条　网络主播应当按照规范写法和标准含义使用国家通用语言文字,增强语言文化素养,自觉遏阻庸俗暴戾网络语言传播,共建健康文明的网络语言环境。

第十三条　网络主播应当自觉加强学习,掌握从事主播工作所必需的知识和技能。对于需要较高专业水平(如医疗卫生、财经金融、法律、教育)的直播内容,主播应取得相应执业资质,并向直播平台进行执业资质报备,直播平台应对主播进行资质审核及备案。

第十四条　网络主播在提供网络表演及视听节目服务过程中不得出现下列行为:1.发布违反宪法所确定的基本原则及违反国家法律法规的内容;2.发布颠覆国家政权,危害国家统一、主权和领土完整,危害国家安全,泄露国家秘密,损害国家尊严、荣誉和利益的内容;3.发布削弱、歪曲、否定中国共产党的领导、社会主义制度和改革开放的内容;4.发布诋毁民族优秀文化传统,煽动民族仇恨、民族歧视,歪曲民族历史或者民族历史人物,伤害民族感情、破坏民族团结,或者侵害民族风俗、习惯的内容;5.违反国家宗教政策,在非宗教场所开展宗教活动,宣扬宗教极端主义、邪教等内容;6.恶搞、诋毁、歪曲或者以不当方式展现中华优秀传统文化、革命文化、社会主义先进文化;7.恶搞、歪曲、丑化、亵渎、否定英雄烈士和模范人物的事迹和精神;8.使用换脸等深度伪造技术对党和国家领导人、英雄烈士、党史、历史等进行伪造、篡改;9.损害人民军队、警察、法官等特定职业、群体的公众形象;10.宣扬基于种族、国籍、地域、性别、职业、身心缺陷等理由的歧视;11.宣扬淫秽、赌博、吸毒,渲染暴力、血腥、恐怖、传销、诈骗,教唆犯罪或者传授犯罪方法,暴露侦查手段,展示枪支、管制刀具;12.编造、故意传播虚假恐怖信息、虚假险情、疫情、灾情、警情,扰乱社会治安和公共秩序,破坏社会稳定;13.展现过度的惊悚恐怖、生理痛苦、精神歇斯底里,造成强烈感官、精神刺激并可致人身心不适的画面、台词、音乐及音效等;14.侮辱、诽谤他人或者散布他人隐私,侵害他人合法权益;15. 未经授权使用他人拥有著作权的作品;16. 对社会热点和敏感问题进行炒作或者蓄意制造舆论"热点";17. 炒作绯闻、丑闻、劣迹,传播格调低下的内容,宣扬违背社会主义核心价值观、违反公序良俗的内容;18. 服饰妆容、语言行为、直播间布景等展现带有性暗示、性挑逗的内容;19. 介绍或者展示自杀、自残、暴力血腥、高危动作和其他易引发未成年人模仿的危险行为,表现吸烟、酗酒等诱导未成年人不良嗜好的内容;20. 利用未成年人或未成年人角色进行非广告类的商业宣传、表演或作为噱头获取商业或不正当利益,指引错误价值观、人生观和道德观的内容;21. 宣扬封建迷信文化习俗和思想、违反科学常识等内容;22. 破坏生态环境,展示虐待动物,捕杀、食用国家保护类动物等内容;23. 铺张浪费粮食,展示假吃、催吐、暴饮暴食等,或其他易造成不良饮食消费、食物浪费示范的内容;24. 引导用户低俗互动,组织煽动粉丝互撕谩骂、拉踩引战、造谣攻击,实施网络暴力;25. 营销假冒伪劣、侵犯知识产权或不符合保障人身、财产安全要求的商品,虚构或者篡改交易、关注度、浏览量、点赞量等数据流量造假;26. 夸张宣传误导消费者,通过虚假承诺诱骗消费者,使用绝对化用语,未经许可直播销售专营、专卖物品等违反广告相关法律法规的;27. 通过"弹幕"、直播间名称、公告、语音等传播虚假、骚扰广告;28. 通过有组织炒作、雇佣水军刷礼物、宣传"刷礼物抽奖"等手段,暗示、诱惑、鼓励用户大额"打赏",引诱未成年用户"打赏"或以虚假身份信息"打赏";29. 在涉及国家安全、公共安全,影响社会正常生产、生活秩序,影响他人正常生活、侵犯他人隐私等场所和其他法律法规禁止的场所拍摄或播出;30. 展示或炒作大量奢侈品、珠宝、纸币等资产,展示无节制奢靡生活,贬低低收入群体的炫富行为;31. 法律法规禁止的以及其他对网络表演、网络视听生态造成不良影响的行为。

第十五条　各级文化和旅游行政部门、广播电视行政部门要坚持以习近平新时代中国特色社会主义思想为指导,加强对网络表演、网络视听平台和经纪机构以及网络主播的监督管理,切实压紧压实主管主办责任和主体责任。发现网络主播违规行为,及时责成相关网络表演、网络视听平台予以处理。网络表演、网络视听平台和经纪机构规范网络主播情况及网络主播规范从业情况,纳入文化和旅游行政部门、广播电视行政部门许可管理、日常管理、安全检查、节目上线管理考察范围。

第十六条 各级文化和旅游行政部门、广播电视行政部门、文化市场综合执法机构要进一步加强对网络表演、网络视听平台和经纪机构的执法巡查,依法查处提供违法违规内容的网络表演和网络视听平台,并督促平台和经纪机构及时处置违法违规内容及相关网络主播。

第十七条 网络表演、网络视听平台和经纪机构要严格履行法定职责义务,落实主体责任。根据本行为规范,加强对网络主播的教育培训、日常管理和规范引导。建立健全网络主播入驻、培训、日常管理、业务评分档案和"红黄牌"管理等内部制度规范。对向上向善、模范遵守行为规范的网络主播进行正向激励;对出现违规行为的网络主播,要强化警示和约束;对问题性质严重、多次出现问题且屡教不改的网络主播,应当封禁账号,将相关网络主播纳入"黑名单"或"警示名单",不允许以更换账号或更换平台等形式再度开播。对构成犯罪的网络主播,依法追究刑事责任。对违法失德艺人不得提供公开进行文艺表演、发声出镜机会,防止转移阵地复出。网络表演、网络视听经纪机构要加强对网络主播的管理和约束,依法合规提供经纪服务,维护网络主播合法权益。

第十八条 各有关行业协会要加强引导,根据本行为规范,建立健全网络主播信用评价体系,进一步完善行业规范和自律公约,探索建立平台与主播约束关系机制,积极开展道德评议,强化培训引导服务,维护良好网络生态,促进行业规范发展。对违法违规、失德失范、造成恶劣社会影响的网络主播要定期公布,引导各平台联合抵制、严肃惩戒。

参考书目

1. 中国传媒大学播音主持艺术学院编:《播音主持语音与发声》,中国传媒大学出版社 2014 年版。

2. 中国传媒大学播音主持艺术学院编:《播音主持创作基础》,中国传媒大学出版社 2015 年版。

3. 吴郁、侯寄南:《广播电视新闻语言与形体传播教程》,中国人民大学出版社 2001 年版。

4. 吴郁、李金荣等:《电视节目主持人的综合素质研究》,中国广播电视出版社 2007 年版。

5. 吴郁:《当代广播电视播音主持》,复旦大学出版社 2005 年版。

6. 姚喜双:《播音主持概说》,高等教育出版社 2012 年版。

7. 闻闸:《播音主持实践篇》,中国广播影视出版社 2022 年版。

8. 阎安:《融媒体时代视听节目策划》,中国广播影视出版社 2021 年版。

9. 保罗·M.莱斯特:《视觉传播:形象载动信息》,北京广播学院出版社 2003 年版。

10. 克劳斯·布鲁恩·延森:《媒介融合:网络传播、大众传播和人际传播的三重维度》,复旦大学出版社 2012 年版。

11. 孙玉胜:《十年——从改变语态开始》,生活·读书·新知三联书店 2004 年版。

12. 胡智锋:《电视节目策划学》(第二版)复旦大学出版社 2019 年版。

13. 周逵:《融合与重构:中国广电媒体发展新道路》,中国传媒大学出版社 2017 年版。

14. 彭吉象:《艺术学概论》,北京大学出版社 1994 年版。

15. 叶朗主编:《现代美学体系》,北京大学出版社 1999 年版。

16. 张颂:《播音创作基础》(第四版),中国传媒大学出版社 2022 年版。

17. 张振华主编:《中国广播电视新论》,中国广播电视出版社 2004 年版。

18. 彭兰:《网络新闻编辑教程》,武汉大学出版社 2007 年版。

19. 鲁景超主编:《电视口语传播理论和实践》,中国传媒大学出版社 2012 年版。

20. 战迪主编:《播音主持综合训练教程新编》,中国传媒大学出版社 2019 年版。

21. 游洁:《电视节目主持新论》,中国广播电视出版社 2006 年版。

22. 张予梁:《播音主持艺术 MAC 方法论》,中国广播影视出版社 2022 年版。

23. 柳建能、张志安:《媒体深度融合实务》,中山大学出版社 2019 年版。

24. 黄鹂:《全媒体创新案例精解》,复旦大学出版社 2020 年版。

25. 金重建:《播音主持艺术导论》,中国传媒大学出版社 2021 年版。

后　记

任何创新都无法纯粹地脱离继承,众所周知高等院校的播音主持课程体系内容,融汇着许多播音主持先贤筚路蓝缕的卓越探索,凝聚着许多优秀专任教师积极钻研的结晶,也正因为如此,迎接时代的挑战,我们更没有理由故步自封、停滞不前。本教材的编撰着眼于新文科建设的背景下,是2022年西北民族大学校级本科人才培养质量提高项目资助的成果,首先我要向学校相关主管部门的支持表示诚挚的感谢。

西北民族大学新闻传播学院成立于2008年,新闻教育始于1999年,其前身隶属于汉语言文学系、语言文化传播学院,是甘肃省继兰州大学之后的第二所独立建院的新闻院系,是国家民委直属院校中第一所独立的新闻院系,这本教材体现了近20年以来,我从事播音主持教学工作的理论探索和实践路径等方面的规律化认识。根据西北民族大学教材出版资助的目标要求,本书力求做到守正创新、内容规范、观点正确、案例生动、面向前沿。

坚持以学生中心,把握好课程基础的环节,将播音主持的最新理论成果和实践经验引入课堂,转化为优质教学资源;坚持专业化的产出导向,持续提升授课效果。同时在全校开设跨学科、跨专业有声语言表达艺术的公选课程,培养学生的跨专业的融通和实践能力,创建主持人社团,带动播音主持课程整体水平不断提升。播音主持课程的学习,同学们无须拘泥于理论知识的积累,只有与丰富的实践活动相结合,在实践活动中锻炼成长,才能心思灵敏且学以致用。我校"金话筒"主持人大赛依托新闻传播学专业学科优势,是通过凝练和挖掘学科特色,从而发展起来的"一院一节一特色"活动,闪耀成为西北民族大学校园文化品牌活动之一,至今已成功举办了十四届,累计参与人数达到 20000 余人。自 2021 年以来,学院邀请学校附属小学的同学们参加到活动当中,突出党建带团建、团建带队建,大手拉小手,共同铸牢中华民族共同体意识的主题。大学生与小学生共同传承红色基因,在领学习、讲故事、同牵手、共实践中厚植爱党爱国情怀,生动谱写"同文同音同心向党,共融共生共谱华章"的生动画面。在校园历届"金话筒"比赛中,我院的同学们发挥了从课上延展到课下的专业层面优势,精彩展现经典诵读的功力,绽放模拟主持的风采,营造校园"金话筒"主持人大赛百花齐放的风格。

在本教材的编写过程中,我院李炜娜老师参与收集并编写一部分普通话语音训练材料,这方面她编写的内容大约为 5000 字。我院 2020 级比较文学与文化传播硕士研究生商智远、吕露做了一些前期资料收集工作,2019 级广播电视学杨建云、王鹏宇、黄高琴,2019 级管理学院唐佳尧,2020 级新闻学袁嘉荔,2021 级新闻学徐新新、周雨蕾、郭纯等 30 多位同学向我回复了关于预读本教材的一些想法,在此感谢以上各位同学的关注和反馈。

此外,我还要向人民出版社责任编辑侯俊智老师、助理编辑潘萍老师、袁华老师致以由衷的感谢和深深的敬意! 特别感谢南宁师范大学郭琳教授认真审读了全稿,并仔细地提出了合理化的建议。

总之,未来"现场感"是全媒体演播环境下播音与主持人传播的核心理念之一,"现场"已不仅仅是对主持人出镜报道的单一要求,随着多种先进演播技术的应用,播音员、主持人运用新技术实现棚内直播的"现场感",以完成对无现场画面或者现场素材不足的弥补和互动处理等环节。全媒体的运作模式,将原有的与电视单屏拓展到新兴媒体的多屏互动,智能广电对多平台的借力延展,必然进一步放大播音员、主持人的社会影响力。时易世变,日新月异的业界实践是相关教学活动跃迁的巨大推动力,本书的编撰于我而言是一次非常有益的尝试,其中存在的不足与局限之处,敬请专家同行不吝指正。

李　欣

2023 年 6 月 19 日

责任编辑：侯俊智

助理编辑：潘　萍　袁　华

责任校对：秦　婵

封面设计：王春峥

图书在版编目（CIP）数据

全媒体语境下播音主持教程新编 / 李欣　主编 . —北京：
　人民出版社，2023.9
ISBN 978-7-01-025873-7

Ⅰ.①全⋯　Ⅱ.①李⋯　Ⅲ.①播音 – 语言艺术 – 高等
　学校 – 教材　②主持人 – 语言艺术 – 高等学校 – 教材　Ⅳ.
　①G222.2

中国国家版本馆 CIP 数据核字（2023）第 154123 号

全媒体语境下播音主持教程新编
QUANMEITI YUJING XIA BOYIN ZHUCHI JIAOCHENG XINBIAN

李　欣　主编

人民出版社 出版发行
（100706　北京市东城区隆福寺街 99 号）

涿州市旭峰德源印刷有限公司印刷　新华书店经销

2023 年 9 月第 1 版　2023 年 9 月北京第 1 次印刷
开本：710 毫米 × 1000 毫米　1/16　印张：20
字数：280 千字

ISBN 978-7-01-025873-7　定价：85.00 元

邮购地址 100706　北京市东城区隆福寺街 99 号
人民东方图书销售中心　电话 (010)65250042　65289539

版权所有 · 侵权必究
凡购买本社图书，如有印制质量问题，我社负责调换。
服务电话：(010)65250042